Desmond Morris

Körpersignale

Vom Scheitel bis zum Kinn

Ins Deutsche übertragen
von Monika Curths und Ursula Gnade

WILHELM HEYNE VERLAG
MÜNCHEN

HEYNE SACHBUCH
Nr. 19/250

Titel der englischen Originalausgabe:
BODYWATCHING. A FIELD GUIDE TO THE HUMAN SPECIES
Die Originalausgabe erschien im Verlag Jonathan Cape Ltd., London

Der zweite Teil des Buches erscheint unter dem Titel
»Körpersignale: Vom Dekolleté zum Zeh« im Heyne Sachbuchprogramm

Taschenbuchausgabe im Wilhelm Heyne Verlag GmbH & Co. KG, München
Text Copyright © 1985 by Desmond Morris
Compilation Copyright © 1985 by Equinox (Oxford) Limited and Jonathan Cape Limited
Copyright © der deutschen Ausgabe 1986
by Wilhelm Heyne Verlag GmbH & Co. KG, München
Printed in Germany 1993
Umschlagillustrationen: Inmage Bank, London/Benn Mitchell; W. Klein,
Susan Griggs Agency, London/Robin Laurance
Umschlaggestaltung: Atelier Adolf Bachmann, Reischach
Herstellung: H + G Lidl, München
Satz: Fotosatz Völkl, Puchheim
Druck und Verarbeitung: RMO, München

ISBN 3-453-06501-8

Inhalt

Körperbeobachtung
7

Das Haar
27

Die Stirn
59

Die Augen
81

Die Nase
109

Die Ohren
131

Die Wangen
149

Der Mund
163

Der Bart
193

Der Hals
209

Bibliographie
231

Bildnachweis
234

Register
238

Körperbeobachtung

Nichts fasziniert uns so sehr wie der menschliche Körper. Bewußt oder unbewußt sind wir alle auf körperliche Phänomene fixiert. Selbst in einer lebhaften Unterhaltung, wenn wir scheinbar von der verbalen Kommunikation voll und ganz in Anspruch genommen sind, bleiben wir leidenschaftliche Körperbeobachter.

Bis zum Erreichen der Volljährigkeit haben wir alle einen außerordentlichen Spürsinn entwickelt für die geringsten Veränderungen in Ausdruck, Gestik, Haltung und Körperbetonung unserer Mitmenschen. Wir erwerben diese Sensibilität mehr schlecht als recht, mehr durch Intuition als durch Analyse. Würden wir uns die Mühe machen, die körperlichen Erscheinungen genauer zu erforschen, könnten wir noch sensibler auf diese reagieren und die eine oder andere Fehleinschätzung vermeiden, zu der uns unsere Intuition bisweilen führt.

So gut wir auch die Körpersprache verstehen, wir machen doch Fehler. Oftmals Fehler schwerwiegender Natur, die zu ganz falschen Vorstellungen über unseren Körper führen, und diese setzen sich mit der Zeit so fest, daß sie aus dem landläufigen Denken kaum noch auszumerzen sind. Wie wir sehen werden, beruhen erstaunlich viele uns liebgewordene Vorstellungen über Teile des menschlichen Körpers auf falschen Voraussetzungen.

Was uns zudem die Sicht verstellt, ist die Tatsache, daß wir bestimmte Aspekte unseres eigenen Körpers als ziemlich selbstverständlich hinnehmen. Die Person, die wir im Badezimmerspiegel sehen, ist uns so vertraut, daß wir keine Fragen mehr stellen, wie das menschliche Lebewesen zu seiner jetzigen Gestalt gelangt ist. Wir machen uns vielleicht Sorgen um unsere Gesundheit oder unser Gewicht und zerbrechen uns den Kopf über richtige Ernährung und gymnastische Übungen, aber das ist etwas anderes. Solche von Besorgnis geprägten Beschäftigungen mit unserem Körper bringen uns nicht dazu, uns aus evolutionärer Sicht zu betrachten, als Teil eines größeren zoologischen Spektrums.

Wenn uns in einer naturgeschichtlichen Fernsehsendung eine uns fremde exotische Tierart vorgeführt wird, zum Beispiel ein gefleckter Seehase oder eine scheckige Elefantenspitzmaus, wundern wir uns über diese bizarren Wesen, ihre eigenartige Färbung, die raffinierte Zweckmäßigkeit ihrer Form und ihres Aussehens und die Komplexität der Bewegungen, aber nur selten kommen wir auf die Idee, daß der menschliche Körper der ungewöhnlichste

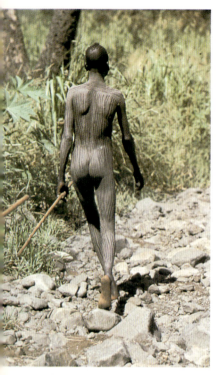

Der menschliche Körper gehört mit zu den seltsamsten Dingen im Reich der Natur; er stolziert auf seinen Hinterbeinen einher, praktisch nackt, mit einer zarten, fleischigen Oberfläche, die schon ein spitzer Dorn leicht verletzen kann, weder mit Krallen oder Fängen bewehrt, noch mit einem Schuppenpanzer oder Giftdrüsen ausgestattet – und dennoch hat er sich den ganzen Planeten untertan gemacht. Sämtliche menschlichen Körper auf Erden gehören gegenwärtig derselben Spezies an. *Homo sapiens*; in grauer Vorzeit gab es noch andere, engverwandte Arten, die aber am Wegesrand gestrandet sind (vielleicht auch vom Weg heruntergestoßen wurden). Heute machen die europiden und mongoliden Rassen 92 Prozent der Weltbevölkerung aus, die restlichen 8 Prozent Gruppen wie Neger und Buschmänner.

und verblüffendste Organismus im gesamten Tierreich überhaupt ist.

Hätten vor ein paar Millionen Jahren intelligente Außerirdische diesen Planten besucht und die Affen in den Bäumen umherhüpfen gesehen, wäre ihnen wohl kaum der Gedanke gekommen, daß einen evolutionsgeschichtlichen Augenblick später die Nachkommen eines dieser schnatternden Affen eine Fahne auf dem Mond aufpflanzen und mit den Zehen der Vorderbeine Klavier spielen würden. Die erstaunliche menschliche Erfolgsstory hätte damals niemand voraussehen können.

Es ist immer noch schwer zu sagen, wie wir dazu kamen, die behaarte vierbeinige Lebensweise aufzugeben und sie durch eine nackthäutige zweibeinige Existenz zu ersetzen. Warum *haben* wir uns aufgerichtet und angefangen, auf unseren Hinterbeinen einherzustolzieren? In einer kopflastigen, unbeholfenen Haltung, in der wir nur halb so schnell waren wie ein flinker Affe? Dennoch haben wir es auf diese Weise geschafft, uns den ganzen Planeten untertan zu machen. Wie hat es angefangen?

Einige Wissenschaftler sehen in diesem Vorgang eine Anpassung an das Waten und Schwimmen, das ein Leben im Wasser mit sich bringt, aus dem der »Wasseraffe« schließlich aufs trockene Land zurückkehrte, mit einer Speckschicht unter seiner stromlinienförmigen Hautoberfläche und dem Appetit eines Schaltierjägers auf Fleisch. Die orthodoxere Richtung bevorzugt einen direkten Übergang vom Baumfruchtpflücker zum Beutejäger der Ebenen. Eine Theorie geht davon aus, daß sich dieser jagende Affe aufge-

Manche Quellen haben die rassischen Unterschiede zwischen Menschengruppen zu stark hervorgehoben. Dabei sind selbst die auffallenderen Unterschiede dieser Art, anthropologisch gesehen, ziemlich unbedeutend und haben fast ausschließlich etwas mit Anpassung an unterschiedlich hohe Sonneneinstrahlung, Temperaturen und Feuchtigkeit zu tun. Mit dem Aufkommen von Kleidung und Architektur, Zentralheizung und Klimaanlagen haben selbst diese kleinen Unterschiede an Bedeutung verloren. Alle Menschen weisen körperlich – und auch wesensmäßig – erstaunlich viele Ähnlichkeiten auf. Die Abweichungen in dieser wie in jener Richtung sind faszinierend, aber im Vergleich zu den Ähnlichkeiten geringfügig, wie jeder, der mit einem objektiven, unvoreingenommenen Blick in der Welt herumreist, schnell feststellen wird.

Der menschliche Lebenszyklus ist ein Drama in drei Akten. Der Körper beginnt als winziges Ei, etwa von der Größe eines dieser Pünktchen ... Dieses Ei selbst ist 2000mal größer als der Same, der es befruchtet, um eine einzige Zelle hervorzubringen, die Zygote genannt wird. Diese beginnt nun zu wachsen und sich zu teilen, bis sie nach etwa 266 Tagen aus dem Mutterleib herauskommt, zappelnd und schnaufend und bereit für den zweiten Akt. Dieser sieht den Menschen im Lauf von 25 Jahren zur körperlichen Reife heranwachsen (bis dahin hat sich die ursprüngliche Zelle buchstäblich Millionen Male vervielfältigt) und dann in weiteren zehn bis 15 Jahren zur geistigen Reife. In der Pause vor dem letzten Akt stellt sich gewöhnlich (um das 40. Lebensjahr herum) eine kurze Midlife-Crisis ein, wenn der Körper entdeckt, daß er das Beste bereits hinter sich hat und daß diese Zeit so schnell an ihm vorübergegangen ist. Der dritte

Akt ist ein stetiges Nachlassen von den mittleren Jahren bis hin zum Greisenalter und dem Tod nach weiteren 30 bis 40 Jahren, vorausgesetzt, daß sich nichts Widriges ereignet, was den natürlichen Ablauf unterbricht. Dieses Nachlassen ist nicht so schlimm, wie es klingt, wenn der Körper in leidlich guter Verfassung ist – lediglich ein allmähliches Ausreifen, das seine eigenen Freuden mit sich bringt, weniger heftig, aber es gibt vieles auszukosten.

Bei der Geburt ist der Körper 47 bis 55 Zentimeter lang und wiegt fünf bis acht Pfund. Das Erwachsenengewicht wird in etwa das Zwanzigfache betragen. Im Alter von fünf Jahren ist das Kind etwa 108 Zentimeter groß und wiegt ungefähr 35 Pfund. Es kann jetzt 2000 Wörter sagen und steht kurz davor, in eine lange Phase schulischen Lernens einzutreten.

Im Alter von 18 Jahren haben beide Geschlechter die Körpergröße und das Gewicht eines Erwachsenen erreicht. Die Durchschnittswerte betragen bei Männern 1,75 m und 73 kg, bei Frauen 1,62 m und 61 kg. Im Alter von 25 Jahren sind die letzten körperlichen Wachstumsvorgänge abgeschlossen, bei denen es um Kräftigung der Knochen geht. Dies ist das Alter für Höchstleistungen der Muskeln – das beste Alter für Athleten und Sportler. Die geistigen Kräfte wachsen und entwickeln sich weiterhin und erreichen ihren schöpferischen Höhepunkt zwischen 35 und 40 – in speziellen Bereichen jedoch, etwa auf dem Gebiet der Musik und der Mathematik, treibt das Genie wesentlich eher Blüten.

Im Alter von 50 Jahren beginnt der Spiegel des männlichen Sexualhormons sich zu senken, und die Häufigkeit der sexuellen Aktivitäten ist auf etwa die Hälfte der Vergleichszahlen bei Jugendlichen abgesunken. Für Frauen setzt jetzt die Erfahrung des Klimakteriums ein.

Die durchschnittliche Lebenserwartung des Mannes liegt in Deutschland bei 69,9 Jahren, in den englischsprechenden Ländern bei 69. Die Frau lebt länger – in Großbritannien wird sie durchschnittlich 75, in den Vereinigten Staaten 77, in Deutschland 76,8.

richtet hat, um von seinem neuen Standort aus über das hohe Gras hinweg den Horizont in der Ferne abzusuchen. Eine andere Richtung glaubt, daß sich die aufrechte Haltung aus der Notwendigkeit ergeben habe, größere Nahrungsobjekte zu tragen. Gibt man Schimpansen große Bananenbüschel, stellen sie sich auf die Hinterbeine, um sie zu transportieren. Eine dritte Hypothese ist, daß die Notwendigkeit, beuteschlagende Waffen zu halten und zu werfen, eine aufrechte Körperhaltung erforderte.

Aber aus welchen Gründen auch immer unsere fernen Vorfahren das taten, fest steht, daß sie zweibeinig wurden, obwohl sie dadurch an Laufgeschwindigkeit einbüßten; und dies veränderte ihre Körper auf vielerlei Weise. Die verborgene Unterseite des behaarten Affen wurde die voll zur Schau getragene Vorderseite des nackten Menschen. Der Rücken wurde die Kehrseite. Die Becken- und Halswirbel veränderten sich dramatisch. Die Vorderfüße wurden zu Greifhänden, die nicht nur zum Tragen dienten, sondern auch zum geschickten Manipulieren und Gestikulieren. Eine ganz einzigartige Körperform bildete sich heraus, die sich von allem Vorangegangenen auffallend unterschied und die verheerend effektiv war in ihren Auswirkungen auf die Umwelt.

Obwohl die aufrechte Haltung das Gebären erschwerte, vermehrte sich die neue menschliche Spezies bald in erstaunlichem Maße. Stämme wuchsen heran und teilten sich und verbreiteten sich über die ganze Erde. Die Vorderfüße, die zu geschickten Händen geworden waren, fertigten Werkzeuge und Waffen, Gebäude und Fahrzeuge, und dieser komische »gehende Affe« wurde bald Herr über seine Umgebung. Vor 10 000 Jahren gab es bereits, fast über die gesamte Landoberfläche des Planeten verteilt, zehn Millionen Menschen. Heute erscheint uns selbst eine so große Zahl unbedeutend, da nun schon London allein so viele Einwohner hat. Bis zum Jahr 2000, das nicht mehr fern ist, wird es schätzungsweise 6,082 Milliarden Menschen auf der Erde geben. Trotz des Tempos, mit dem sich diese unglaubliche Geschichte vom Aufstieg des Menschen vollzogen hat, ist der menschliche Körper, der in deren Mittelpunkt steht, ziemlich gleich geblieben. Würde ein prähistorisches Baby von vor ungefähr 40 000 Jahren mit einer Zeitmaschine in unsere Gegenwart versetzt und von einer modernen Familie aufgezogen, würde niemand einen Unterschied bemerken.

Auch unser Verhalten hat sich im wesentlichen bemerkenswert wenig verändert. Obwohl im Laufe der Jahrhunderte Priester, Politiker und Gelehrte ausgiebig gepredigt und theoretisiert haben, wie sich Menschen verhalten sollten, haben all ihre ernsthaften Bemühungen, uns in dieser oder jener Richtung zu beeinflussen, keine tiefen Spuren hinterlassen. Einige Menschen können sich das kaum vorstellen und bestehen darauf, daß aus den wilden Rohlingen von gestern die zivilisierten Bürger von heute geworden sind oder, umgekehrt, aus den unschuldigen edlen Wilden von damals die verdorbenen sadistischen Verbrecher unserer Tage. Solche Vereinfachungen sind bedeutungslos, ebenso wie die Behauptungen von Generationen von Moralisten, ihre Lehren hätten uns gebessert und gut gemacht.

In Wahrheit hat die menschliche Spezies stets die gleichen emotionalen Triebe besessen und diese im wesentlichen auf gleiche Weise zum Ausdruck gebracht. Wir sind immer imstande gewesen, von Feindseligkeit auf Freundlichkeit, von Liebe auf Haß, von Selbstsucht auf Altruismus, von Traurigkeit auf Freude umzuschwenken. Geändert haben sich nur die Bezeichnungen – Jagdtrieb heißt heute Arbeitsethos, Hackordnung Klassenkampf, Gattenwahl unter Nicht-Blutsverwandten Inzesttabu, Paarungsbündnis Ehe, Stammesidentität kulturelles Erbe und so fort. Wir denken gern, daß eine lobenswerte Eigenschaft wie zum Beispiel gegenseitige Hilfeleistung eine zivilisatorische Neuerwerbung ist; dabei ist sie so alt wie die urzeitliche Jagd, die uns nur die Wahl ließ, entweder zusammenzuarbeiten oder zu sterben. Man hat mir zum Vorwurf gemacht, ich behauptete, die Menschen steckten voller »tierischer« Gefühle, aber diese Kritiker bringen einige grundsätzliche Dinge durcheinander. Tatsächlich *sind* die meisten unserer »edleren Gefühle« tierisch in dem Sinn, als sie ein Teil unseres tierischen Erbes sind. Wir brauchen keine religiösen Gesetzbücher oder Sittenlehren, damit wir uns zu fürsorglichen, liebevollen Individuen entwickeln. Es liegt bereits in unserer animalischen Natur.

Natürlich rivalisieren wir untereinander und sind reizbar. Auch das ist Teil unserer animalischen Persönlichkeit, und hier haben wir es mit einem sehr sensibel reagierenden Ausgleichsmechanismus zu tun, der durch künstlich belastende Umgebungen leicht in Gewalttätigkeit und Blutvergießen umschlägt. Wenn das geschieht, scheinen unsere Körper plötzlich übertrieben schwach zu sein, von allen Seiten bedroht durch Messer, Kanonen und Bomben, fliegende Glassplitter und herabstürzenden Beton. Wir führen einen ständigen Kampf, um diese Ausbrüche von Gewalttätigkeit unter Kontrolle zu halten und uns ein Zuhause zu schaffen, wo der verletzte, fleischliche, schwitzende menschliche Körper

Der menschliche Körper besteht aus einem Skelett von 200 Knochen, die insgesamt etwa 18 Pfund wiegen; mehr als 600 Muskeln, die ungefähr 35 bis 45 Prozent des Körpergewichts ausmachen; einem Blutsystem, das viereinhalb bis sechs Liter Blut enthält und von einem Herzen in Gang gehalten wird, das im Lauf eines Lebens so viel Arbeit leistet, daß es ein Gewicht von einer Tonne 150 Meilen hoch in die Luft hätte heben können; einem Nervensystem, das von einem Gehirn gesteuert wird, neben dem der größte Computer wie ein Kinderspielzeug erscheint – und das sich selbst programmiert; zwei Lungenflügeln, die täglich 14 Kubikmeter Luft bewältigen; einem Kühlsystem, das zwischen zwei und drei Millionen Schweißdrüsen umfaßt; einem Nahrungsaufnahmesystem, das sich mit einem siebeneinhalb Meter langen Verdauungskanal brüsten kann und das bei durchschnittlicher Lebensdauer 50 Tonnen Nahrung bewältigt; einem Fortpflanzungssystem, das die heutige Welt nur allzu erfolgreich mit 4000 Millionen Menschen bevölkert hat; einem Ausscheidungssystem mit Nieren, die in der Lage sind, täglich 170 Liter Flüssigkeit zu filtern; und 1,6 Quadratmetern Haut, um all das zu umhüllen und, wie es einmal ein Arzt formulierte, »das Blut drin und den Regen draußen zu halten«.

Mit diesem pulsierenden, komplizierten und doch anfälligen Organismus haben wir uns auf den Grund der Meere und hinauf zum Mond begeben. Dies ist das Lebewesen, das die Sprache, die Wissenschaft, den Sport, die Architektur, die Politik und die Religion erfunden hat. Es hat die Welt erobert, wäre jedoch auch in der Lage, sie zu zerstören.

Wenn auch alle menschlichen Körper im Grunde gleich sind, so fallen doch besonders die Unterschiede in der Körpergröße auf, die wirklich erstaunlich sind. Der größte Mann, der je registriert wurde, war ein amerikanischer Riese, der die schwindelerregende Höhe von 2,71 m erreichte, die größte Frau, eine Chinesin, maß 2,46 m. Die kleinste Frau, eine Holländerin, war ganze 59 cm groß. Das heißt, daß die größten Menschen mehr als viermal so groß waren wie der kleinste.

Beim Körpergewicht sind die Kontraste noch außergewöhnlicher. Der schwerste Mensch war ein gewaltiger Amerikaner, der, nach Schätzungen, mehr als 630 Kilogramm wog. Er war zu massig, um ihn genau zu wiegen. Der leichteste war eine erschreckend dürre Zwergin aus Mexiko, die mit 17 nicht mehr als 4,2 Pfund wog. Das bedeutet, daß der dickste Mensch 300mal so schwer war wie der leichteste. Es ist kaum zu glauben, daß solche Menschen derselben Spezies angehören, aber abgesehen von den Körpermaßen werden die Unterschiede verblüffend gering gewesen sein.

Im Verlauf unserer langwierigen Evolution ist es zunehmend zu Arbeitsteilung gekommen, wobei sich die Männer auf die Jagd und die Frauen auf das Sammeln von Nahrung und die Aufzucht der Kinder spezialisiert haben. In Anpassung an diese immer deutlichere Rollenverteilung veränderten sich der männliche und der weibliche Körper geringfügig. Die Männer wurden muskulöser, die Frauen bekamen stärkere Fettpolster. Das männliche Atemvolumen nahm zu, und der Brustkorb weitete sich aus, um die größere Lunge zu beherbergen. Die weiblichen Hüften wurden um des Gebärens willen breiter. Da diese und viele andere Unterschiede zwischen den Geschlechtern biologisch bedingt und grundlegender Natur sind, hat man dazu geneigt, sie noch kulturell zu betonen – Frauen super-feminin und Männer super-maskulin zu machen. Diese Tendenz erreichte ihren Höhepunkt in früheren Jahrhunderten, in denen man von Frauen vor allem erwartete, daß sie Kinder bekamen; doch jetzt, in unserer übervölkerten Welt, läßt sich ein Aufkommen eines weitaus weniger femininen Frauentyps vermerken, als er in früheren Zeiten gesellschaftlich akzeptabel gewesen wäre. Befreit von der Last unaufhörlicher Schwangerschaften und der Aufzucht von Kindern, nehmen Städterinnen immer häufiger unabhängige, pseudo-maskuline Rollen an, und das auch im Sport und sogar im Boxring.

Wie die meisten Primaten hat auch die menschliche Spezies ihren »Wurf-Umfang« auf eins reduziert; dieser evolutionäre Trend hatte zur Folge, daß immer weniger Abkömmlingen immer mehr Aufmerksamkeit geschenkt wurde und daß ein menschliches Baby größere Überlebenschancen hatte als fast alle Neugeborenen anderer Tierarten. Der Preis für diesen Vorteil ist eine enorme Belastung der Eltern – die größte, die eine lebende Tierspezies auf sich nimmt. Wie bei vielen Vogel- und Säugetierarten, bei denen die elterlichen Pflichten vom Weibchen allein nicht zu bewältigen sind, hat die menschliche Spezies eine Partnerbindung entwickelt (die starke sexuelle Bindung, die wir gewöhnlich als Liebe bezeichnen), die ein väterliches Verhalten von seiten des nachwuchszeugenden Männchens aktiviert.

Da der menschliche Nachwuchs so lange zum Heranreifen braucht, hat sich der Familienverband mit etwas zu beschäftigen, was man als »Fortsetzungs-Wurf« bezeichnen könnte, nämlich Kinder verschiedenen Alters, deren Anforderungen an die elterliche Aufmerksamkeit einander überlappen. Das heißt, daß die Eltern, wenn die »Einzelgeburts-Regel« durchbrochen wird und es zu einer Mehrlingsgeburt kommt, übermäßig stark beansprucht sind. Zwillinge gehen noch, selbst unter primitiven Bedingungen, da das menschliche Weibchen zwei Brüste hat, doch alles, was über Zwillinge hinausgeht, wirft Probleme besonderer Art auf. Die Wahrscheinlichkeit, daß das passiert, ist jedoch gering. Weltweit gesehen stehen die »Chancen«, daß eine Frau Zwillinge bekommt, eins zu 100. In bezug auf Drillinge ist die Wahrscheinlichkeitsrate eins zu 10 000, bei Vierlingen etwa bei eins zu einer Million.

Fünflinge sind eine derartige Seltenheit (etwa zweimal jährlich auf der ganzen Welt), daß es schwierig ist, Zahlen anzugeben, aber die Chance steht bei etwa eins zu 40 Millionen. Diese Zahlen sind von Land zu Land verschieden und können daher nur als grobe Angaben angesehen werden. Außerdem scheint es gewisse rassische Unterschiede zu geben, wie zum Beispiel, daß Schwarze wesentlich häufiger Zwillinge bekommen als Weiße.

Die Personenverwechslungen, zu denen es bei eineiigen Zwillingen kommt, machen deutlich, welch bedeutende Rolle die kleinen individuellen äußeren Unterschiede spielen, über die wir übrigen verfügen. Falls wir jemals so weit kommen, Individuen zu klonen – ganze Gruppen von Menschen zu erschaffen, die äußerlich völlig gleich aussehen –, dann hätte das ein unbeschreibliches Chaos in der tagtäglichen Kommunikation zur Folge.

Gegenwärtig leben mehr als 4000 Millionen Menschen auf dem Antlitz dieses überforderten, ermüdeten Planeten, und man schätzt, daß es eine Generation weiter, im Jahre 2020, schwindelerregende 7600 Millionen sein werden. Im Hinblick auf unser körperliches Erscheinungsbild stützt uns das in einen Interessenkonflikt.

Individuen, die in großen Städten und Ballungszentren leben, in denen es von Menschenmassen wimmelt, fühlen immer stärker den Drang, der gesellschaftlichen Umgebung, in der sie leben, ihre eigene persönliche Identität aufzuzwingen. Um ihre Individualität in der immer dichter werdenden Menge zu behaupten, unterstreichen sie oft das Einmalige ererbter Gesichtszüge oder anderer Körpermerkmale durch künstliche Hinzufügungen. Das geschieht durch persönliche Varianten in Kleidung und Frisur, von der grellbunten Krawatte und dem T-Shirt bis zur besonderen Gestaltung von Haartracht, Make-up oder Schnurrbart. Außerdem gibt es viele Arten von persönlichem Schmuck wie Ohrringe, Fingerringe, Halsketten, Armbänder und dekorative Edelsteine und Abzeichen, die die Unterschiede im optischen Erscheinungsbild in den zunehmend überbevölkerten Städten hervorkehren. Diesem Trend entgegen läuft jedoch der Urtrieb, einen Körper zur Schau zu stellen, der Ähnlichkeiten mit dem der anderen Mitglieder des eigenen »Stammesverbandes« aufweist. In extremen Fällen führt das zu einer übertriebenen Form von Uniformität, die es nahezu unmöglich macht, das Individuum zu erkennen – wie es bei bestimmten militärischen Gruppen oder sportlichen Verbindungen der Fall ist. Den meisten Menschen ist es jedoch möglich, den Körper auf eine Weise zu schmücken, daß beide Zwecke erfüllt werden, indem ein Teil des Schmucks Zugehörigkeit zu einer Gruppe signalisiert und ein anderer ein individuelles »Merkmal« liefert.

in Ruhe überleben kann. Bei unserer hoffnungslosen Übervölkerung ist das nicht so leicht. Wir machen viele Fehler, und viele kommen dabei zu Schaden oder gehen zugrunde.

Manche Katastrophen ließen sich vermeiden, wenn die Spitzenpolitiker der modernen Welt ein wenig mehr von der besonderen Spezies verstünden, der sie und die Menschen in ihrem Gefolge angehören. Leider studieren sie viel zuwenig diese besonderen Wesen, denen sie angeblich dienen – die Menschen. Würde man das Bild eines idealen Bürgers aus der Sicht einer herrschenden Partei – gleichgültig welcher – entwerfen, wäre es mit ziemlicher Sicherheit himmelweit von der Wirklichkeit entfernt. Einige Kulturen haben zum Beispiel das menschliche Bedürfnis nach einem eigenen Territorium verkannt; andere haben den Drang zur Bildung sich liebender Familieneinheiten unterschätzt; wieder andere ignorierten die konstruktive rebellische Natur der menschlichen Neugier und Kreativität. Früher oder später ziehen solche Irrtümer gesellschaftliche Unruhen nach sich, und die Politiker an der Macht haben die Folgen zu tragen. Die eigentliche Unwissenheit der Mächtigen besteht darin, daß sie nicht genug darüber wissen, wie der menschliche Körper als soziales Wesen funktioniert. Es handelt sich hier nicht um ein medizinisches Problem, um innere Organe oder die Gesundheit. Es geht darum, wie wir unseren Körper einsetzen, wenn wir einander im täglichen Leben begegnen. Denn dieser Körpergebrauch spiegelt unsere innersten Bedürfnisse und Wünsche wider; durch ihn geben wir diese Gefühle unseren Mitmenschen zu erkennen, und wenn wir genau genug hinsehen, erfahren wir viel Wissenswertes über die wahre Natur der Menschheit.

Ein solches Wissen zu ignorieren, wäre heute, nachdem wir soviel über das menschliche Verhalten in Erfahrung gebracht haben, leichtfertig. Die Redensart »Viel Wissen macht Kopfweh« war schon immer eine Notlüge. Unwissenheit hat stets in die Agonie geführt – zu grausamem Aberglauben, unnötiger Angst, religiösem Fanatismus und geistiger Unterdrückung. Im Mittelpunkt stand immer der menschliche Körper, und er mußte endlose unnötige Beleidigungen über sich ergehen lassen. Mit einigen wurde er absichtlich belegt, andere haben wir uns gedankenlos selbst zugefügt. Wie ich schon früher sagte, besteht ein Teil des Problems darin, daß aus der Vertrautheit Gleichgültigkeit geworden ist. Weil jeder von uns einen menschlichen Körper besitzt, glauben wir alles über ihn zu wissen, war wir wissen *müßten*.

Um diesen Schleier der Vertrautheit zu lüften, so daß wir den menschlichen Körper in einem neuen Licht zu sehen vermögen, brauchen wir einen analytischen Ansatz. Der, für den ich mich in diesem Buch entschieden habe, besteht darin, die äußere körperliche Erscheinung so zu behandeln, als wäre sie eine unbekannte Landschaft, die es Stück für Stück zu erforschen gilt, wie ein Tourist eine exotische Insel erforschen würde. Indem wir jeden Körperteil gesondert und in Nahaufnahme betrachten, können wir vielleicht wieder ein Gefühl für das Wunderbare an diesem ungewöhnlichen Tier, genannt Mensch, entwickeln. Wenn das gelingt, werden wir uns nicht mehr so leicht gedankenlos selbst malträtieren oder anderen gestatten, unseren Körper zu mißbrauchen.

Die eingehende Betrachtung des Körpers vom Scheitel bis zur Sohle wird den Leser in den folgenden Kapiteln auf eine Entdeckungsreise führen – eine Reise zur Selbst-Entdeckung –, in deren Verlauf sich ihm die Komplexität des menschlichen Wesens als biologische Einheit sowie als kulturelles Phänomen enthüllen wird. Die Reise beginnt bei der Untersuchung des Kopfhaares; dann geht es weiter zur Stirn, zu den Augen, den Ohren, zur Nase und so fort bis hinab zu den Beinen und den Füßen. Unterwegs werden wir zwanzigmal haltmachen und jeweils einen bestimmten Körperteil aus verschiedenen Blickwinkeln untersuchen. Als erstes werde ich auf Anatomie, Physiologie, Funktion, Entwicklung und Wachstum eingehen; dann werden seine Möglichkeiten unter dem Aspekt Verhalten erforscht – Bewegungen, Haltungen, Ausdrucksweisen und Gesten; dann die höchst faszinierenden kulturgeprägten Abwandlungen und Übertreibungen, seine Verzierung durch Bemalen und Tätowieren, seine Entstellung durch Rasieren, Stutzen, Durchbohren oder Narbenzeichnen sowie die Rolle, die er hier und da in Aberglauben, Magie und im religiösen Symbolismus spielt.

Diese Methode, den menschlichen Körper in einzelne Körpereinheiten aufzuteilen wie in Zonen einer menschlichen Landkarte, bietet nicht nur die Möglichkeit, auf eine erfrischend neue Weise an einen bekannten Gegenstand heranzugehen, sondern hilft uns auch, den Körper zu »entkomplizieren«. Da beim Körper alles zusammenwirkt, ist die Körpersprache komplex, und es ist schwierig, sie auf Anhieb zu beurteilen. Nehmen Sie zum Beispiel das Gesicht. Im Gesichtsausdruck gibt es zahlreiche subtile Veränderungen – viel zu viele, um sie auf Anhieb zu deuten. Wenn wir aber jeden Gesichtsteil getrennt untersuchen, wird die Aufgabe wesentlich einfacher. Danach werden wir wie ein Mechaniker, der einen Motor auseinandergenommen und wieder zusammengesetzt hat, über die Funktionsweise wesentlich mehr wissen als vorher.

Ein Ergebnis dieser analytischen Methode der Körperbeobachtung ist beruhigenderweise, daß wir trotz all unserer verzweifelten Anstrengungen, unseren Körper anders als andere erscheinen zu lassen, und trotz unserer verschiedenen kulturellen Prägungen und Körpergebräuche im Grunde alle gleich sind. Unter dem künstlichen Tand und Zierrat, den Frisuren und Schönheitsmitteln haben wir viel mehr gemeinsam, als wir gemeinhin zugeben. Wir bilden uns gern ein, daß »unser Stamm«, ob nun in Neuguinea oder New York, irgendwie besser und ganz anders als alle anderen sei, aber das ist nur eine Stammesphantasie. Im wesentlichen sind wir alle gleich.

Das Haar

Das Haar, das uns auf dem Kopf wächst, ist eines der eigenartigsten Merkmale des menschlichen Körpers. Man stelle sich vor, was es für unsere urzeitlichen Vorfahren bedeutet haben muß, bevor es Bürsten und Kämme, Scheren und Messer, Hüte und Kleidung gegeben hat. Über eine Million Jahre sind wir mit Körpern herumgelaufen, die fast nackt und nur oben mit einer beträchtlichen Masse wuchernden Pelzes bedeckt waren. Während das Haar an Rumpf und Gliedern bis zur Bedeutungslosigkeit verkümmerte und die gesamte Hautoberfläche ungeschützt der Witterung ausgesetzt war, sproß das Haar auf unserer Kopfhaut zu einem riesigen wolligen Schopf oder zu einer langen wallenden Mähne. Schmucklos und unfrisiert müssen wir anderen Primaten merkwürdig vorgekommen sein. Was für ein Affe war das?

Diese Frage enthält bereits die Lösung des Rätsels, warum wir eine so ungewöhnliche Kopfbehaarung haben: Weil sie uns äußerlich deutlich von anderen Primatenarten abhob. Sie war unser schon von weitem sichtbares »Artsignal«. Unsere großen buschigen Köpfe auf unseren glatten nackten Leibern identifizierten uns sofort als Menschen. Wir trugen unsere extravagante Haarfülle wie eine Fahne.

Man vergißt das heute leicht, weil die Mode unser Kopfhaar als zusätzliches Geschlechtssignal benutzt. In fast allen Kulturen tragen Männer und Frauen ihr Haar auf typisch männliche oder weibliche Art. Das ist so hervorstechend, daß es verzeihlich ist, wenn wir übersehen, daß vor der einsetzenden Glatzenbildung bei den Männern das männliche und das weibliche Kopfhaar von der Anlage her gleich sind. Selbstverständlich haben wir auch Behaarung, die unser Geschlecht signalisiert – Schnurrbärte, Vollbärte, Haare auf der Brust und so weiter; aber auf dem Kopf, wo unser Haarwuchs am üppigsten ist, erfreuen sich beide Geschlechter völliger Gleichheit, sowohl in der Kindheit als auch im jungen Erwachsenenalter. Eine auffallende Haarpracht ist weder typisch weiblich noch männlich, sondern *menschlich*; sie unterschied uns von artverwandten Primaten, als wir uns zu einer eigenen Spezies heranbildeten.

Wer dies für unwahrscheinlich hält, der braucht sich nur verschiedene Tier- und Menschenaffen auf ihre Behaarung hin anzusehen. Engverwandte Arten weisen oft auffallende Unterschiede

DAS HAAR

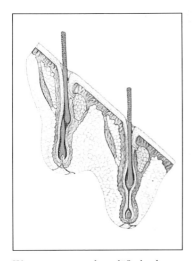

Wenn man es wachsen läßt, ist das Kopfhaar des Menschen das längste und üppigste aller Primatengattungen. Das trifft für beide Geschlechter zu, und Unterschiede in der Haarlänge bei Mann und Frau sind ausschließlich kulturell bedingt. Im Gegensatz zur Volksmeinung gibt es keine nachweisbaren anatomischen Unterschiede bei den Haaren von Mann und Frau. Jedes einzelne Haar auf dem Kopf wächst, grob geschätzt, sechs Jahre und erreicht ungeschnitten eine Länge von etwa einem Meter. Dann tritt es für einige Monate in eine Ruhephase ein, in der es nicht weiterwächst, bis es schließlich ausfällt und durch ein neues Haar ersetzt wird. Das Haar wächst aus einer kleinen Papille auf dem Grunde eines Hautbeutels heraus, der Follikel genannt wird.

Die Abbildung links oben zeigt ein Haar in der Phase des Stillstandes, bei dem die Verbindung zur Papille in hohem Maß geschwächt ist und der Ausfall bevorsteht, und ein aktiv wachsendes Haar.

in Farbe, Form und Länge ihrer Kopfhaare auf. Einige haben farbige »Haarkappen«, die sich auffällig vom übrigen Kopfhaar unterscheiden; andere stellen lange Schnurrhaare zur Schau; wieder andere protzen mit eindrucksvollen Bärten; einige sind sogar kahlköpfig. Unterschiedliche Kopfbehaarungen kommen bei den Primaten häufig als artspezifisches »Kennzeichen« vor, und es sollte deshalb nicht allzusehr verwundern, daß sich unsere eigene Spezies eines ähnlichen Identifikationsmechanismus bediente. Erstaunlich

»Ein gewaltiges wolliges Gestrüpp oder ein langer rauschender Umhang.«

Im Laufe der Geschichte haben sowohl Männer als auch Frauen ihr Haar geschnitten, gestutzt, in Form gebracht und frisiert und fast immer kürzer getragen, als es die natürliche Haarlänge gewesen wäre.

Doch die Faszination, die lange, fließende Locken oder große Büsche üppigen Kopfhaars auf uns ausüben, hat nie nachgelassen, als hätten wir eine Art tiefverwurzelter Urreaktion auf den Urzustand menschlichen Haares in grauer Vorzeit zurückbehalten.

Auch wenn es im täglichen Leben noch so unpraktisch ist, tauchen unter den extravaganteren Jugendlichen und in den Studios der Werbefotografen immer wieder ausgefallene Haartrachten auf.

ist nur, wie weit wir ihn getrieben haben. Die Zurschaustellung unseres Haupthaars war so übertrieben, daß wir, sobald wir technisch in der Lage waren, es mit Messern und Scheren auf tausenderlei Weise zu stutzen begannen. Wir kürzten es, schnitten es ab, rasierten es und banden es zusammen; wir flochten und drehten es und stopften es unter Hüte und Hauben. Es war, als könnten wir die Last unserer urzeitlichen Haartracht nicht länger tragen. Das schwere Gewicht unserer sprießenden Haarfülle mußte auf diese oder jene Weise verringert werden.

DAS HAAR

Es gibt vier Hauptarten fortschreitender Kahlheit. Man kann ihnen die Etiketten Geheimratsecken, Tonsur, Stirnglatze und Scheitelglatze aufdrücken. Bei den Geheimratsecken zieht sich der Haaransatz immer weiter zurück und läßt einen schmalen Haarstreifen auf der Mittellinie des Kopfes zurück. Bei der Tonsur verrutscht der vordere Haaransatz nicht, aber hinten auf der Schädeldecke beginnt sich eine kahle Stelle zu bilden. Von hier aus breitet sich die Glatze ständig aus. Bei der Stirnglatze beginnt sich der gesamte vordere Haaransatz zurückzuziehen, und er kriecht immer weiter zurück, wie eine auslaufende Flut. Bei der Scheitelglatze zieht sich der vordere Haaransatz im mittleren Bereich schnell und an den Seiten langsamer zurück – das Gegenteil des Schemas Geheimratsecken. Diese vier Haupttypen des Kahlwerdens können aber auch kom-

Der Pelzmantel, den der »nackte Affe« abgelegt hat.

biniert auftreten, was bedeutet, daß jemand auch zwei dieser Grundmuster aufweisen kann. Diese Unterschiede werden von genetischen Faktoren bestimmt, und wenn ein Mann, dessen Kopf kahl wird, sich alte Fotografien oder Gemälde seiner männlichen Vorfahren ansieht, wird er gewöhnlich feststellen, daß seine Haarpapillen einer langen Familientradition folgen.

Zwar ist die Glatzköpfigkeit recht verbreitet, doch das Gegenteil ist extrem selten. Menschen mit behaarten Gesichtern kommen dennoch gelegentlich vor, und sie vermitteln uns einen vagen Eindruck davon, wie unsere frühen Urahnen ausgesehen haben mögen, ehe sie ihren Pelzmantel verloren und zu »nackten Affen« wurden. Noch bis vor kurzem verdienten sich solche Menschen ihren Unterhalt oft als Zirkussensationen; heutzutage kommen ihnen die Techniken der modernen Hautenthaarung zugute.

Die Stärke des menschlichen Haares ist bemerkenswert. Chinesische Zirkusakrobaten waren dafür bekannt, daß sie Kunststücke vorführten, während sie, ohne übermäßiges Unbehagen zu verspüren, an ihren Haaren aufgehängt waren. Es heißt, ein einziges mongolides Haar habe eine Reißfestigkeit von 160 Gramm. Zudem ist das Haar äußerst elastisch und kann um 20 bis 30 Prozent gedehnt werden, ehe es bricht.

33

DAS HAAR

Es wäre falsch, daraus zu schließen, daß wir Haargegner wurden. Wir tauschten nur geschickt die alte Haarpracht gegen eine neue ein. In unserem vorzeitlichen Zustand war allein das Volumen des menschlichen Haupthaars kennzeichnend für unsere Art. Es unterschied uns von anderen, unterschied uns deutlich, so daß es als Kennzeichen sehr wirksam, leider aber auch ziemlich lästig war. Als wir entwicklungsmäßig das Stadium erreichten, daß wir unser Haar zu frisieren vermochten, konnten wir uns neue Möglichkeiten erdenken, damit es durch ausgefallene Formen, Farben und Schmuck auffiel. Heute können wir Glücklichen bei all den Hüten, Perücken und Frisierkünsten der Jetztzeit im einen Moment arbeitspraktische Frisuren haben und im nächsten phantasievoll prunkende Schauköpfe.

Bevor wir diese neuen Trends untersuchen, ist es wichtig, das Rohmaterial näher zu betrachten – das natürliche Haar. Im Durchschnitt hat der Mensch ungefähr 100 000 Kopfhaare. Aus unbekannten Gründen haben Blonde mehr Haare als dunkelhaarige Menschen. Wenn Sie blond sind, haben sie ungefähr 140 000 Haare; sind Sie brünett, 108 000; sind Sie jedoch zufällig ein Rotschopf, haben Sie wahrscheinlich nur an die 90 000.

Jedes Haar wächst aus einer kleinen Haartasche heraus, dem Haarbalg, an dessen unterem Ende eine Papille sitzt. Dieses winzige Gewebeklümpchen ist der »Haarmacher«. Es ist reich an Blutgefäßen und liefert die Rohstoffe, die zu Haarzellen umgewandelt werden. Diese Zellen bilden sich immerfort neu an der Oberfläche der Papille und bewirken den Haarwuchs, indem die jüngeren Zellen die älteren nach oben schieben. Die Haarwurzel (der Teil unter der Hautoberfläche) wird schließlich so lang, daß die Spitze des Haars aus dem Haarbalg hervorsprießt, und während sie sich herausschiebt, härtet sich das Haar. Der sichtbare Teil des Haars, der länger und länger wird, ist der Haarschaft. Er wächst täglich um zirka einen Drittelmillimeter.

Wie schnell unser Haar wächst, hängt vom Alter und vom Gesundheitszustand ab. Am langsamsten wächst es bei sehr alten Menschen, bei Krankheit, Schwangerschaft und bei kaltem Wetter. Am schnellsten wächst es während der Erholung von einer schweren Krankheit, anscheinend als Ausgleich nach einer Zeit gehemmten Wachstums. Bei gesunden Menschen wächst es am

DAS HAAR

schnellsten im Alter zwischen 16 und 24 Jahren. In dieser Lebensphase beträgt das jährliche Wachstum bis zu 17,5 cm, während es sonst im Durchschnitt nur 12,5 cm sind.

Die Lebensspanne eines einzelnen Haars beträgt ungefähr sechs Jahre; das bedeutet, daß bei einem gesunden jungen Erwachsenen ein ungestutztes Haar ungefähr einen Meter lang werden könnte, bevor es ausfällt und ein neues nachwächst. Das heißt, daß das Haar bei jungen Männern und Frauen, die es nie schneiden, bis zu den Knien herabhängen würde. In unseren vorzeitlichen Tagen, als wir nackt und mit solchen Haaren herumliefen, müssen wir vom Aussehen her eine der merkwürdigsten Kreaturen im Tierreich gewesen sein.

Abgesehen von seiner übermäßigen Länge besteht eine weitere Eigenart unseres Kopfhaars darin, daß es nicht »mausert«. Wir könnten ja auch zu Beginn des Sommers mehr Haare verlieren und im Winter weniger, um uns, vielen anderen Tieren gleich, eine besser den äußeren Bedingungen angepaßte Isolierschicht zu schaffen; aber etwas Derartiges läßt sich nicht feststellen. Jedes einzelne Haar von uns hat seinen eigenen Lebenszyklus. 90 Prozent unserer Kopfhaare wachsen ständig; zehn Prozent befinden sich in einer Ruhephase. Diese »Ruhenden« sind überall verteilt unter den übrigen und bleiben ungefähr drei Monate in diesem untätigen Zustand, bis sie ausfallen. Das bedeutet, daß jeder von uns täglich zwischen 50 und 100 Haare verliert.

Wenn ein Haar ausfällt, lösen sich der lange Schaft und die Haarwurzel; die winzige Papille am unteren Ende des Haarbalgs bleibt jedoch da. Aus dieser kleinen Knospe beginnt dann ein neues Haar zu sprießen, das das alte ersetzt. Sie bleibt fast sechs Jahre lang aktiv, bevor sie wieder die Produktion neuer Zellen einstellt und ausruht. Nach einer dreimonatigen Ruhepause wirft sie das alte Haar ab, und der ganze Vorgang wiederholt sich von neuem. Bei unserer heutigen verlängerten Lebensdauer kann jede Haarpapille ihren Lebenszyklus voraussichtlich zwölfmal wiederholen und dabei nacheinander zwölf Haare von jeweils ungefähr einem Meter Länge hervorbringen. Daraus folgt, daß jemandem, bei dem die Ruhepause im Haarzyklus ausfällt, bis zu neun Meter lange Haare wachsen könnten. Dieses groteske Wachstum scheint zumindest einmal vorgekommen zu sein. In einem Kloster bei Madras sollen,

DAS HAAR

wie es heißt, die Haare eines indischen Mönchs namens Swami Pandarasannadhi eine Länge von fast neun Metern erreicht haben. Es gibt auch zahlreiche weniger sensationelle Berichte über Frauen, deren Haar länger gewesen sein soll als ihre Körpergröße.

Der gegenteilige Effekt, das Ausbleiben neuen Haarwuchses für immer, ist weitaus häufiger. Das kommt nie während der Kindheit vor, doch mit Eintritt der Geschlechtsreife gehen auf dem oberen Teil des männlichen Kopfes seltsame Dinge vor. Die männlichen Hormone, die in den Blutkreislauf geschwemmt werden, deaktivieren bestimmte Haarpapillen. Die Papillen an den Kopfseiten bleiben davon verschont, aber oben auf der Kopfdecke werden welche außer Kraft gesetzt. Einige Haare, die dort ausfallen, werden nicht ersetzt. Die Haarpapillen fallen in ewigen Schlaf. Die Folge ist, daß ihr Besitzer eine Glatze bekommt.

Eine Glatze bildet sich gewöhnlich nur allmählich, und vielen Männern bleibt sie ganz erspart. Bei ungefähr einem Fünftel setzt das Kahlwerden bald nach der Adoleszenz ein; allerdings geht das anfangs so langsam vor sich, daß es kaum auffällt. Doch bis zum 30. Lebensjahr werden die 20 Prozent der Kahlwerdenden bemerken, was geschieht. Bis zum Erreichen der Fünfziger werden an die 60 Prozent der Männer weißer Hautfarbe eine Haareinbuße bis zu einem gewissen Grad hinnehmen müssen (bei anderen Rassen ist die Zahl kleiner). Auch bei älteren Frauen tritt ein leichter, aber andersgearteter Haarverlust auf. In ihrem Fall dünnt das ganze Haar etwas aus, was weitaus weniger auffällt und sich deutlich von der »kahlen Stelle« bei den Männern unterscheidet.

Eine Glatze läßt sich vermeiden, wenn man sich vor der Pubertät kastrieren läßt. Im Harem des Sultans gab es keine kahlen Eunuchen. Oder man läßt sich in eine Familie hineingebären, in der alle männlichen Vorfahren bis ins hohe Greisenalter voll behaart waren. Wenn es in Ihrem Stammbaum keine Gene für Kahlköpfigkeit gibt, werden Sie nie ein Toupet benötigen. Ihre kahl werdenden Freunde haben in diesem Fall jedoch vermutlich einen stärkeren Sexualtrieb als Sie. Es hat sich herausgestellt, daß eine Überproduktion männlicher Geschlechtshormone (Androgene) ein wesentlicher Faktor bei der Entstehung der Kahlköpfigkeit ist. Eine Glatze ist vielleicht nicht besonders hübsch, aber mit Sicherheit geschlechtsspezifisch.

DAS HAAR

Weil die Kahlköpfigkeit mit einem hohen Anteil an Geschlechtshormonen zu tun hat und weil sie mit fortschreitendem Alter zunimmt, ist sie offensichtlich ein menschliches Zurschaustellungssignal, das auf männliche Dominanz hinweist. Sie ist typisch für den virilen älteren Mann und hebt ihn sichtbar von zwei anderen Kategorien ab, dem virilen jüngeren und dem älteren Mann mit weniger starkem Sexualtrieb. Einen Fehler scheint diese Einrichtung jedoch zu haben. Wenn die Männer älter werden, läßt bei allen der Sexualtrieb nach, ob mit oder ohne Glatze. Logisch wäre es, wenn ihnen jetzt wieder Haare auf dem Kopf wüchsen, aber das ist nicht der Fall. Es scheint, als könnten die Haarpapillen nach all den Jahren der Untätigkeit nicht mehr zum Leben erweckt werden. Aber noch ist nicht alles verloren. An diesem Punkt tritt ein neues Signal hinzu, das das Bild des dominierenden virilen Mannes in das des »großen alten Mannes« umwandelt: Seine Haare werden weiß. Dies widerfährt sowohl behaarten als auch kahlen Häuptern und überträgt in beiden Fällen das »Ich-bin-alt«-Signal, so daß die kahle Platte des älteren Mannes schließlich doch ehrlich bleibt.

Bevor wir näher auf die gesellschaftliche Komponente des Haars eingehen, sind noch ein paar anatomische Details zu erwähnen. Eine weitere Eigenart der menschlichen Behaarung ist das Fehlen von »Fühlern« oder Sinneshaaren, wie wir sie zum Beispiel in Form der Schnurrhaare bei Katzen kennen. Alle Säugetiere, sogar Wale, haben wenigstens einige wenige Sinneshaare, nur wir haben aus irgendeinem Grund keine. Niemand weiß, warum. Ein weiteres fehlendes Merkmal ist die Fähigkeit, die Haare zu sträuben, wenn wir zornig sind. Viele Säugetiere können ihre Haare aufstellen, wenn sie in Wut geraten, und sich dadurch »größer« machen. Wir haben diesen dramatischen Verwandlungstrick jedoch verloren, was nicht überrascht, denn durch das Aufrichten unserer kurzen, spärlichen Körperhaare hätten wir keiner Maus Angst eingejagt, und unser Kopfhaar ist offensichtlich zu lang und zu schwer, um es zu einer wutstarrenden Mähne aufzurichten.

Obwohl wir also nicht mit gesträubten Haaren imponieren können, haben wir noch die winzigen Muskeln, die die Haare bewegen. Es sind die *arrector pili*-Muskeln, und heute bringen sie allenfalls noch zuwege, daß wir eine Gänsehaut bekommen, wenn uns kalt

37

Die Vielfalt der Haartypen und -farben.

Es ist behauptet worden, daß die Unterschiede in der Haarstruktur zwischen den größeren Menschenrassen auf klimatische Anpassung zurückzuführen sind. Das Kraushaar der negriden Rasse hat man beispielsweise als speziellen Schutz gegen die heiße Sonne gedeutet. Doch diese Interpretation ist problematisch, wenn man sich die Unterschiede zwischen dem welligen Haar der Europiden, dem glatten Haar der Mongoliden und der »Pfefferkorn«-Haarstruktur der Buschmänner (sowie einiger ihrer Verwandten unter den Mischlingen) klimatisch erklären will.

Die Haarfarbe des Menschen reicht vom reinen Schwarz bis zum reinen Weiß mit einem unterschiedlichen Anteil an zusätzlichem Rot. Diese simple Farbkombination ist der Ursprung aller bekannten Braun-, Kastanien- und Blondtöne und selbstverständlich auch der auffälligen Schwarz-, Rot- und Albinotöne. Die Bedeutung, die rotem Haar zugemessen wird, ist ein Rätsel. Am häufigsten kommt es in den Grenzgebieten im Süden Schottlands vor, aber es sprießt auch an anderen Orten, ohne seinen Besitzern irgendwelche Vorteile zu bringen.

Wir sprechen von »grauem Haar«, doch etwas Derartiges gibt es nicht. Haar wird nicht grau; es wird weiß. »Graues« Haar ist ganz einfach eine Mischung aus alten Haaren, die noch ihre ursprüngliche Farbe haben, und aus neuen Haaren, die dazwischen verstreut wachsen und rein weiß sind. Anfangs wirken sich die weißen Haare optisch nicht weiter aus, doch je mehr ihre Zahl im Verhältnis zu den anderen Haaren zunimmt, vermitteln sie den Gesamteindruck von Grau. Später, wenn immer mehr Follikel die Pigmentproduktion einstellen und unpigmentierte Haare hervorbringen, übertönen diese weißen Strähnen die wenigen farbigen, die noch verblieben sind, und ersetzen sie schließlich ganz; zurück bleibt ein weißer Haarschopf als Signal dafür, daß die Zeit des Alters angebrochen ist.

An langem Haar kann ein Angreifer einen festhalten.

Rein biologisch gesehen, kann das Kopfhaar des Mannes genauso lang wie das der Frau werden, doch einem alten Brauch zufolge, der sich auf die Worte des Apostels Paulus an die Korinther gründet, wird kurzgeschnittenes Haar als besonders männlich angesehen. Die Ansicht stützt sich wahrscheinlich auf die Angst des aggressiven Mannes, bei einem Kampf an seinen langen Locken festgehalten zu werden. Ein männliches Wesen mit Kurzhaarschnitt oder rasiertem Kopf bringt sie um diesen Vorteil. Die langen Haarlocken der Frau wiederum verleihen ihr eine Aura der Verletzbarkeit – sie signalisiert damit symbolisch, daß man sie an den Haaren ziehen oder fesseln kann.

Das zwangsweise Kahlscheren des weiblichen Kopfes in einer Kultur, in der bei Frauen langes Haar die Norm ist, ist noch bis vor kurzem, nämlich 1944, als öffentliche Bestrafung eingesetzt worden. Ende des Zweiten Weltkrieges wurden in Paris Frauen, die man der Kollaboration mit den deutschen Besatzungstruppen bezichtigte, auf die Straße geführt und dort inmitten einer feindseligen Menge geschoren und rasiert. Diese Art der Verstümmelung ist zwar unblutig, doch sehr wirksam, weil es lange dauert, bis das Haar nachgewachsen ist und das Schandmal verschwindet. Bei manchen afrikanischen Stämmen wie den Massai und den Dinka wäre diese Form der Bestrafung bedeutungslos, da in diesen Kulturen ein kahlrasierter Kopf die übliche Alltagsfrisur der Frauen ist.

Das Kahlrasieren des Schädels ist eine demütigende Strafe.

oder bange ist. Was sie tun, ist ein ziemlich alberner Versuch, unsere nicht vorhandene Pelzhülle zu »verdicken«. Hätten wir noch unser Fell, würde dieses Verdicken die isolierende Schicht aus eingefangener Luft verstärken und uns auf diese Weise warm halten.

Allgemein gilt also, daß wir unser Haar nicht aufrichten können. Eine Ausnahme gibt es aber doch. Sie betrifft unsere Reaktion auf das Knarren einer Tür in einem finstern Haus zu später Stunde. »Es ließ mich schaudern« ist die übliche Beschreibung, und dieses Schaudern verursachen natürlich die Tausende der sich zusammenziehenden *arrector pili*-Muskeln. Manche Menschen sagen: »Mir standen die Haare zu Berge«, und sie erklären, daß das Gefühl am stärksten im Nacken auftrat. Das liegt vermutlich daran, daß die Haare dort sehr dicht wachsen und kurz genug sind, so daß eine besonders starke Reaktion zustande kommt.

Worin sich unser menschliches Haar nicht von dem unserer Säugetierverwandten unterscheidet, ist das Vorhandensein von

DAS HAAR

Talgdrüsen. Diese winzigen Drüsen, die im Haarbalg neben der Haarwurzel sitzen, produzieren ein öliges Sekret, das Sebum, das das Haar gleitfähig und in gutem Zustand erhält. Überaktive Talgdrüsen führen zu fettigem Haar, ungenügend aktive zu trockenem. Das Waschen der Haare ist wichtig, um den Schmutz daraus zu entfernen, aber es entfernt auch das Sebum, und zu häufiges Waschen kann fast ebenso schädlich sein wie zu seltenes.

Die Stärke des gesunden Menschenhaars ist bemerkenswert, wie jeder, der schon einmal an den Haaren geschleift wurde, festgestellt haben wird. Chinesische Zirkusakrobaten führten Kunststücke vor, während sie ohne übermäßiges Unbehagen an ihren Haaren aufgehängt waren. Eine einzige Strähne mongoliden Haars hat angeblich eine Zerreißspannung von 160 Gramm. Es ist außerdem hochelastisch und kann bis zu 20 oder 30 Prozent gedehnt werden, bevor es reißt. Die Haarfarbe variiert auf ziemlich simple Weise und richtet sich weitgehend nach der Hautfarbe. In beiden Fällen findet dasselbe Pigmentierungssystem Anwendung. Die Menschen, die in sonnigen Ländern leben, haben in den Zellen ihrer Haare zahlreiche längliche Melaninkörnchen, die die Haare schwarz erscheinen lassen. Die Menschen in den gemäßigten Breiten haben etwas weniger Melanin, was ihren Haaren eine bräunliche Farbe verleiht. In den kälteren, sonnenarmen Gegenden Skandinaviens kommt das Melanin noch weniger vor, was zu der blassen Haarfarbe führt, die wir blond nennen. Albinos, denen das Melanin völlig fehlt, haben rein weißes Haar.

Diese einfache Skala von Schwarz bis Weiß wird durch ein »aus der Art schlagendes« Element kompliziert. Bestimmte Menschen haben statt der länglichen Melaninkörnchen runde oder ovale. Diese werden vom Auge als Rot wahrgenommen. Sie können allein auftreten, ohne die üblichen länglichen Melaninkörnchen; in diesem Fall wird ihr Besitzer goldblond erscheinen. Treten sie zusammen mit einem bescheidenen Anteil gewöhnlicher Körnchen auf, wird das Haar einen satten rotbraunen Farbton haben und als »feuerrot« bezeichnet werden. Wenn die runden Körnchen zusammen mit vielen länglichen auftreten, wird das Rot von der Schwärze des Haars fast überdeckt, aber es ist doch noch stark genug, um dem Haar einen leichten Stich ins Rötliche zu geben, so daß es sich vom reinen Schwarz unterscheidet.

DAS HAAR

Die Haarformen sind sehr unterschiedlich, aber man hat sich heute auf drei wesentliche Haartypen geeinigt: das krause Haar, das für die Negriden typisch ist; das wellige Haar bei den Europiden und das glatte Haar, das für die mongoliden Rassen typisch ist. Im allgemeinen wird behauptet, daß diese drei Haarformen mit den Klimabedingungen zusammenhängen, aber dagegen werden auch Einwände erhoben. Man räumt ein, daß das stark gekräuselte Haar auf der negriden Kopfhaut eine buschähnliche Isolierung schafft zwischen Haut und Außenwelt, wo die Sonne erbarmungslos auf die Köpfe der Menschen niederbrennt. Durch die im Haar eingeschlossene Luft entsteht eine Pufferzone, die einer Überhitzung des Schädels vorbeugt. Eine solche Pufferzone, lautet das Gegenargument, ist jedoch nicht nur in heißem Klima wirksam, sondern wäre auch in kalten Gegenden von Vorteil, denn auch hier würde die eingeschlossene Luft isolierend wirken.

Betrachtet man das wellige Haar der Europiden, tauchen zwei weitere Probleme auf. Erstens ist das Haar der Europiden sehr verschieden, von beinahe glatt bis lockig, ohne daß es unterschiedliche Umwelteinflüsse gibt. Und zweitens haben sich die Europiden mit Erfolg in einem riesigen Niederlassungsgebiet behauptet, das sich vom kalten Norden Skandinaviens bis ins sengend heiße Arabien und nach Indien erstreckt. Ein ähnliches Problem ergibt sich bei den glatten Haaren der Mongoliden. Sie weisen vielleicht weniger Unterschiede auf, kommen dafür aber in einem noch größeren Gebiet vor – von Sibirien im Norden bis zu den Inseln Indonesiens im Süden, von Alaska bis zu den Dschungelgebieten des Amazonas.

Als wichtiges Argument gegen diese Einwände läßt sich anführen, daß Wanderungen der Menschen in jüngerer Zeit das ursprüngliche Muster durcheinandergebracht haben. Nehmen wir für einen Augenblick an, daß es anfangs kraushaarige Menschen in heißen Ländern gab, Menschen mit welligem Haar in den gemäßigten Zonen und glatthaarige Menschen in den kalten Ländern. Das Kraushaar würde den Kopf vor der Sonnenhitze schützen, ohne herabzuhängen, was das Schwitzen an den Hals- und Schulterpartien verhindern würde. Das lange glatte Haar würde wie ein Umhang Nacken und Schultern wärmen. Und das wellige Haar wäre ein Kompromiß zwischen beiden und geeignet für die dazwischen

DAS HAAR

befindliche Zone. Von dieser Ausgangssituation kommt es zu gewaltigen und schnell vonstatten gehenden Wanderungen, die genetischen Veränderungen im Haartyp keine Zeit lassen.

Diese Vorstellung ergibt Sinn, aber sie ist kaum mehr als reine Vermutung. Die Tatsache, daß diese drei Haupt-Haartypen unterschiedlich *aussehen*, kann ebenfalls eine Rolle gespielt haben. Als sich an irgendeinem Punkt in der fernen Vergangenheit die drei Hauptrassen der Menschheit voneinander trennten, benutzten sie möglicherweise solche visuellen Unterschiede als Unterschiedsmerkmale. Aus diesem Grund blieben vielleicht die drei Typen erhalten, auch wenn ihre Repräsentanten nach Wanderungen in ihnen nicht angemessene klimatische Verhältnisse gelangt waren.

Bis jetzt haben wir uns mit Haar in seinem Urzustand beschäftigt; aber die emsigen Finger der Menschen haben es selten in diesem Zustand belassen. Der Drang, uns herauszuputzen, hat zu einigen verblüffenden Modifikationen und Entstellungen geführt. Der wohl wesentlichste und am weitesten verbreitete Angriff auf das Haar galt seiner natürlichen Länge.

Änderungen der Haarlänge waren fast immer mit der Einführung eines neuen Geschlechtssignals verbunden. Wie ich bereits erklärt habe, weisen männliches und weibliches Haar im natürlichen Zustand in dieser Hinsicht kaum Unterschiede auf, so daß es reiner Zufall ist, welches Geschlecht in einer bestimmten Kultur »Haare lassen muß«. Bei manchen Stammesgemeinschaften tragen die Männer kunstvolle Frisuren, während ihre Frauen stolz mit geschorenen Köpfen einhergehen. In anderen Kulturen gelten die langen Flechten der Frau als deren »krönende Zier«, während die Männer mit einem borstigen Stoppelfeld auf dem Kopf umhergehen.

Aus diesen Widersprüchen, was die Haarlänge anging, ergab sich, daß in die menschlichen Gebräuche und Sagen zwei völlig verschiedene Typen von Haarsymbolismus eingingen. In der einen Spielart ist der große Haarschopf des Mannes Ausdruck seiner Kraft und Virilität und verleiht ihm Macht, Mannhaftigkeit und sogar Heiligkeit. Das Wort »Caesar« zum Beispiel (sowie die davon abgeleiteten Kaiser und Zar) bedeutet behaart oder langhaarig und wurde vornehmlich für große Führungsgestalten als angemessen empfunden. Diese Tradition geht in direkter Linie auf die

DAS HAAR

früheste Heldengestalt zurück, den Babylonier Gilgamesch, der sowohl langes Haar als auch ungeheure Körperkräfte besaß. Als er erkrankte und sein Haar verlor, mußte er eine lange Reise antreten, bis das Haar auf seinem Kopf wieder nachgewachsen war und er erholt, mit neugewonnener gewaltiger Kraft zurückkehren konnte.

In dieser Sagenüberlieferung ist die Virilität eines Mannes mit üppigem Kopfhaar zweifellos mit der Tatsache gekoppelt, daß der männliche Körper stärker behaart ist – obwohl die Geschlechtshormone in der Pubertät sowohl beim männlichen als auch beim weiblichen Körper den Haarwuchs fördern –, weil ihm nicht nur Scham- und Achselhöhlenhaare, sondern auch ein Bart und häufig unregelmäßig wuchernde Haare auf Rumpf und Gliedmaßen wachsen. Wenn die zusätzliche Behaarung maskulin ist, dann werden alle Haare zum Symbol für männliche Kraft und Virilität, sogar das Haar auf dem Kopf.

Daraus folgte, daß das Scheren des männlichen Kopfes als Erniedrigung galt, und sich selbst den Kopf zu scheren, wurde zum Zeichen von Demut. Aus diesem Grund schoren sich viele Priester und heilige Männer den Kopf, um sich vor ihrer Gottheit zu erniedrigen. Die geschorenen Köpfe der orientalischen Mönche waren ein Zölibatssymbol. Die Psychoanalytiker haben das Scheren des männlichen Kopfhaares selbstverständlich als verlagerte Kastration interpretiert.

Dieser Tradition wurde von keinem Geringeren als dem Apostel Paulus widersprochen, der den Korinthern versicherte, es sei natürlich, daß der Mann kurzes, die Frau langes Haar habe. Er scheint hier dem Einfluß römischer Militärgepflogenheiten erlegen zu sein, denn den römischen Soldaten wurde das Haar kurz geschoren, und dies anscheinend nicht, um sie zu demütigen, sondern schlicht aus Gründen wie mehr Einheitlichkeit und Disziplin und damit die römischen Truppen anders aussahen als ihre langhaarigen Feinde. Auch die Hygiene kann dabei eine Rolle gespielt haben. Jedenfalls kam Paulus, aus welchen Gründen auch immer, zu dem etwas verschrobenen Schluß, daß kurzes Männerhaar der Ehre Gottes diene und langes Frauenhaar der Ehre der Männer, und er verlangte deshalb, daß Männer stets barhäuptig beteten, während die Frauen beim Beten stets den Kopf bedecken sollten.

*Manche Frisuren sollen beeindrucken oder empören;
einige sind wirklich gefährlich.*

DAS HAAR

Ehe es schriftliche Aufzeichnungen gab, waren die Stammesältesten diejenigen, die die Quellen der Weisheit und die Bewahrer der Stammesgeheimnisse waren. Heute hat die Rolle des älteren Mannes als Quell des Wissens erheblich an Bedeutung eingebüßt, aber die kahle und doch struppige patriarchalische Gestalt mit der gewaltigen Stirn, dem weißen Haar und dem wallenden weißen Bart macht immer noch Eindruck.

In früheren Zeiten wurde langes Haar beim Mann als Quelle männlicher Kraft angesehen. Als Delila Samson das Haar abschnitt, beraubte sie ihn des Quells seiner Kraft. Heute werden männliche Attribute häufiger mit kurzem Haar assoziiert, und junge Männer, die lange, wallende Locken zur Schau stellen, nutzen – vor allem, wenn es sich um Frisuren nach Art des anderen Geschlechts handelt – bewußt den »Empörungsfaktor« aus, den der vorherrschende tradierte Haarsymbolismus garantiert.

Sobald sich schockierende Haarmoden »eingebürgert« haben, müssen gesellschaftliche Außenseiter und Rebellen sich wieder etwas Neues einfallen lassen, um ihr unorthodoxes Auftreten zu unterstreichen. Selbst extreme Moden müssen übertroffen werden.

Eine Lösung des Punk bestand darin, das Haar mit Superglue zu behandeln und es in harten, spitzen Dornen nach oben zu frisieren.

Ein Besitzer einer solchen Frisur wurde aus seinem Fabrikjob rausgeworfen, da seine Stachelschweinfrisur »eine Gefährdung darstellte. Die Stacheln standen ein ganzes Stück von seinem Kopf ab und hätten einen Aufseher verletzen können«.

47

DAS HAAR

Mit wieviel Energie sich der Mensch dagegen wehrt, schlampig und fad zu wirken, hat sich besonders stark in den Stammesverbänden gezeigt, wo speziell die jungen Männer viele Stunden damit verbringen, sich zu schmücken und insbesondere ihr Haar herauszuputzen. Auch in den Betonwüsten der modernen Städte kommt es noch zu Rebellionen gegen reizlose Uniformität, und in den 80er Jahren tauchten immer wieder aufregend ausgefallene Frisuren auf, die oft erstaunlich unpraktisch waren.

Dieser christliche Brauch hielt sich zwei Jahrtausende lang, obwohl er auf totalen Mißverständnissen in bezug auf das menschliche Haar beruhte.

Der heilige Paulus nahm kein Blatt vor den Mund. An einer Stelle sagt er: »Lehrt Euch nicht schon die Natur, daß es für den Mann eine Unehre ist, wenn er sein Haar lang trägt, dagegen für das Weib ein langes Haar als Zierde gilt? Das Haar ward ihr als Schleier verliehen.« Trotz vieler Versuche, sich von diesem gebotartigen Ausspruch des heiligen Paulus zu lösen, reicht sein Einfluß noch bis in unsere Zeit. Trotz gelegentlicher Langhaarrebellionen, wie sie die Anhänger des englischen Königs Karl I. oder die Hippies versuchten, ist der zottige langhaarige Mann eine Seltenheit geblieben, und trotz ähnlicher Auflehnung seitens der modernen

Die Männer haben viel Erfindungsgeist bewiesen, um Kahlköpfigkeit zu verbergen.

Frauen mit Bubikopf und Herrenschnitt waren die kurzes Haar tragenden Frauen im Lauf der Jahrhunderte, seit Paulus seine bizarre Regel aufstellte, eine Minderheit. Es ist, als würden wir Paulus im Innersten glauben und die falsche Prämisse akzeptieren, daß kurzes Haar doch eher männlich ist.

Es sind schon viele Mittel gegen Kahlköpfigkeit aufgeboten worden, darunter viele betrügerische, brutal operative oder schlicht verrückte. Zahllose Lotionen, Öle und Fette sind im Lauf der Jahre an hoffnungsvolle Kunden verkauft worden, doch alle haben versagt. Erst in den letzten Jahren ist ein Mittel auf dem Markt aufgetaucht, das eine geringe Hoffnung rechtfertigt. Es nennt sich Minoxidil, und sein Haarwuchspotential wurde zufällig entdeckt. Das Mittel wurde angewandt, um den Blutdruck zu regulieren, und in dieser Eigenschaft wurde es einem Mann verabreicht, der schon seit 18 Jahren eine Glatze hatte. Nach vierwöchiger Behandlung wuchs normales dunkles Haar auf seiner Schädeldecke. Die freudige Erregung über diese erstaunliche Nebenwirkung wurde ein wenig durch den Umstand gedämpft, daß ihm auch auf der Stirn, der Nase, den Ohren und anderen Körperteilen Haare sprossen. Man ging dann zu einer lokal anwendbaren Lösung über, in der Minoxidil enthalten war, und die Ärzte begannen, die Glatzen ausgewählter Patienten damit einzureiben, und stellten fest, daß sie bei bestimmten Formen der Kahlköpfigkeit eine Erfolgsquote von 80 Prozent verbuchen konnten, wenngleich der Haarwuchs auch eher bescheiden war.

Andere Chemikalien werden jetzt ernstlichen Versuchen unterzogen; Glatzköpfen künftiger Generationen können also durchaus die Traumata blutiger Haartransplantationen erspart bleiben.

4 Arten, eine Glatze zu vertuschen
1. Tätowierung
2. Eichhörnchen
3. szenische Gestaltung
4. Augenbrauen nach oben

DAS HAAR

Ein möglicher Grund dafür kann die Härte oder die Weichheit des Haares sein. Kurzgeschorenes Haar fühlt sich borstig und hart an. Lange fließende Haare sind weich und seidig. Hart und weich – männlich und weiblich – könnte einen im Unterbewußtsein dahingehend beeinflussen, das künstlich gekürzte männliche Haar zu befürworten.

Ein besonderes Problem, vor dem langhaarige Frauen standen, bestand darin, daß ihr weiches, herabwallendes Haar mit seiner seidigen, erotischen Beschaffenheit in sexuell verklemmten Gesellschaften häufig als zu herausfordernd empfunden wurde. Die Puritaner haßten seine Sinnlichkeit, konnten jedoch nicht verlangen, daß die Frauen ihr Haar abschnitten, denn das hätte sie unweiblich gemacht und gegen das Gesetz Gottes verstoßen, wie es von Paulus ausgelegt worden war. Die Lösung war einfach – das Haar mußte lang bleiben, aber es mußte versteckt werden. Also wurde es unter enganliegende Hauben oder andere verhüllende fromme Kopfbedeckungen gestopft oder wenigstens zu einem strengen Knoten zusammengebunden.

Weil langes Frauenhaar nun in der Öffentlichkeit zu den seltenen Anblicken zählte, gewann der Akt des Haarherablassens große Bedeutung bei den intimen Beziehungen zwischen Frau und Ehemann, und das Entfernen der Nadeln aus einem Dutt, der sich in eine Kaskade wallender Locken auflöste, erhielt einen stark erotischen Beigeschmack. In bestimmten Epochen wurde lose getragenes Haar zum Kennzeichen für ein »loses Frauenzimmer«. Ein »leichtes Mädchen« wurde öffentlich bestraft, indem man ihm den Kopf schor und ihm sein »Kennzeichen« nahm. Dies geschah noch im Jahr 1944, als man französischen Mädchen, die sich mit deutschen Besatzungssoldaten eingelassen hatten, öffentlich den Kopf schor.

Ein kahl werdender Mann kann immer noch eine langhaarige oder kurzhaarige Erscheinung bieten, je nachdem, ob er dem überlebenden Haarkranz rings um seine Kahlstelle gestattet, zu wachsen und herabzuhängen, oder ob er ihn kurzgeschnitten trägt. Es ist für ihn also nicht so wichtig, welchem Trend er folgt. Etwas anderes scheint ihm jedoch etwas auszumachen. In neuerer Zeit hat er sich häufig bemüht, seine Kahlheit vor den Augen seiner Mitmenschen zu verbergen. Wenn man bedenkt, daß Kahlheit einen

Eine feierliche Perücke, auf einem kahlrasierten Kopf getragen, war einst ein Merkmal hohen Ranges.

Abgesehen von den chirurgischen und chemischen Methoden, Kahlköpfigkeit zu verbergen, gibt es noch andere, weniger strapaziöse Möglichkeiten. Eine besteht darin, die noch vorhandenen Haare über die kahle Stelle zu kämmen. Eine andere besteht darin, sich auf speziell darauf zugeschnittene Kopfbedeckungen zu verlegen. Und schließlich gibt es noch das uralte Hilfsmittel Perücke, Haarteil oder Toupet. Im alten Ägypten rasierten die Pharaonen sich und ihren Familien die Köpfe und bedeckten sie dann mit Perücken, Sklaven waren per Gesetz gezwungen, ihr eigenes Haar zu tragen. Der Einsatz vor Perücken als Zeichen hohen gesellschaftlichen Rangs wiederholte sich andernorts. Man weiß, daß von Assyrern, Persern, Phöniziern, Griechen und Römern Perücken getragen wurden. Doch erst im Europa des 17. und 18. Jahrhunderts kam es zur eigentlichen Glanzzeit stilisierter Perücken. Zwar wurden sie in jener Zeit eigentlich eingeführt, um Kahlköpfigkeit zu verbergen, wurden jedoch bald eine Mode, der sich alle besseren Leute anschlossen, und in den Spitzeninternaten wurden sie sogar von Schulkindern getragen.

In den 50er Jahren des 18. Jahrhunderts starb diese Mode aus; heute lebt sie nur noch in der altertümlichen Atmosphäre des Gerichtsaals weiter, und man begegnet Perücken, abgesehen von der Bühne, nur noch in Form unauffälliger, wirklichkeitsgetreuer Haarteile.

ungewöhnlich hohen Anteil an männlichen Geschlechtshormonen widerspiegelt, verlangt diese merkwürdige Scheu, die Virilität offen zur Schau zu tragen, eine Erklärung.

Die Antwort hat mit der sonderbaren Verzögerung bei der Entwicklung des Kahlkopfes zu tun. Obwohl bei vielen Männern der Haarverlust schon zwischen 20 und 30 einsetzt, ist die Wirkung gewöhnlich minimal. Erst wenn sie in die mittleren Jahre kommen,

Der völlig kahle oder kahlgeschorene Kopf wird manchmal als Zeichen männlicher Würde und Kraft angesehen.

DAS HAAR

Das Scheren des Kopfhaares wird schon mit Männlichkeit assoziiert, seit der Apostel Paulus verkündete, kurzes Haar sei das Natürliche für den Mann. Daraus folgt, daß extremes Scheren – in anderen Worten das Kahlrasieren des Schädels – hypermännlich und hypermaskulin ist. Diese Devise haben sich Sportler und einige Schauspieler mit starker Persönlichkeit zu eigen gemacht. Bei Ringern und Kriegern kommt der Vorteil hinzu, daß man den Gegner eines nützlichen Haltes beraubt. Bei Schwimmern bewirkt es eine Verbesserung der stromlinienförmigen Fortbewegung im Wasser. In zärtlichen Momenten und aus nächster Nähe bietet eine Glatze zudem eine ansprechende Oberfläche zum Küssen.

Das erzwungene Rasieren des Kopfes ist immer als Akt der Demütigung angesehen worden. In alten Zeiten versinnbildlichte das männliche Haar Kraft, und sein Entfernen verkörperte (wie im Falle Samsons) die Zerstörung dieser Kraft. Das Kahlscheren des Kopfes eines Gefangenen, eines Sklaven oder eines Verbrechers war ein Akt der Erniedrigung – eine milde Form der körperlichen Verstümmelung, die als symbolische Kastration angesehen wurde; das freiwillige Rasieren des Kopfes war auf Personen beschränkt, die öffentlich ihre Demut vor den Göttern beweisen wollten. Orientalische Mönche halten sich noch heute an diesen alten Brauch, doch ihr Zeichen demütigen Zölibats wird heute leicht mit männlicher Kraft verwechselt.

DAS HAAR

wird die Stelle richtig sichtbar. Im Alter wird die Kahlheit weniger
ein Symbol für männliche Virilität als für das Altern des Mannes.
In einer Kultur, die Jugendlichkeit vergöttert, ist das eine ziemli-
che Katastrophe, besonders für Männer, die in der Öffentlichkeit
auftreten, als Schauspieler oder Sänger, und die bei ihren Auftritten sexuell reizvoll wirken sollen. Wenn 18jährige Männer sich auf
dem Höhepunkt sexueller Leistungsfähigkeit befinden (und das ist
der Fall) und wenn gesunde 18jährige Männer nie kahlköpfig sind
(was ebenfalls zutrifft), dann müssen ältere Herren danach trach-
ten, den Zustand 18jähriger in möglichst vieler Hinsicht zu kopie-
ren. Für Männer, die öffentlich auftreten, kann dies im mittleren
Alter strenges Fasten erfordern und vor allem, daß sie noch einen
behaarten Kopf aufweisen.

Werden solche Männer von ihren Haaren im Stich gelassen,
kann dies verzweifelte Anstrengungen nach sich ziehen, um die Situation zu korrigieren. Als erstes wird gewöhnlich die glänzende
Kopfhaut mit einem Verjüngungselixier eingerieben. Die zweite
Maßnahme besteht darin, sich einer brutalen chirurgischen Prozedur zu unterziehen, bei der behaartes Gewebe auf die Kahlstelle
am Kopf verpflanzt wird. Weitaus weniger rigoros ist die »Side-
winder«-Technik (Schlingpflanzentechnik). Dabei wird das seitlich am Kopf wachsende Haar nur sorgfältig über die kahle Stelle
gekämmt oder gebürstet, daß es diese bedeckt. Eine vierte Methode besteht im Tragen exotischer Hüte, die die funkelnde Schmach
bedecken. Und schließlich gibt es die altbewährten Hilfsmittel in
Form von Perücken und Haarersatzstück oder Toupet.

Neben diesen fünf Methoden gibt es einen wirklich imponie-
renden, aber selten angewendeten Trick, der auf völlig andere
Weise funktioniert. Dieses Tricks bedienen sich Yul Brynner, Telly Savalas und eine kleine Schar weiterer mutiger Männer, die sich
den ganzen Kopf rasieren und täglich jedes Kopfhaar entfernen, so
daß es unmöglich ist, eine bestimmte Kahlstelle auf ihren Köpfen
zu erkennen. Indem sie sich das Kopfhaar, das normalerweise
überleben würde, abkratzen, vermitteln sie den Eindruck, daß sie
sich freiwillig entschlossen haben, auf ihr *gesamtes* Kopfhaar zu
verzichten, »Ich bin nicht kahl«, ist ihre Botschaft, »ich bin nur gut
rasiert.« In gesellschaftlicher Hinsicht ordnen sie sich damit einer
der folgenden Kategorien zu – den bescheidenen orientalischen

54

DAS HAAR

Mönchen, den Herrschern des Altertums, den geschorenen Kriminellen oder den Berufsringern. Ihre vorherrschend aktive Lebensweise engt diese Liste ein, so daß sie mit der Persönlichkeit von »Ringerkönigen« auftreten – harte Männer, die konventionelle Formen verachten und würdevoll, aber stets kampfbereit erscheinen. Verglichen mit der Leisetreterei der Toupetträger hat ihr offen bekundeter Hohn auf die Gesetze der Behaartheit etwas Prahlerisches, aber auch Tapferes an sich, und sie gehen mühelos als Sieger aus allem hervor. Ob sie ebenso erfolgreich wären, wenn es häufiger Männer gäbe wie sie, ist eine andere Frage.

Zur Frage des Haarschmucks kann man sagen, daß es heute auf dem Erdball nirgends eine Gesellschaft oder Kultur gibt, die das Haar nicht auf irgendeine Weise schmückt oder modisch gestaltet. Und dies ist buchstäblich seit Jahrtausenden so. Das Haar wurde auf tausenderlei Weise und in zahllosen Stunden mühevoller und erfinderischer menschlicher Arbeit gefärbt, fassoniert, gelackt, gekräuselt, geglättet, gepudert, gebleicht, getönt, gewellt, geflochten, frisiert, gefettet und geölt. Einer der Gründe für die besondere Aufmerksamkeit, die diesem Teil der menschlichen Anatomie gezollt wird, besteht darin, daß das Haar auf so viele Weisen verändert werden kann und daß es vor allem, nachdem es geschnitten oder verändert wurde, wieder nachwächst. Diese ständige Erneuerung des Kopfhaares hat es zu einem Symbol der Lebenskraft gemacht und mit unzähligen Aberglaubensvarianten und Tabus überhäuft.

Verschenkte man eine Haarlocke in einem Medaillon an einen geliebten Menschen, war dies ein Akt der völligen Hingabe an ihn oder sie. Ein solches Geschenk war weitaus mehr als eine sentimentale Geste, denn es sollte zur Vergegenwärtigung des geliebten Menschen helfen; es war die symbolische Auslieferung einer Seele an die Macht eines anderen. Die Haarlocke beinhaltete den Lebensgeist des Spenders, und wenn sie der geliebte Mensch bei sich trug, hatte er die Macht, über den Geber zu herrschen und ihn zu verhexen. Eine diesbezüglich ungewöhnliche Variante war bei den Rittern des Mittelalters der Brauch. Diese tapferen Krieger, die sich dem Minnedienst verschrieben hatten, trugen, wenn sie in den Kampf zogen, unter ihrer Kopfbedeckung ein Büschel des Schamhaars ihrer Angebeteten.

DAS HAAR

Wegen der magischen Kräfte, die dem Haar zugeschrieben wurden, mußten die Barbiere in abergläubischen Gesellschaften das abgeschnittene Haar ihrer Kunden an geheimen Orten vergraben. Auch hier fürchtete man, daß »böse Wesen« in den Besitz der Haarabfälle gelangen und die früheren Besitzer damit verzaubern könnten.

Zu den Gesten, die mit dem Kopfhaar verbunden sind, gehört auch jene typisch weibliche, wenn eine Frau im Gespräch mit einem befreundeten Mann wiederholt mit der Hand ihr Haar zurechtrückt. Alle diese kleinen Bewegungen sind unbewußte Pflegebewegungen, die besagen: »Ich will für dich noch besser aussehen.« Ohne es zu merken, vermittelt sie starke Einladungssignale, um den Mann zu ermutigen.

Ein heftigeres Haarberührungssignal – Raufen der Haare – war im Altertum eine gebräuchliche Geste bei Trauer und Verzweiflung. In extremen Fällen rissen sich Frauen ganze Haarbüschel aus und streuten sie zum Zeichen ihres Kummers über den Leichnam.

Untereinander berühren die Menschen ihr Kopfhaar nur selten, außer sie sind Liebespaare, Eltern oder Friseure. Die Kopfpartie ist »Tabuzone« und flüchtigen Bekannten verboten, vor allem wegen der unmittelbaren Nähe zu unseren empfindlichen Augen. Nur die allervertrauenswürdigsten Menschen dürfen unser Kopfhaar berühren. Wenn dies geschieht, lassen sich mehrere typische Handlungen beobachten. Da gibt es das »Auflegen der Hände«, wenn ein Priester einen Gläubigen segnet; dann den zärtlichen Klaps auf den Kopf eines Kindes von einem stolzen Elternteil sowie den nur angedeuteten Schlag auf den Kopf unter erwachsenen Fremden, der herablassend zu verstehen gibt, daß der eine ein Kindskopf ist. Und es gibt den intimen Haar- zu Haar-Kontakt unter Liebenden, die ihre Köpfe aneinanderlehnen, auf das später das Streicheln der Haare, das Liebkosen und Küssen des Liebesspiels folgen.

Die meisten Stunden im Leben werden die Haare jedoch unter dem Aspekt Haarpflege von professionellen Haar-»Grapschern« – Barbieren und Friseuren – berührt. Das übersteigt bei weitem das Verlangen nach Sauberkeit und auch das nach Verschönerung und Prunk. Dieses Phänomen reicht zurück bis in jene fernen primitiven Zeiten, als wir, genau wie unsere engen Verwandten, die Affen und

Unbewußte Gesten, bei denen die Hand den Kopf berührt.

Das Kratzen am Hinterkopf geht auf hochinteressante Ursprünge zurück. Es geschieht in Momenten frustrierter Aggression und läßt sich aus unserer ursprünglichen Angriffsbewegung herleiten. Wenn wir wütend sind und jemanden schlagen wollen, heben wir automatisch den Arm, um in der Abwärtsbewegung einen Hieb auszuteilen. Das frontale Zuschlagen des routinierten Boxers ist eine weitaus raffiniertere Bewegung, die erlernt werden muß; selbst Kleinstkinder hingegen, die sich in der Kinderkrippe balgen, holen zum Schlag von oben aus, und dieser Automatismus bleibt ihnen ein Leben lang. Wenn sie als Erwachsene in Straßenschlachten verwickelt werden, werden sie wieder darauf zurückgreifen. Ein Mann, den in Gesellschaft die Wut packt, die er jedoch nicht hemmungslos ausleben kann, kann die Person, die ihn erbost, nicht einfach niederschlagen, doch sein Arm fliegt hoch, als habe er eben dieses vor. Der Arm reagiert dabei auf den Urtrieb des Unterbewußtseins. Doch wenn der Arm den höchsten Punkt erreicht hat und bereit ist, sich schwungvoll zu senken, wird ihm Einhalt geboten, und die impotente Hand lenkt sich durch kräftiges Kratzen oder leichtes Klopfen auf den eigenen Kopf ab, wie um anzudeuten, das wäre von Anfang an ihre Absicht gewesen.

Die Aufmerksamkeit, die der Frisur gewidmet wird, spiegelt die Persönlichkeit dessen wider, der sich dergestalt frisiert. Eine strenge, pedantisch ordentliche Frisur, bei der kein Haar falsch liegt, weist auf einen äußerst

beherrschten Menschen mit viel Selbstdisziplin hin. Gelöstes, flatterndes Haar legt einen verletzlichen, offenen Geist nahe. Darum trugen die Frauen des Viktorianischen Zeitalters ihr Haar tagsüber hochgesteckt und »lösten« es nur in der Intimität ihrer Schlafzimmer.

57

DAS HAAR

Menschenaffen, einen großen Teil des Tages mit der gegenseitigen Fellpflege zubrachten, Wie bei allen Primaten diente diese Tätigkeit längst nicht nur der körperlichen Behaglichkeit – sie war auch eine Methode zur Festigung der sozialen Freundschaften innerhalb der Gruppe. Es war ein fürsorglicher, nicht aggressiver Körperkontakt mit einem anderen Wesen, der ein Gefühl tiefer Dankbarkeit hervorrief. Das gleiche angenehme Gefühl haben die Menschen heute noch, Millionen Jahre danach, wenn sie sich wohlig den Händen des Haarpflegers überlassen.

Die Stirn

Um eine Stirn wie ein menschliches Wesen zu haben, muß man wahrscheinlich ein sehr intelligentes Tier sein. Die Stirnpartie, bestehend aus Stirn, Schläfen und Augenbrauen, war das unmittelbare Ergebnis der dramatischen Gehirnvergrößerung unserer Vorfahren. Ein Schimpansengehirn hat ein Volumen von ungefähr 400 cm^3; beim neuzeitlichen Menschen beträgt es 1350 cm^3 – mehr als das Dreifache des Volumens unserer behaarten Verwandten. Durch diese Ausdehnung des menschlichen Gehirns, besonders im vorderen Bereich, bekamen wir ein »Gesicht über den Augen«. Betrachtet man das Gesicht eines Schimpansen Seite an Seite mit dem eines Menschen, ist der Stirnunterschied verblüffend. Bei dem Menschenaffen ist die Stirn praktisch nicht vorhanden. Beim Menschen steigt sie senkrecht über den Augen empor als große nackte Hautfläche. Der Haaransatz verläuft beim Schimpansen direkt über den Augenbrauen, die fast unbehaart sind. Die Stirnpartie des Menschenaffen ist tatsächlich gänzlich anders als beim Menschen.

Auch die unterschiedlichen Stirnwülste verlangen eine Erklärung. Bei den Menschenaffen sind es schützende Knochenleisten über den Augen. Unsere frühen Vorfahren besaßen ebenfalls diese starken Knochenränder, aber sie bildeten sich allmählich zurück, bis sie wie bei uns heutigen Menschen fast verschwunden sind. Warum haben wir sie verloren? Als wir zu den urzeitlichen Jägern wurden, hätten wir sie bestimmt doch noch dringender gebraucht als in den fernen Früchtepflücker-Tagen.

Wir haben sie aber mehr als wirklich verloren. Vergleicht man die Kopfprofile eines Menschenaffen und eines Menschen, stellt sich heraus, daß die schützende Linie des Stirnwulstes beim Menschen ungefähr an der alten Stelle geblieben ist, während sich die Stirn darüber ausdehnt. Bis der Zustand des neuzeitlichen Menschen erreicht wurde, hat sich die Stirn durch das sich aufblähende Gehirn bis auf die Höhe des vorspringenden alten Stirnwulstes vorgeschoben. Insofern wirkt die neue Stirn auch abschirmend und schützt mit ihren Knochen gegen Schläge auf die Augen.

Nun könnte man einwenden, daß es bei dem erhöhten Risiko der gewaltsamen Jagdaktivitäten vorteilhaft gewesen wäre, für einen doppelten Schutz zu sorgen, wenn also die Knochenwülste zusätzlich zu der sich vorwölbenden Stirn weiterbestanden hätten.

DIE STIRN

Der Schimpanse hat eine niedrige, schräg ansteigende, behaarte Stirn mit nackten Brauenwülsten. Der Mensch hat eine hohe, vertikal ansteigende nackte Stirn mit behaarten Augenbrauen und schmalen Brauenwülsten.

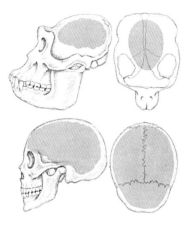

Das Verschwinden der schützenden Augenbrauenwülste im Verlauf der menschlichen Evolution scheint optisch stärker, als es der Wirklichkeit entspricht. Das wird bei einem Vergleich der Schädelansichten von Gorilla und Mensch deutlich.

DIE STIRN

Eine Vermutung, warum dies nicht geschah, geht davon aus, daß unsere Vorfahren während der Eiszeit als Schutz gegen die Kälte flachere Gesichter entwickelten. Der Schritt zu flacheren, fettgepolsterten Gesichtern ist heute noch bei den Eskimos zu sehen, ebenso der zu einer Verkleinerung der Nebenhöhlen über den Augen, weil diese im kälteren Klima für Entzündungen anfällig wurden. Diese Verkleinerung bewirkte das Abflachen der Stirn.

Faszinierend ist auch der Unterschied zwischen den Augenbrauen eines Menschenaffen und eines Menschen. In beiden Fällen scheint die Evolution den meisten Wert auf Auffälligkeit und Kontrast zum Umfeld gelegt zu haben. Ein junger Schimpanse hat helle, nackte Augenbrauen, die sich lebhaft von dem darüberliegenden dunklen Fell abheben. Ein junger Mensch hat dunkle Augenbrauen, die sich von der hellen Haut darüber abheben. Sogar bei dunkelhäutigen Rassen ging der Gegensatz nicht verloren, so daß die Augenbrauenbewegungen aus der Nähe immer noch gut sichtbar sind.

Es besteht kaum Zweifel darüber, daß diese auffälligen Supercilia, wie der Fachausdruck für sie lautet, dazu dienten, wechselnde Stimmungen der Besitzer zu signalisieren. Früher dachte man einmal, ihre wichtigste Aufgabe sei es, die Augen vor Schweiß oder Regen zu schützen. Eine kleine Hilfe mag diese Art Dachrinne am unteren Ende der Stirn durchaus sein, aber die wichtigste Aufgabe der Augenbrauen liegt zweifellos im Mienenspiel. Mit jedem Stimmungswechsel verändert sich auch die Stellung unserer Augenbrauen, so daß sich eine ganze Reihe wichtiger Augenbrauensignale ergibt.

1. *Das Senken der Brauen.* Dieses Senken der Brauen, das Finster-Dreinschauen, ist keine genau senkrechte Bewegung. Wenn sich die Brauen senken, bewegen sie sich nicht einfach senkrecht nach unten, sondern auch leicht nach innen und rücken näher zusammen. Die dazwischenliegende Haut wird dadurch zusammengedrückt und wirft kurze, senkrechte Falten. Die Zahl dieser Falten ist von Mensch zu Mensch verschieden, und jeder Erwachsene hat ein charakteristisches »Stirnrunzelmuster« mit einer, zwei, drei oder vier Linien. Häufig sind sie asymmetrisch, wobei die Linien auf einer Seite des inneren Augenbrauenraums (dem *glabellum*) länger oder kräftiger sind als auf der anderen.

*Die wesentlichste Funktion der Augenbrauen besteht darin,
die veränderlichen Stimmungen ihres Besitzers zu signalisieren.*

Die buschigen Augenbrauen des Mannes machen seine Stirnmimik ausdrucksvoller und betonen in Momenten emotionaler menschlicher Anspannung sein Stirnrunzeln und seine Grimassen.

Die optischen Signale, die durch auffällige Stellung der Augenbrauen vermittelt werden, werden durch auffällige Stirnfalten verstärkt. Diese Furchen werden zunehmend markanter, wenn mit dem Alter die Spannkraft der Stirnhaut nachläßt.

Ältere Menschen, deren Gesichter vom Wetter gegerbt sind, weisen ständige Stirnfalten auf. Es ist fast so, als hätte jeder einen gigantischen der Stirn aufgeprägten »Fingerabdruck«.

Die beiden kleinen Mädchen hier sind ein anschauliches Beispiel für die starke Signalwirkung, die von den menschlichen Augenbrauen ausgeht, und den markanten Gegensatz zwischen schwungvoll hochgezogenen Augenbrauen zur Begrüßung oder als Ausdruck freudiger Überraschung und schmerzlich zusammengezogenen Augenbrauen.

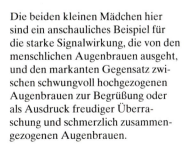

DIE STIRN

Die Schläfen heißen im Englischen »temples«, aber nicht weil dieser Teil des menschlichen Körpers der Tempel ist, in dem die mystischen Kräfte großer Denker und Künstler schlafen. Die englische Benennung kommt von dem lateinischen Wort »tempus«, »Zeit«, da hier der Pulsschlag auf der Hautoberfläche zu sehen ist.

Die waagerechten Stirnfalten glätten sich meistens beim Senken der Augenbrauen, aber sie müssen nicht verschwinden. Zum Altern des menschlichen Lebewesens gehört auch, daß zeitweilige Linien des Gesichtsausdrucks zunehmend erstarren Hautfalten, die in der Jugend erscheinen und bei jedem Stimmungswechsel wieder verschwinden, graben sich im Lauf der Jahre fest in die Hautoberfläche ein. Die Stärke einer Stirnrunzel auf einem nichtstirnrunzelnden Gesicht ist ein deutlicher Hinweis auf die Summe allen bisherigen Stirnrunzelns im Leben eines Menschen.

Das Senken der Augenbrauen tritt in zwei typischen, aber völlig unterschiedlichen Situationen auf, die man grob als aggressiv und defensiv bezeichnen kann.

Im aggressiven Fall umfaßt das Stirnrunzeln eine weite Skala

Wenn man das Gefühl hat, angegriffen zu werden, wird die Stirn heruntergezogen, um die Augen zu schützen.

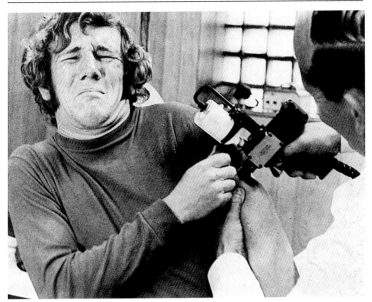

Das Herunterziehen der Augenbrauen ist eine uralte Reaktion zum Schutze der Augen bei eingebildeter oder echter Gefahr. Wenn wir das Gefühl haben, daß uns etwas Schmerzen verursachen wird, reagieren wir mit einem Zusammenzucken, bei dem die Augen durch heruntergezogene Augenbrauen und hochgezogene Wangen geschützt werden.

von unterschiedlicher Heftigkeit, von der bloßen Mißbilligung oder der auf die eigenen Rechte pochenden Entschlossenheit bis zu Verdruß und heftigem Zorn. Als defensive Maßnahme tritt es immer dann auf, wenn die Augen bedroht sind.

In Augenblicken der Gefahr reicht das Senken der Brauen über die Augen jedoch als Schutz nicht aus, und so werden in solchen Fällen auch die Wangen angehoben. Beide Maßnahmen zusammen geben den Augen, solange sie geöffnet und aktiv sind, den größtmöglichen Schutz. Dieses »Zusammenkneifen« der Augen ist typisch für ein zurückzuckendes Gesicht, das mit einem körperlichen Angriff rechnet, oder für ein Gesicht, das einem zu starken, für die Augen schmerzhaften Lichtreiz ausgesetzt ist.

Zu diesem schützenden Zusammenkneifen der Augen kommt

DIE STIRN

es auch oft beim Lachen, Weinen oder bei starkem Ekel, was darauf hinweist, daß solche Zustände vielleicht auch als eine Art »zu starkes Ausgesetztsein« angesehen werden können.

Das ursprüngliche Senken der Augenbrauenpartie erklärt sich durch die augenschützende Funktion. Der Gebrauch dieser Bewegung in aggressiven Zusammenhängen scheint zweitrangig zu sein, weil sie auch hier auf der Notwendigkeit beruht, die Augen vor Vergeltungsangriffen zu schützen, die durch die aggressive Stimmung möglicherweise hervorgerufen werden. Wir halten ein stirnrunzelndes Gesicht oft für »grimmig« und deshalb nicht für eines, das sich vielleicht auch schützen möchte, aber das ist ein Irrtum. Es ist vielleicht grimmig, aber es ist nicht so furchtlos grimmig, daß es die Notwendigkeit, sich zu schützen – in diesem Fall seine so außerordentlich wichtigen Augen –, vergessen würde. Das wirklich furchtlose Gesicht der Aggression zeigt im Gegensatz dazu weit aufgerissene Augen und keinerlei Stirnrunzeln, aber dies ist vergleichsweise selten der Fall, weil offenkundige feindliche Handlungen meistens zu irgendeiner Art von Vergeltungsaktion führen.

2. *Das Anheben der Augenbrauen.* Wie das Senken der Brauen verläuft auch diese Bewegung nicht ganz senkrecht, denn beim Heben rutschen die Augenbrauen leicht nach außen und auseinander. Die dazwischenliegende Haut wird gestrafft, und die kurzen, senkrechten Stirnfalten werden flacher. Gleichzeitig wird die gesamte Stirnhaut nach oben gedrückt, so daß lange Querfalten entstehen, die ungefähr parallel zueinander verlaufen. Meistens sind es vier oder fünf Falten, mitunter weniger als drei, manchmal auch bis zu zehn; genau läßt sich das nicht bestimmen, weil die oberen und die unteren Linien gewöhnlich nur fragmentarisch sind. Nur die mittleren Linien ziehen sich in den meisten Fällen quer über die ganze Stirn.

Im allgemeinen Sprachgebrauch ist das die »gefurchte Stirn«, und gewöhnlich wird dahinter ein »besorgter« Mensch vermutet. Sie drückt jedoch einiges mehr aus: Verwunderung, Erstaunen, Überraschung, Glück, Skepsis, Verneinung, Unkenntnis, Überheblichkeit, Erwartung, Infragestellen, Nichtbegreifen, Angst und Furcht. Richtig einordnen können wir sie nur, wenn wir auf den Ursprung zurückblicken.

Das Anheben der Augenbrauen ist eine Gewohnheit, die wir

DIE STIRN

mit anderen Primatenarten teilen, und sie scheint uns ursprünglich dazu gedient zu haben, unsere Sehtüchtigkeit zu verbessern. Das Emporziehen der Stirnhaut und das Heben der Brauen bewirkt eine unmittelbare Erweiterung unseres Gesichtskreises. Es öffnet uns die Augen, wie wir zu sagen pflegen. Es ermöglicht den Augen, mehr zu sehen.

Bei den Affen scheint es eine Reaktion auf ein unvorhergesehenes Ereignis zu sein, die immer dann einsetzt, wenn die Tiere mit etwas konfrontiert sind, wovor sie fliehen möchten. Sie tritt jedoch nur dann auf, wenn es in der Situation gleichzeitig noch etwas anderes gibt, das sie von der Flucht abhält. Dieses »andere« kann alles mögliche sein: ein widerstreitender Drang anzugreifen oder brennende Neugier, die zum Bleiben verlockt, um zu besehen, was so erschreckend ist, oder eine andere Neigung, die zum Bleiben veranlaßt und mit dem Drang zu fliehen kollidiert und diesen blockiert.

Wenn wir diesen Begriff der »vereitelten Flucht« auf den Menschen anwenden, paßt er bemerkenswert gut. Mensch und Affe verhalten sich ziemlich gleich. Der besorgte Mensch mit der gefurchten Stirn ist im wesentlichen ein Mensch, der am liebsten der Situation, in der er sich befindet, entfliehen würde, dies aber aus diesem oder jenem Grunde nicht kann. Der lachende Mensch mit dem gleichen Stirnrunzeln im Gesicht ist ebenfalls leicht beunruhigt. In seiner Haltung finden sich verräterische Elemente körperlichen Rückzugs. Sein Lachen ist vielleicht echt, aber das, worüber er lacht, ist ziemlich beunruhigend. Das ist nicht ungewöhnlich. Der Humor führt uns oft an den Rand der Furcht, und wir lachen nur deshalb, weil er uns nicht hinunterstößt. Der überhebliche Mensch mit seinen starr gewölbten Augenbrauen möchte ebenfalls fliehen – vor der ihn umgebenden Dummheit.

Wenn wir diesen Ausdruck mit dem Senken der Augenbrauen vergleichen, erhebt sich ein Problem. Angenommen, wir sehen etwas Furchterregendes vor uns, können wir unsere Augenbrauen entweder senken, um die Augen zu schützen, oder heben, um unseren Gesichtskreis zu erweitern. Beides wird hilfreich sein, aber wir müssen wählen. Das Gehirn muß abwägen, was wichtiger ist, und das Gesicht entsprechend unterrichten. Bei den Affen stellen wir fest, daß sie bei sehr aggressiven Bedrohungen die Brauen he-

Dekorative Einkerbungen in der Stirn verringern oft die Ausdruckskraft der Stirn.

ben und in Augenblicken, in denen sie sich ergeben und unterwerfen, die Brauen wiederum senken. Bei Menschen ist es ganz ähnlich.

Wenn ein Mensch sehr aggressionslustig ist und eine unmittelbare Vergeltung provozieren könnte oder wenn er geschlagen ist und einen drohenden Angriff fürchtet, opfert er die bessere Sicht und schützt die Augen mit gesenkten Augenbrauen. Ist ein Mensch nur leicht aggressiv, aber zugleich sehr erschreckt, oder befindet er sich in einem Konflikt, der nicht in einen gefährlichen tätlichen Angriff umzuschlagen droht, verzichtet er auf den Schutz der Augen zugunsten des taktischen Vorteils, deutlicher sehen zu können, was um ihn herum vorgeht, und hebt die Augenbrauen.

Außer den nun erklärten ursprünglichen Gründen können diese Bewegungen als Signale in recht freundlichen Zusammenhängen angewendet werden. Wir setzen sie als erfundene Signale ein. Ein Mensch kann zum Beispiel seine Augenbrauen absichtlich heben, auch wenn er nicht beunruhigt ist, nur um einem anderen zu signalisieren: »Wie beunruhigend für *Sie!*« Aber solche Feinheiten und Abwandlungen wären nicht möglich ohne die ursprüngliche Bedeutung dieser Bewegungen.

3. *Das Hochziehen einer Augenbraue.* Diese Bewegung der Augenbraue ist eine Mischung aus den beiden vorangegangenen. Die

In modernen Industriegesellschaften beschränkt sich das Schmücken der Stirnregion weitgehend auf das Zupfen und Nachziehen der Augenbrauen bei Frauen, doch in Stammesverbänden geschieht dies oft auf drastischere Weise. Zu den Initiationsriten mancher Stämme gehört, daß Linienmuster in die Stirn geschnitten werden, um dem Initiierten ein Stammes-»Etikett« aufzudrücken. Später bewirken solche Einkerbungen einen starren Stirnausdruck, gleichgültig von welchen Gefühlen jemand bewegt wird. Eine noch dramatischere Technik wird in einigen Gegenden des Sudans angewandt, wo man eine Reihe von kleinen Einschnitten über der Linie der Augenbrauen vornimmt und in diese Ritzen kleine Steine einsetzt, wodurch ein verblüffendes Muster aus riesigen »Warzen« entsteht. Bei den meisten Stammesverbänden beschränkt sich die Zier der Stirn jedoch auf Schmuck, der Bestandteil der Stammestracht ist, wie farbenprächtige Stirnbänder und andere leicht zu entfernende Dinge. Die Stirnregion des menschlichen Körpers besitzt zuviel Ausdruckskraft, als daß sie als Körperzone für dauerhafte Verzierungen wie in Form von Hautentstellungen beliebt wäre.

DIE STIRN

Es gibt einen asymmetrischen Stirnausdruck, bei dem eine Augenbraue wie bei einem Stirnrunzeln herunter- und die andere gleichzeitig überrascht hochgezogen wird. Viele Menschen finden es schwer oder gar unmöglich, diesen Gesichtsausdruck aufzusetzen, doch für Menschen, die diesen Gesichtsausdruck beherrschen, ist er eine wertvolle Ergänzung des Gesichtsrepertoires. Dieser Ausdruck, der in widersprüchlichen Momenten aufgesetzt wird, weist auf eine skeptische, spöttische Geisteshaltung hin, und derjenige, der ihr Ausdruck verleiht, ist in einer Stimmung, die zugleich unwillig (daher das Stirnrunzeln) und überrascht (daher das Augenbrauenhochziehen) ist. Dieser Zustand »furchtloser Furcht« drückt sich optisch durch das Hochziehen einer Augenbraue aus.

Ein kurzes Hochziehen der Augenbrauen ist ein Bestandteil der komplexen Geste des Achselzuckens. Zu dieser Geste, die Hilflosigkeit, eigenes Nichtverschulden und Erzürnung über die Dummheit eines anderen ausdrücken soll, gehören in ihrer deutlichsten Ausformung Bewegungen von Mund, Kopf, Schultern, Armen und Händen sowie auch der Augenbrauen. Ein leichtes Achselzucken kann sich jedoch auf nur einen oder wenige dieser Körperteile beschränken. In manchen Fällen bewegen sich lediglich die Augenbrauen, und diese Version kommt gewöhnlich nur in ganz bestimmten gesellschaftlichen Situationen vor. Wenn zwei Freunde nah zusammensitzen und ein Dritter etwas Blödsinniges tut, kann sich einer der Freunde dem anderen zuwenden und in Form eines kurzen Hochziehens der Augenbrauen durch diese bloße Geste Kritik üben. Diese zurückhaltende Form des Achselzuckens hat den Vorteil, daß sie zwischen zwei Freunden ausgetauscht werden kann, ohne für denjenigen offensichtlich zu sein, der etwas Dummes getan hat.

Das Hochziehen einer Augenbraue drückt einen widersprüchlichen Zustand »furchtloser Furcht« aus.

eine Augenbraue wird gesenkt, die andere erhoben. Dieser Ausdruck ist nicht besonders häufig, und manche Menschen bringen ihn gar nicht fertig.

Was diese Bewegung ausdrücken soll, ist ebenso ein Mittelding wie die Bewegung selbst. Die eine Hälfte des Gesichts wirkt aggressiv, die andere ängstlich. Aus irgendeinem Grund wird diese widersprüchliche Reaktion weitaus häufiger bei erwachsenen Männern als bei Frauen oder jungen Männern beobachtet. Die Stimmung desjenigen, der eine Augenbraue hochzieht, ist gewöhnlich von Skepsis geprägt. Die einzeln angehobene Augenbraue wirkt eher wie ein Fragezeichen in bezug auf das andere, funkelnde Auge.

4. *Das Runzeln der Augenbrauen.* Dabei werden die Augenbrauen gleichzeitig gehoben und zusammengezogen. Auch diese komplexe Bewegung setzt sich aus Elementen des Senkens und Hebens zusammen. Die Einwärtsbewegung wird vom Senken der Brauen übernommen, wodurch kurze, senkrechte Falten in dem engen Raum zwischen den Brauen entstehen. Die Aufwärtsbewegung stammt von der Bewegung des Brauenhebens, die die waagerechten Falten auf der Stirn hervorruft. Das Augenbrauenrunzeln verursacht deshalb ein zweifaches Hautfaltenmuster.

Die Augenbrauen können als simple Geschlechtssignale fungieren ...

Da die weiblichen Augenbrauen von Natur aus weniger buschig als die der Männer sind, haben Frauen diesen Unterschied oft noch betont, indem sie sich die Augenbrauen zupften oder abrasierten und dann als schmale Striche mit einem Stift neu gezogen haben. Bei Männern fand man buschige Augenbrauen immer attraktiv und maskulin.

Wenn jedoch dichte männliche Augenbrauen in der Mitte zusammenwachsen, sieht die Sache anders aus. Ein altes europäisches Sprichwort spricht die Warnung aus: »Trau keinem Mann, dessen Augenbrauen in der Mitte sich verbinden, denn tief in seinem Herzen wirst du Täuschung finden.« Ein anderer weitverbreiteter Glaube war, daß es sich bei einem solchen Mann entweder um einen Werwolf oder um einen Vampir handelt. Der Ursprung dieses Aberglaubens scheint sich aus zwei Elementen zusammenzusetzen. Der eine Punkt ist schlicht die »Behaartheit« – der Umstand, daß ein normalerweise unbehaarter Teil des Körpers – in diesem Fall die Glabella – mit Haaren bedeckt ist. Deswegen wird der Betreffende automatisch mit behaarten Phantasiegestalten wie Teufeln und Werwölfen in Verbindung gebracht. Bei dem anderen Faktor handelt es sich wahrscheinlich um den falschen Eindruck ständigen Stirnrunzelns, den solche Augenbrauen erwecken.

Bei einem gewöhnlichen Stirnrunzeln wird die Glabella durch zusätzliche Falten verdunkelt; wir sprechen in diesen Zusammenhängen von einer »sich verfinsternden Stirn«. Wenn dunkles Haar aus dieser Stelle Haut zwischen den Augenbrauen wächst, so verleiht das dem Betreffenden immerzu eine düstere Miene und läßt ihn bedrohlich und feindselig wirken. Dem läßt sich abhelfen, indem auch Männer sich in solchen Fällen die Augenbrauen zupfen. Dies

... eine Angelegenheit, die durch Mode und Volksbräuche kompliziert wird.
---

wäre jedoch in recht kurzen Abständen notwendig, da die Augenbrauen gleich schnell wie das Kopfhaar wachsen – täglich etwa ein Drittel Millimeter. Der Grund dafür, daß die Brauen nicht so lang wie das Kopfhaar werden, ist der, daß sie immer nach drei bis fünf Monaten ausfallen, wogegen das Haupthaar etliche Jahre überlebt.

In den letzten Jahren hat das verstärkte Selbstbewußtsein der Frauen im Westen zu einem Rückgang mancher femininen Moden geführt. Gezupfte Augenbrauen sind nicht mehr so häufig, und heute ist es durchaus möglich, daß eine Schauspielerin als schön gilt, obwohl sie dichte, fast männliche Augenbrauen zur Schau trägt. Hier ist ein und dieselbe Schauspielerin, ohne jede Veränderung ihrer natürlichen Augenbrauenform, in einer weiblichen und einer männlichen Rolle zu sehen. Das wäre noch vor wenigen Jahrzehnten undenkbar gewesen.

DIE STIRN

Dieser Ausdruck ist mit großer Angst oder großem Kummer verbunden. Er ist in einigen Fällen auch bei chronischen Schmerzen – im Gegensatz zu akuten – zu beobachten. Ein plötzlicher scharfer Schmerz läßt des Gesicht mit gesenkten Brauen zusammenzucken; ein dumpfer, anhaltender Schmerz ruft jedoch eher ein Runzeln der Augenbrauen hervor. Dieser Ausdruck kommt häufig in der Reklame für Kopfschmerztabletten vor.

Ursprünglich scheint diese Bewegung ein Versuch gewesen zu sein, mit den Augenbrauen auf ein doppeltes Signal des Gehirns zu reagieren. Das eine Signal sagt: »Augenbrauen anheben!«, das andere: »Brauen senken!«, woraufhin verschiedene Muskelgruppen in entgegengesetzte Richtungen ziehen. Der ersten Gruppe gelingt es, die Augenbrauen ein wenig anzuheben, die zweite versucht zwar, sie nach innen und unten zu ziehen, schafft es aber nur, daß sie sich zusammenziehen.

In einigen Fällen, aber keineswegs allen, werden die inneren Enden der Augenbrauen stärker in die Höhe gezogen als die äußeren, was zu den schrägen »Kummeraugenbrauen« führt. Diese übertriebene Form des Augenbrauenrunzelns ist am ausgeprägtesten bei unentwegt Trauernden, die mehr als ihren gerechten Anteil an Tragik erlebt haben. Wenn Menschen mit weniger tragischen Schicksalen versuchen, ihre Augenbrauen schräg zu stellen, gelingt ihnen das möglicherweise gar nicht, selbst wenn sie dabei das Gefühl haben, als würden ihre Augenbrauen diese besondere Stellung einnehmen. Theoretisch sollte es möglich sein, zu erkennen, wieviel Unglück es im Leben eines Menschen gegeben hat, indem man einfach feststellt, wie leicht seine Augenbrauen die Schrägstellung einnehmen können.

5. Das Emporschnellen der Augenbrauen. Die Brauen werden im Bruchteil einer Sekunde gehoben und wieder gesenkt. Dieses kurze Emporschnellen der Augenbrauen ist ein wichtiges und anscheinend weltweites Begrüßungssignal der menschlichen Spezies. Es wurde nicht nur in vielen Gebieten Europas verzeichnet, sondern auch in so fernen Gegenden wie Bali, Neuguinea und dem Amazonasbecken und manchmal an Orten, die nie unter europäischen Einfluß geraten sind. Es hat überall dieselbe Bedeutung, ein freundliches Zurkenntnisnehmen der anderen Person.

Das Emporschnellen der Augenbrauen geschieht gewöhnlich

DIE STIRN

aus einer gewissen Entfernung am Anfang einer Begegnung und gehört nicht zu den Begrüßungsgesten in unmittelbarer Nähe wie das Händeschütteln, Küssen und Umarmen, die darauf folgen. Es ist häufig von einem Hochwerfen des Kopfes und einem Lächeln begleitet, kann aber auch für sich allein stehen.

In seinem Ursprung stellt das Augenbrauenhochschnellen eindeutig ein flüchtiges Anheben der Augenbrauen dar, das Überraschung ausdrücken soll. Verbunden mit einem Lächeln, wird es zum Ausdruck angenehmer Überraschung. Die extreme Kürze der Bewegung – sie dauert nicht länger als den Bruchteil einer Sekunde – zeigt an, daß die Überraschung schnell verschwindet, und das zurückbleibende freundliche Lächeln beherrscht die Szene.

Wie bereits erwähnt, enthält das Heben der Augenbrauen ein Element der Furcht, und es erscheint vielleicht merkwürdig, daß ein solcher Faktor bei einer Begrüßung zwischen Freunden eine Rolle spielen sollte. Aber jede noch so freundliche Begrüßung bringt in gesellschaftlicher Hinsicht ein Mehr an Unvorhersagbarkeit mit sich. Wir wissen einfach nicht, wie sich die andere Person verhalten wird oder inwiefern sie sich seit unserer letzten Begegnung verändert hat, und dadurch schwingt bei der neuerlichen Begegnung unweigerlich ein wenig Angst mit.

Das Emporschnellen der Augenbrauen wird häufig auch während einer normalen Unterhaltung zur Hervorhebung benützt. Bei jedem stark betonten Wort schnellen die Augenbrauen hoch und wieder herunter. Die meisten von uns tun dies gelegentlich, einige besonders häufig und übertrieben. Es ist, als wollten wir damit »die erstaunlichen Stellen« in der verbalen Kommunikation hervorhebend betonen.

6. Das mehrfache Emporschnellen der Augenbrauen. Die Bewegung des Augenbrauenhochschnellens wird mehre Male in rascher Folge wiederholt. Es ist eine Juxgeste des berühmten Groucho Marx, die von vielen Komikern immer wieder in theatralischen Zusammenhängen angewendet wird. Die Augenbrauen hüpfen dabei auf und ab. Bedeutet das einmalige Emporschnellen der Augenbrauen soviel wie »Hallo!«, meint das scherzhafte mehrfache: »Hallo-hallo-hallo!« Besagt das einfache Emporschnellen: »Ich bin angenehm überrascht« von dem, was ich sehe, heißt das mehrfache Emporschnellen: »Ich bin angenehm erstaunt.«

DIE STIRN

7. *Das Zucken der Augenbrauen.* Die Augenbrauen werden hochgezogen, kurz in der gehobenen Stellung gehalten und dann wieder gesenkt.

Diese Augenbrauenbewegung ist ein Element einer komplexen Reaktion, die auch eine besondere Stellung von Mund, Kopf, Schultern, Armen und Händen beinhaltet. Fast alle Elemente dieser vielschichtigen Gebärde können auch einzeln vorkommen, getrennt oder in Verbindung mit einem oder zwei anderen Elementen. Obwohl das Augenbrauenzucken manchmal ganz für sich auftreten kann, ist es gewöhnlich von einem Zucken des Mundes begleitet – einem raschen und kurzen Herabziehen der Mundwinkel. Diese Bewegung – die man als das Achselzucken des Gesichts bezeichnen könnte – tritt häufig ohne die anderen Elemente des Achselzuckens auf.

Deshalb ist die typische Begleitgebärde beim Augenbrauenzucken – im Gegensatz zum Emporschnellen der Augenbrauen – eher ein »trauriger« als ein »fröhlicher« Mund, womit, wie das häufig geschieht, eine leicht unangenehme Überraschung zum Ausdruck kommen soll. Wenn zum Beispiel zwei Leute beieinandersitzen und ein Dritter in ihrer Nähe etwas tut, das unangenehm berührt, kann einer der beiden dem anderen mit einem Augenbrauenzucken seine erstaunte Mißbilligung zu verstehen geben.

Das Augenbrauenzucken ist bei manchen Menschen auch oft eine Begleiterscheinung beim Sprechen. Fast jeder von uns macht beim angeregten Sprechen wiederholt kleine Körperbewegungen, um zu unterstreichen, was er sagt. Jede verbale Betonung ergänzen wir durch eine visuelle Betonung. Die meisten Menschen bewegen die Hände oder den Kopf, um etwas zu unterstreichen, aber einige Leute bedienen sich bevorzugt der Augenbrauen. Während sie sprechen, zucken sie zur Hervorhebung bestimmter Dinge wiederholt mit den Augenbrauen. Das ist typisch für die Sprechweise des chronischen »Nörglers«, der sich ständig über die Unwägbarkeiten des Lebens aufregt, ist aber keineswegs auf diesen besonderen Persönlichkeitstyp beschränkt.

Wenden wir uns von der Bewegung der Augenbrauen ab und ihrer äußeren Beschaffenheit zu, so fällt hier ein deutlicher Unterschied zwischen den Geschlechtern auf: Männliche Augenbrauen sind dicker und buschiger als weibliche. Diesen Unterschied hat

Symbolträchtige Stirnberührungen und Stirnumformungen.

Gesten, bei denen die Hand an die Stirn geführt wird, sind recht üblich. Manche kommen weltweit vor, andere nur lokal begrenzt. Eine der geläufigsten Formen des Stirnberührens ist, daß man sich gleichzeitig an den Kopf greift und sich das Gesicht bedeckt – eine Geste der Niedergeschlagenheit, Resignation und Betroffenheit, bei der der Betroffene den Kontakt mit der Außenwelt, so gut es geht, abzuschneiden versucht. Im alten Griechenland und im alten Rom schlug man sich zum Zeichen der Verzweiflung mit der Faust vor die Stirn. Eine etwas abgemilderte Form dieser Geste gibt es noch heute, und zwar haut man sich manchmal vor Schreck und Wut auf sich selbst mit der flachen Hand geräuschvoll an die Stirn. Das ist die »O nein!«-Reaktion eines Menschen, der gerade festgestellt hat, daß er eine extreme Dummheit begangen hat. Eine etwas gekünstelte Abart davon stellt die Geste, »sich in die Schläfe zu

schießen« dar, bei der ein ausgestreckter Zeigefinger für eine Waffe steht. Die Geste der »Schläfenschraube«, bei der sich der Zeigefinger seitlich der Stirn dreht, als zöge er eine lose Schraube am Gehirnkasten an, kann sich auf den Gestikulierenden selbst beziehen, aber auch besagen, daß bei einem anderen »eine Schraube locker ist«. Alle diese Gesten gehen auf die simple Gleichung zurück: Stirn = Hirn.

Die drastischste Art der Stirnverformung ist das frontale Quetschen des Schädels in frühester Kindheit. In bestimmten Stammesverbänden deformieren Eltern ihren Kindern den Kopf, solange die Schädelknochen noch nachgeben; diese Kinder wachsen später zu ungewöhnlich flachgesichtigen Erwachsenen heran. Ob es dem Gehirn schadet, wenn es auf diese Weise gequetscht wird, ist noch nicht geklärt.

DIE STIRN

man auf vielerlei Arten noch zu »verbessern« gesucht. Weibliche Augenbrauen wurden super-weiblich gemacht, indem man sie – und dies schon seit Jahrhunderten – mit Hilfe verschiedener Techniken wie Rasieren, Zupfen und Malen – künstlich dünner und feiner machte. Als Begründung schützte man anfangs vor, diese Prozeduren sollten helfen, Böses abzuwenden; später hieß es, der Körper solle dadurch vor Krankheit und vor allem vor Blindheit bewahrt werden; und noch später tat man das angeblich zur Verschönerung. In allen Fällen lag in Wirklichkeit der Drang zugrunde, die Augenbrauen noch weiblicher aussehen zu lassen.

In jüngerer Zeit erreichte das Augenbrauenzupfen in den Jahren zwischen dem Ersten und dem Zweiten Weltkrieg einen Höhepunkt, als »der Augenbrauenstift in keinem Kosmetiktäschchen fehlte und in fünf bezaubernden Tönen erhältlich war«. Nach »Verschlankung« der Augenbrauen mittels einer Pinzette wurden sie mit dem Stift nachgezeichnet, um die feingeschwungene Linie der noch übrigen Brauenhaare zu betonen. Hatte eine Frau das Gefühl, daß sich ihre Brauen an unvorteilhafter Stelle auf ihrer Stirn befanden, konnte sie sie natürlich auch ganz entfernen und sich neue malen, die ihr besser gefielen. Wurde dieser Schritt unternommen, erschienen die neuen Augenbrauen fast immer *oberhalb* ihrer natürlichen Stellung, so daß sie dem Gesicht einen weniger »finsteren« Ausdruck verliehen.

Vielleicht das merkwürdigste Beispiel für falsche Augenbrauen stammt aus dem England des frühen 18. Jahrhunderts. Damals galt es ebenfalls als schick, die Augenbrauen abzurasieren und durch künstliche zu ersetzen; aber wie sie ersetzt wurden, war das Bizarre. Die falschen, bei Tag getragenen Augenbrauen wurden aus Mäusefell gemacht. Swift berichtet über diese merkwürdige Methode mit den Worten: »Her eyebrows from a mouse's hide, / Stuck on with art on either side« (»Kunstvoll befestigt an der Brauen Stell' / Trug sie Haare aus Mausefell ...«).

Von Frauen, die unter Bedingungen arbeiteten, in denen sie ihre Sexualität unterdrücken mußten, wurde früher erwartet, daß sie ihre Augenbrauen im Urzustand beließen. In den 1930er Jahren gab es einen heißdiskutierten Fall: Die Oberin eines Londoner Krankenhauses hatte einer Schwester verboten, sich die Augenbrauen zu zupfen. Die Schwester legte Beschwerde ein, aber das

DIE STIRN

Londoner Bezirksgericht billigte die Entscheidung der Oberin, und so blieb den Krankenhauspatienten der erotische Anblick säuberlich gezupfter Augenbrauen erspart.

Doch viel stärker noch als durch Augenbrauenzupfen wurde die Stirnpartie verändert durch die Umformung der Stirn von Neugeborenen. Mehrere Kulturen in ganz verschiedenen Teilen der Welt haben auf die eine oder andere Weise die Formung von Flachköpfen praktiziert. Die Herrscherhäuser im alten Ägypten folgten gelegentlich dieser Mode. Auch in Schweden wurde sie entdeckt, an Schädeln aus dem 13. Jahrhundert, ebenso an Schädeln aus ländlichen Gebieten Frankreichs, sogar noch an solchen aus dem 19. Jahrhundert; es gab diese Sitte bei etlichen Gruppen amerikanischer Indianer und bei den Nazideutschen der 1930er Jahre. Die Gründe waren unterschiedlich. Manchmal fand man eine flache Stirn einfach schöner. Manchmal behauptete man, die Umformung des Gehirns verbessere die geistigen Fähigkeiten. Manchmal sollte damit der hohe gesellschaftliche Rang veranschaulicht werden, denn ein Mensch mit abgeflachter Stirn konnte keine Wasserkrüge auf dem Kopf tragen. Im nationalsozialistischen Deutschland veranlaßten die verschrobenen Theorien über die reine arische Rasse manche Eltern zu dem ungewöhnlichen Versuch, den Schädelindex ihrer Nachkommenschaft zu verbessern, indem sie den Säuglingen die Köpfe wickelten. Wie alle Eltern wissen, ist der Schädel eines Babys während seiner ersten Lebenstage beängstigend weich, und ihn in diesem ersten zarten Alter umzuformen ist einfacher, als man denkt.

Die Augen

Die Augen sind das vorherrschende Sinnesorgan des menschlichen Körpers. Schätzungsweise 80 Prozent unserer Informationen über die Außenwelt nehmen wir mit diesen bemerkenswerten Gebilden auf. Obwohl wir sprechen und hören können, bleiben wir doch im wesentlichen visuelle Lebewesen. Wir unterscheiden uns darin kaum von unseren nahen Verwandten, den Affen und Menschenaffen. Die ganze Familie der Primaten ist eine vom Sehen beherrschte Gruppe, und die an die Vorderseite des Kopfes gewanderten Augen ermöglichen es diesen Wesen, die Welt binokular zu sehen.

Der Durchmesser des menschlichen Auges beträgt nur ungefähr 24 mm, und dennoch nimmt sich die raffinierteste Fernsehkamera daneben wie ein Gerät aus der Steinzeit aus. Die lichtempfindliche Netzhaut auf der Rückseite des Augapfels enthält 137 Millionen Sehzellen (nach anderen Angaben sind es nur 125 Millionen; Anm. d. Ü.), die dem Gehirn Informationen zuleiten und ihm sagen, was wir sehen. 130 Millionen dieser Zellen sind stäbchenförmig und dienen dem Hell-Dunkel-Sehen; die übrigen sieben Millionen sind zapfenförmig und ermöglichen uns, Farben zu sehen. Diese auf Licht reagierenden Zellen können jederzeit eineinhalb Millionen Informationen gleichzeitig verarbeiten. Weil das Auge so komplex ist, verwundert es kaum, daß es der Teil des Körpers ist, der zwischen Geburt und Erwachsenenalter das geringste Wachstum aufweist. Selbst das Gehirn wächst mehr als das Auge.

In der Mitte des Auges befindet sich der schwarze Punkt, den wir Pupille nennen – die Sehöffnung, durch die das Licht auf die Netzhaut fällt. Die Pupille vergrößert sich bei schwachem Lichtreiz und zieht sich bei starkem Lichtreiz zusammen. Sie kontrolliert auf diese Weise die Helligkeitsmenge, die auf die Netzhaut fällt. In dieser Hinsicht funktioniert das Auge wie eine Kamera mit verstellbarer Blende; aber es hat außerdem ein seltsames »Sondersteuerungssystem«: Wenn das Auge etwas sieht, das ihm sehr gefällt, weitet sich die Pupille stärker als normal; sieht es etwas Abstoßendes, schrumpft sie auf Nadelstichgröße zusammen. Die letztere dieser beiden Reaktionen ist leicht verständlich, weil ein stärkeres Zusammenziehen der Sehöffnung den Lichteinfall auf die Netzhaut einfach verringert und damit den abstoßenden Anblick »ab-

DIE AUGEN

dank unserer Flachgesichtigkeit mit beiden Augen auf einmal und daher gut dreidimensional sehen. Dieses Augenmaß, das sich ursprünglich in Verbindung mit unserem hüpfenden Lebensstil in den Baumwipfeln entwickelte, leistete uns dann in grauer Vorzeit, als wir Jäger waren, gute Dienste, da das richtige Abschätzen von Entfernungen lebenswichtig war. Zu den wesentlichsten Bestandteilen des Augapfels gehören: (1) die Cornea (Hornhaut); (2) die Pupille; (3) die Iris; (4) die Linse; (5) die Retina (Netzhaut) und (6) der Sehnerv.

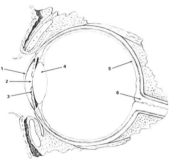

Das menschliche Auge ist das außergewöhnlichste Organ des menschlichen Körpers. Es ist in der Lage, auf eineinhalb Millionen Reize gleichzeitig zu reagieren, und doch ist es nicht größer als ein Tischtennisball. Wie andere Primaten auch, können wir

Durch kunstvolle Kostümierungen werden häufig andere Sinnesorgane wie Mund, Nase und Ohren bedeckt; doch selbst, wenn das angestrebte Ziel darin besteht, den ganzen Körper zu verschleiern, müssen die Augen frei bleiben, um die Verbindung mit der Außenwelt aufrechtzuerhalten.

Im Gegensatz zu anderen Primatengattungen sieht man beim Menschen das Weiß im Auge. Bei den meisten Affenarten sind die entsprechenden Teile des Auges braun; weshalb es nicht so einfach ist, ihre Blickrichtung zu bestimmen. Doch beim Menschen, für den es lebensnotwendig wurde, zu verfolgen, wohin sich die Aufmerksamkeit seiner Artgenossen wendet, zeigen uns die auffälligen weißen Stellen beidseits der farbigen Iris sofort den Blickwinkel.

Das Weiß im Auge des Menschen, das er im Gegensatz zum Affen besitzt, signalisiert die Blickrichtung.

DIE AUGEN

schwächt«. Die stärkere Pupillenerweiterung, die eintritt, wenn wir etwas Attraktives sehen, ist schwerer zu erklären. Diese Reaktion muß unsere Sehschärfe beeinträchtigen, weil dabei zuviel Licht auf die Netzhaut fällt. Folglich müßten wir statt eines scharf ausgeleuchteten Bildes ein diesiges Leuchten sehen. Dies ist aber vielleicht für junge Verliebte von Vorteil, wenn sie einander tief in die erweiterte Pupille schauen. Für sie ist es vielleicht von Vorteil, daß sie ein leicht verschwommenes, in einen Lichtschein getauchtes Bild sehen – das genaue Gegenteil von einem Bild »mit allen Fehlern und Schwächen«.

Die Pupille ist umgeben von der muskulären, farbigen Iris, jener sich zusammenziehenden Scheibe, die für die Veränderungen der Größe der Pupille verantwortlich ist. Diese Aufgabe wird von unwillkürlichen Muskeln ausgeführt, so daß wir unsere Pupillengröße nicht absichtlich oder bewußt regeln können. Deshalb sagt das Weiten und Zusammenziehen der Pupille so zuverlässig aus, mit welchen Gefühlen wir auf visuelle Eindrücke reagieren. Unsere Pupillen können nicht lügen.

Die Farbe der Iris ist von Mensch zu Mensch sehr verschieden, allerdings nicht aufgrund einer Vielzahl von Pigmenten. Blauäugige Menschen haben kein Blauaugen-Pigment; sie haben einfach nur weniger Pigment als andere, und dies vermittelt den Eindruck von Blau. Wenn Sie einen dunkelbraunen Ring um Ihre Pupille haben, bedeutet das, daß Sie eine beträchtliche Menge des Pigments Melanin in der vorderen Schicht Ihrer Iris haben. Wenn sich hier weniger Melanin befindet und das Pigment weitgehend auf die tieferen Schichten der Iris beschränkt ist, werden Ihre Augen heller sein, von Haselnußbraun oder Grün bis Grau oder Blau, je nachdem, wie gering der Pigmentanteil ist. Die Veilchenfarbe entsteht, wenn das Blut hindurchschimmert. Augen von einer hellen, klaren Farbe sind eine Art optische Täuschung. Sie zeigen einen Verlust an Melanin an, was zu dem allgemeinen »Bleichvorgang« zu gehören scheint, der mit zunehmender Entfernung vom Äquator in den sonnenärmeren Polarzonen stattfindet. Am verblüffendsten zeigt sich dieser Effekt beim Vergleich von weißen Babys mit denen dunklerer Rassen. Fast alle weißen Babys haben bei der Geburt blaue Augen. Dunkelhäutige Babys haben dunkle Augen. Wenn sie älter werden, entwickeln die meisten weißen Kinder all-

Im Mutterleib haben wir alle »Schlitzaugen«; nur – die Orientalen behalten sie auch nach der Geburt.

Die sogenannten »Schlitzaugen« der Orientalen sind auf das Bestehen einer Hautfalte zurückzuführen, die »Epikanthus« genannt wird. Dies ist ein frühkindliches Merkmal, das wir alle besitzen, solange wir noch im Mutterleib sind, das jedoch bei den Menschen im Westen vor der Geburt verlorengeht. Es scheint, daß die orientalische Rasse sich ursprünglich in extrem kalten Gegenden der Welt herausgebildet hat, in denen die Augen zusätzlichen Schutz gegen Frosteinflüsse brauchten.

mählich auf der Vorderseite der Iris das Melaninpigment, so daß ihre Augen dunkler und dunkler werden; nur bei einem sehr geringen Prozentsatz bleibt diese Entwicklung aus, und diese Kinder behalten ihre »babyblauen« Augen.

Die Hornhaut bedeckt Pupille und Iris wie ein durchsichtiges Fenster, und sie ist von einer Augenregion umgeben, die wir als »das Weiße des Auges« bezeichnen. Dies ist die Lederhaut des Auges oder die Sklera. Dieser nicht zum optischen Apparat des Auges gehörende Teil ist sein ungewöhnlichstes Merkmal. Einzig bei uns Menschen sind Teile der Sklera für den Betrachter sichtbar. Die meisten Tiere haben runde »Knopfaugen«. Diese kleine evolutionäre Veränderung bewirkt, daß Blickrichtungswechsel beim Menschen sogar auf eine gewisse Entfernung leicht wahrzunehmen sind.

Der sichtbare Teil des Auges wird von den Augenlidern umgeben, die mit gebogenen Wimpern besetzt sind und fettige, glänzende Ränder haben. Für die Fettigkeit sorgen Reihen winziger, nur wie feine Nadeleinstiche sichtbarer Drüsen unmittelbar hinter den Wurzeln der Augenwimpern. Das regelmäßige Zwinkern mit den Augenlidern befeuchtet und reinigt die Hornhaut. Dieser Vorgang wird durch die Absonderung von Tränen aus der Tränendrüse unterstützt, die unter dem oberen Augenlid sitzt. Die Flüssigkeit wird durch zwei kleine Tränenkanäle abgeleitet, die als nadelstichgroße Öffnungen – allerdings etwas größer als die Schmier-

DIE AUGEN

drüsen – an den Lidrändern zu sehen sind. Die Tränenkanäle sitzen am »Nasenende« des Lids, einer am oberen, der andere am unteren Lid. Beide laufen zu einer Röhre zusammen, die die »gebrauchten« Tränen in die Nase hinunter und hinaus befördert. Wenn die Tränendrüsen durch Emotionen oder eine Reizung im Auge schneller Tränen produzieren, als diese durch die Kanäle ablaufen können, weinen wir. Die überschüssigen Tränen fließen auf unsere Wangen herab, und wir wischen sie weg. Dies ist die zweite einzigartige Besonderheit des menschlichen Auges, denn wir sind das einzige Landtier, das vor Rührung oder Schmerz weint.

Zwischen den beiden Tränenkanälen im Augenwinkel neben der Nase befindet sich ein rosiges Klümpchen. Das ist das Überbleibsel unseres dritten Augenlids, und es scheint heute völlig unnütz zu sein. Bei vielen Arten hat dieses Organ einen gewissen Wert. Manche benützen es als »Scheibenwischer«, indem sie es zur Seite klappen, um das Auge zu säubern; bei anderen ist es farbig, und sie blinken damit ein Signal. Wieder andere haben völlig durchsichtige seitliche Augenlider, die sie wie eine natürliche Sonnenbrille benützen können. Bei Tauchenten geht es sogar noch weiter, denn ihre seitlichen Lider sind transparent und besonders dick, und sie ziehen sie beim Schwimmen unter Wasser über ihre empfindliche Hornhaut. Hätten unsere urzeitlichen Vorfahren mehr im Wasser gelebt, wäre dies vielleicht für unsere Unterwasservergnügungen heute recht vorteilhaft gewesen.

Die Augenwimpern, die unsere Augen oben und unten schützend umsäumen, haben eine ungewöhnliche Eigenschaft: Sie werden im Alter nicht weiß wie andere Kopf- oder Körperhaare. Jedes Auge hat ungefähr 200 Wimpern, auf dem Oberlid mehr als auf dem Unterlid, und jede Wimper hält drei bis fünf Monate, bevor sie ausfällt und ersetzt wird. Wimpern haben die gleiche Lebensdauer wie die Haare der Augenbrauen.

Eine weitere Form des Augenschutzes gibt es bei den Orientalen. Sie haben über dem Oberlid einen Hautlappen, die epikanthische Falte, die ihren mongoliden Augen die charakteristische »Schlitz«-Form verleiht. Diese Falte ist beim menschlichen Fetus aller Rassen vorhanden, wird aber nur vom östlichen Zweig der menschlichen Familie bis ins Erwachsenenalter beibehalten. Einige westliche Babys werden noch mit der Augenfalte geboren, aber

Kein anderes Landlebewesen weint aus einem Gefühlsüberschwang heraus.

sie verschwindet allmählich, wenn die Nase schmäler wird, und verändert ihre Form mit fortschreitendem Alter. Bei den orientalischen Völkern scheint sich die Falte als Teil einer allgemeinen Anpassung an die Kälte gehalten zu haben. Das ganze Gesicht ist ausgiebiger mit Fett gepolstert, es ist flacher und besser geeignet für ein Leben in eisiger Kälte; und die zusätzliche Hautfalte über den Augen hilft, diesen empfindlichen Bereich in extremen Umweltverhältnissen zu schützen.

Die geschlechtsspezifischen Unterschiede beim Auge sind nur minimal. Das männliche Auge ist nur geringfügig größer als das

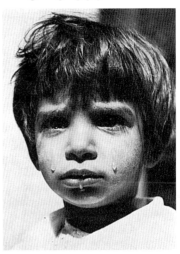

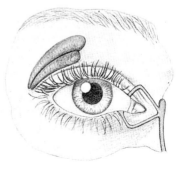

Die menschliche Spezies ist das einzige Landlebewesen, das aus einem Gefühlsüberschwang heraus weint. Die normale Ausscheidung von Tränen steht in Zusammenhang mit dem Reinigen der Hornhautoberfläche des Auges, doch in Momenten intensiver Gemütsempfindungen oder Aufregung tritt eine anomal starke Absonderung auf, bei der Tränen aus den Augen herausquellen und über die Wangen fließen. Das kann sich ganz einfach als sichtbarer Ausdruck von Qualen entwickelt haben, es kann aber auch eine raffinierte Methode sein, überschüssige, belastende Chemikalien auszuscheiden. Die Tränenflüssigkeit wird von einer Drüse direkt über dem Auge ausgeschieden und durch Kanäle in der Nähe des inneren Augenwinkels abgeleitet.

DIE AUGEN

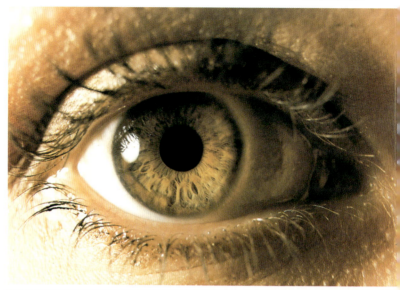

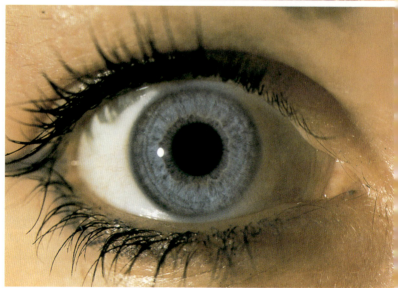

In blauen Augen ist kein blaues Pigment.

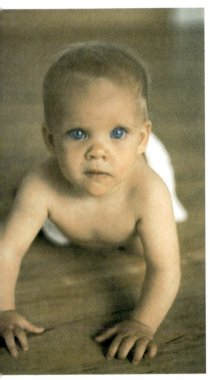

Babys sind zuerst nahezu alle blauäugig, doch die meisten bekommen mit der Zeit dunklere Augen. Dunkelhäutige Babys haben von Geburt an dunkle Augen. Es gibt kein blaues Pigment in blauen Augen und kein grünes Pigment in grünen Augen. Diese Augenfarben sowie auch zarte Grau- und Violettöne gehen auf beschränkte Mengen an Melanin in den verschiedenen Schichten der Iris zurück. Es ist ein Mythos, blaue Augen seien empfindlicher als dunkle. Sie mögen zwar lichtempfindlicher sein, doch in anderer Hinsicht sind sie genauso kräftig wie andersfarbige Augen.

Die Größe der Pupillen verändert sich drastisch, je nachdem, welche Lichtmenge in sie einfällt, und auch unter emotionalen Einflüssen weiten sich die Pupillen oder ziehen sich zusammen. Wenn wir etwas sehen, das uns gefällt, werden die Pupillen größer; wenn wir etwas Abstoßendes sehen, schrumpfen sie auf die Größe von Stecknadelköpfen. Bei der muskulösen Iris, von der die Pupille umgeben ist, treten, entsprechend der vorhandenen Menge an Melanin, verschiedene Färbungen auf. Weiße

DIE AUGEN

weibliche, dafür zeigt das weibliche Auge mehr Weiß als das männliche. In vielen Kulturen sind die Tränendrüsen bei emotional veranlagten Frauen aktiver als bei emotionalen Männern; ob dies jedoch auf kulturelles Training zurückgeht, das von den Männern verlangt, ihre Gefühle weniger zu zeigen, oder ob es sich um einen tiefer liegenden biologischen Unterschied handelt, ist schwer zu sagen. Es scheint jedoch ein bemerkenswert weitverbreiteter Unterschied zu sein, und insofern ist er vermutlich nicht nur das Ergebnis sozialen Trainings.

Ein Wort zu den Tränen: Sie sind nicht nur ein Schmiermittel für die der Umwelt ausgesetzte Oberfläche des Auges, sondern wirken auch bakterientötend. Das in ihnen enthaltene Enzym *Lysozym* tötet Bakterien und schützt das Auge vor Infektionen.

Beim zivilisierten Menschen stellt sich häufig eine vorübergehende Überanstrengung des Auges ein. Unsere Augen haben sich für das Sehen auf weite Entfernungen entwickelt. Die prähistorischen Menschen saßen nicht über Tische gebeugt oder auf Stühlen über Zahlen und Kleingedrucktem, und sie hockten auch nicht vor flimmernden Fernsehbildern. Weil sie Jäger waren, befaßten sich ihre Augen mehr mit Bildern in der Ferne. Für die Augenmuskeln ist es sehr viel anstrengender, den Blick auf ein nahes Objekt als auf ein fernes zu richten, so daß der immer nur über kurze Entfernungen blickende Stadtmensch leicht seine Muskeln ermüden kann, indem er Stunde um Stunde auf eine nur einen oder zwei Meter von ihm entfernte Stelle starrt. Wenn wir fernsehen oder ein Buch lesen, ist es nicht nur die Nähe, die das Problem verursacht, sondern auch der Mangel an wechselnder Tiefe. Dadurch sind die Augenmuskeln gezwungen, einen bestimmten Grad der Kontraktion über einen unnatürlich langen Zeitraum hinweg einzuhalten. Die Augen schmerzen dann vielleicht, aber das bedeutet nicht, daß wir ihnen mehr Schaden zugefügt haben, als ein Mensch bei einem Lauf über 1,5 km seinen schmerzenden Beinen geschadet hat. Alles, was sie brauchen, ist Ruhe. Die Lösung des Problems besteht darin, einfach gelegentlich vom Bildschirm wegzuschauen oder von der Buchseite aufzublicken, um für einige Augenblicke einen entfernteren Gegenstand ins Auge zu fassen.

Schlechtes Sehen muß für viele unserer fernen Vorfahren ein Fluch gewesen sein, nicht nur, weil sie keine präzisen visuellen In-

DIE AUGEN

formationen erhalten konnten, sondern auch, weil die ständige Anstrengung, mit schlechten Augen sehen zu müssen, zu Kopfschmerzen und Migräne führt. Dieser Fluch lastete auf vielen Menschen bis in die frühen Zivilisationen, und mit der Erfindung des Schreibens wurde es besonders kritisch; viele weise und gelehrte alte Männer mußten junge Vorleser anstellen. Seneca, der römische Rhetorikexperte, der um dieselbe Zeit wie Christus lebte, scheint der erste gewesen zu sein, der versucht hat, dieses ernste Problem zu lösen. Angeblich hat er sich, obwohl er schlecht sah, durch sämtliche Bibliotheken Roms hindurchgelesen, indem er ein rundes, mit Wasser gefülltes Glas als Vergrößerungsglas benützte. Diese geniale Lösung hätte eigentlich zu einer frühen Entwicklung von Brillen führen sollen, aber erst im 13. Jahrhundert konnte der englische Philosoph Roger Bacon von seiner Beobachtung berichten: »Wenn jemand Buchstaben oder andere sehr kleine Gegenstände durch ein Kristall oder Glas betrachtet ... sofern dieses wie das sich verjüngende Segment einer Kugel geformt ist und mit der konvexen Seite zum Auge weist, wird er die Buchstaben weit besser sehen, und sie werden ihm größer erscheinen.« Er fuhr fort, daß ein solches Glas Leuten mit schwachen Augen nützlich wäre, aber wieder hatte es keine Eile, dieses segensreiche Gerät zu entwickeln. Gegen Ende des 13. Jahrhunderts erschienen in Italien schließlich echte Brillen zum Lesen, allerdings steht nicht eindeutig fest, daß sie auf den Einfluß von Bacon zurückgehen. Ungefähr um dieselbe Zeit berichtete Marco Polo, er habe gesehen, daß ältere Chinesen Linsen zum Lesen benützten. Im 15. Jahrhundert erschienen Speziallinsen zur Korrektur von Kurzsichtigkeit, und im 18. Jahrhundert erfand Benjamin Franklin die Zweistärkenbrille. Die ersten erfolgreichen Kontaktlinsen wurden 1887 in der Schweiz hergestellt.

Diese kurze Geschichte der Augengläser ist nicht nur von medizinischem Interesse, denn sie haben auch die Erscheinung unserer Augen verändert. Die Form der Brille wurde zu einem Teil des Gesichtsausdrucks des Brillenträgers. Ein kräftiger oberer Rand wurde zum Super-Stirnrunzeln, das den Träger gebieterischer und wilder aussehen läßt. Ein breiter runder Rand verlieh einen staunenden Blick, wobei die Biegung des Rands die gewölbten Augenbrauen darstellt. Es war keine Täuschung im Spiel, wie zum

DIE AUGEN

Beispiel bei einem raffinierten Make-up. Die Brille war ganz eindeutig kein Teil des Gesichts, und dennoch war es unmöglich, daß ihre Linien das Aussehen nicht beeinflußten – genauso wie eine Augenbinde den ganzen Gesichtsausdruck des Trägers verändert.

Die Wirkung von dunklen Gläsern ist besonders dramatisch. Verräterische Augenbewegungen, deutlich erkennbar durch das Weiße des Auges, sind bei Begegnungen zwischen Menschen eine ständige Informationsquelle; dunkle Gläser schließen diese Information aus. Blitzschnelle Augen, unstete Augen, unaufmerksame Augen, überaufmerksame Augen, geweitete Augen – sie alle werden hinter den »Blenden« vor den Mitmenschen verborgen, die höchstens erraten können, was hinter der Maske des Sonnenbrillenträgers vor sich geht.

Was entgeht ihnen dabei? Genauer gefragt, was verraten uns menschliche Augenbewegungen? Bei allen gesellschaftlichen Zusammenkünften neigen die Untergeordneten dazu, auf die Dominierenden zu schauen, und die Dominierenden neigen dazu, die

Das Umrahmen der Augen mit den Händen verwandelt den Blick in ein übertriebenes Starren.

Die »Brillen«- oder »Fernrohr«-Geste, die gewöhnlich auf spielerische Weise sagen will: »Ich kann dich sehen«, hat den Effekt, das Gesicht zu verändern, ihm ein Aussehen zu geben, als starre es unverwandt. Das gibt dem, der diese Geste benutzt, etwas leicht Bedrohliches, auch wenn keine Drohung beabsichtigt ist. Dickrandige Brillengestelle wirken ähnlich und verleihen ihrem Träger ein ständiges »drohendes«, künstliches Starren. Das liegt daran, daß wir, wie alle Primaten, darauf programmiert sind, auf weit aufgerissene, starr blickende Augen mit einer gewissen Besorgnis zu reagieren.

Untergeordneten zu übersehen, ausgenommen unter besonderen Umständen. Wenn zum Beispiel ein freundlicher, unterwürfiger Mensch einen Raum betritt, werden seine Augen rasch hierhin und dahin blicken, um zu prüfen, wer alles da ist. Wenn er eine hochstehende, tonangebende Person entdeckt, wird er ständig ein wachsames Auge auf sie haben. Bei jeder scherzhaften Bemerkung oder kontroversen Stellungnahme oder wenn jemand seiner persönlichen Meinung Ausdruck gibt, werden die Augen des Untergeordneten rasch in Richtung der dominanten Person blicken, um ihre Reaktion abzuschätzen. Die »Boß-Figur« wahrt während eines solchen Austauschs typischerweise Distanz und nimmt sich kaum die Mühe, ihre Untergeordneten während der allgemeinen Unterhaltung anzusehen. Wenn sie jedoch auf einen von ihnen eine direkte Frage abfeuert, starrt sie ihm dabei voll ins Gesicht. Der so Fixierte schafft es nicht, diesen Blick längere Zeit zu erwidern, und schaut die meiste Zeit, während er antwortet, irgendwo anders hin.

Brillen sind entschieden kein Bestandteil des Gesichtes ...

... dennoch ist es unmöglich, sich nicht von ihnen beeinflussen zu lassen.

Die Signalwirkung von Brillen ist oft ausgenutzt worden. Die despotische Persönlichkeit betont ihre Anmaßung mit schweren, einschüchternden Brillen; der schüchterne Popstar verbirgt seine Bescheidenheit hinter exzentrischen Sonnenbrillen; die Berühmtheit bei einer Friedensdemonstration hofft, »durch Opabrillen«, die kleinen runden Nickelbrillen, ihre Aggressionslosigkeit zu unterstreichen, und der stille Mensch sein Freisein von Affektiert-

heit. Recht beliebt ist es ebenfalls, sehr dunkle Brillen auch dann zu tragen, wenn keine Sonne scheint. Das ist die Taktik des cleveren Kerls, des coolen Verbindungsmannes, des zwielichtigen Dealers und des Inkognito-Stars – und der absoluten Nullen, die hoffen, für letzteres gehalten zu werden. Für manche sind dunkle Brillen einfach ein Mittel, ihre Identität zu verbergen, doch anderen ermöglicht dieser Kniff, verräterische Bewegungen der Augen zu verbergen.

DIE AUGEN

In einer solchen Situation kommt eine klare Hackordnung zum Tragen; bestimmte Einzelpersonen haben Macht über andere und möchten sie ausüben. Treffen sich ranggleiche Freunde, sind die Augenbewegungen erheblich anders. Hierbei wendet jeder »Untergeordneten«-Augenbewegungen an, obwohl keiner dem anderen untergeordnet ist. Man tut das, weil sich Freundlichkeit mit Hilfe der Körpersprache am einfachsten durch Gebärden der Nichtfeindlichkeit und Nichtdominanz ausdrücken läßt. Wir behalten unsere Freunde sorgsam im Auge und behandeln sie mit den Augen, als wären sie dominante Personen. Wenn sie sprechen oder etwas tun, sehen wir sie an; wenn wir sprechen und sie sehen uns an, schauen wir weg und werfen nur hin und wieder einen Blick auf sie, um ihre Reaktionen auf das, was wir sagen, zu prüfen. Auf diese Weise behandeln sich zwei Freunde gegenseitig wie mächtige Personen, so daß sich jeder wohl fühlt.

Will sich eine dominante Person bei jemandem einschmeicheln, kann sie das tun, indem sie die freundliche Körpersprache eines Gleichgestellten annimmt. Wendet sie sich an einen Angestellten oder an einen Diener, kann sie sich geschickt einen aufmerksamen Blick zulegen und an den Lippen des Untergebenen hängen. Solche Tricks werden von dominanten Personen jedoch selten außerhalb eines bestimmten Zusammenhangs wie etwa bei Wahlkampagnen angewendet.

Zu einem längeren Blick Aug in Auge kommt es nur bei großer Liebe oder großem Haß. Für die meisten Menschen ist ein direkter Blick in die Augen, der länger als einige Augenblicke dauert, viel zu bedrohlich, so daß sie rasch wegschauen. Liebende trauen einander so vollkommen, daß sie ihren Blick ohne das geringste Aufzucken von Furcht ertragen. Während sie sich gegenseitig in die Augen schauen, prüfen sie unbewußt, wie weit sich die Pupille des anderen weitet. Blicken sie in tiefschwarze Teiche, wissen sie intuitiv, daß ihre Gefühle erwidert werden. Sehen sie nadelstichkleine Pupillen, überkommt sie möglicherweise ein unbehagliches Gefühl, weil sie spüren, daß in ihrer Beziehung nicht alles stimmt.

Der starre Blick eines zornigen Menschen wirkt außerordentlich einschüchternd. In früheren Zeiten, als der Aberglaube blühte, glaubten die Menschen, übernatürliche Wesen würden über die menschlichen Ereignisse wachen und ihre Entwicklung beeinflus-

DIE AUGEN

sen. Die Tatsache, daß diese göttlichen Wesen oder Gottheiten *wachten*, bedeutete, daß sie Augen haben mußten. Bei guten Göttern war dies sicher ein großer Vorteil für die Menschen, weil gute Götter Schutz bedeuten konnten. Aber es gab auch schlechte Götter, Dämonen und Teufel – böse Geister mit bösen Augen –, und ein Blick von ihnen konnte Unheil bedeuten.

Der Glaube an die Macht böser Augen ist weit verbreitet, und in einigen Gegenden der Welt, wie im südlichen Italien, gibt es ihn noch heute. Die bösen Augen wurden zum bösen Blick einer feindseligen, schädlichen oder sogar tödlichen Kraft. Wen der böse Blick traf, dem stieß etwas Schreckliches zu. Manchmal wurde ein ganz gewöhnlicher Mensch gegen seinen Willen vom bösen Blick besessen, und jedem, den er anblickte, widerfuhr bald danach ein Leid. Mindestens zwei Päpste – Pius IX. und Leo XIII. – waren von diesem schrecklichen Übel befallen, was ihren gläubigen Anhängern alptraumartige Probleme bereitete.

Während der Inquisition bestanden die Richter, die einen Fall gegen eine vom bösen Blick besessene Person zu verhandeln hatten, darauf, daß der Angeklagte rückwärts in den Gerichtssaal geführt wurde, damit sein tödlicher Blick kein Chaos anrichten konnte. Um sich vor dem bösen Blick zu schützen, trugen viele Menschen früher besondere Talismane und Amulette. Manche waren obszön, weil man hoffte, der böse Blick würde sich davon abwenden. Andere waren mit einem starrenden Auge versehen, um den bösen Blick »auszustarren«. Manche Säuglinge wurden sogar mit einem schützenden Auge auf dem Rücken tätowiert, für den Fall, daß sich der böse Blick von hinten anschlich.

Schiffe, Häuser, Halsketten, Idole, Gefäße, Geschäfte – sie alle wurden mit schützenden Augen verziert, mit Augen, die anstarrten, nie zwinkerten und nie »ausgestarrt« werden konnten. Auch wenn wir vielleicht über diesen primitiven Aberglauben lachen, sind wir selbst noch nicht ganz frei davon. Der Glaube an die bedrohliche Macht des starrenden Auges hat sich bei uns auf nicht gleich erkennbare Weise gehalten, zum Beispiel als das glückbringende Hufeisen, das ursprünglich die weiblichen Genitalien symbolisierte und, als Glücksbringer über einer Tür angebracht, den bösen Blick davon abbringen sollte, in das Gebäude hineinzuschauen.

DIE AUGEN

Es gibt nur zwei Gefühlszustände, bei denen zwei Menschen einander über einen längeren Zeitraum hinweg fest in die Augen sehen. Der erste ist immense Liebe, der zweite immenser Haß. Liebende blicken einander unbewußt tief in die Augen, um zu sehen, wie sehr sich die Pupillen des Partners weiten, denn dadurch enthüllen sich ihnen die wahren Gefühle. Je größer die Weitung der Pupille, desto größer die Liebe. Hassende starren einander in dem Bemühen an, den anderen dazu zu bringen, daß er die Augen niederschlägt, was ihm als psychologische Niederlage angerechnet würde.

Menschen, die überzeugt sind, daß etwas Glück oder Pech bringt, schmücken aus Aberglauben oft die Räume, in denen sie leben, mit Augen. Diese werden mit dem Fachausdruck »apotropäische Augen« bezeichnet und sind auf die eine oder andere Weise seit Jahrtausenden zum Einsatz gekommen. Dahinter steht die Vorstellung, daß das Unglück bringende »böse Auge«, wenn es auf den Menschen im Raum fällt, von den anderen Augen im Zimmer mit Blicken »in die Knie gezwungen« wird. Da es sich um künstliche Augen handelt, die nicht blinzeln, werden sie das »böse Auge« letztlich

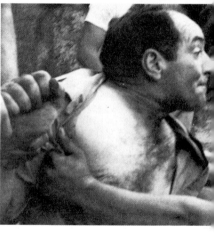

Da die schlimmsten Untaten des bösen Blicks angeblich aus Neid geschahen, war es wichtig, gefährdete Personen auf keinen Fall mit Lob zu überhäufen. Einen Menschen in Augenblicken großer Gefahr als wunderbar zu bezeichnen, galt in einigen Gegenden als unverzeihlich. Es hieß, die Katastrophe herausfordern, den bösen Blick ermutigen, aus unbezähmbarem Neid auf den

Die Fähigkeit, mit Blicken Liebe und Haß auszudrücken, war schon immer beeindruckend.

zwingen können, den Blick abzuwenden, und dem Zimmerbewohner wird kein Unheil geschehen. Ähnliche Augen hat man seit frühen Zeiten am Bug von Schiffen angebracht; an den Küsten des Mittelmeers sieht man sie bis zum heutigen Tage.

»Wunderbaren« herabzustoßen. In Reiterkreisen fürchteten die Pferdebesitzer, ein Lob für ein besonderes Tier könnte den bösen Blick herausfordern und dazu führen, daß sich das Pferd ein Bein brach. Statt lobender Worte sagten sie nun selbst »Hals- und Beinbruch«, damit sich der böse Blick überflüssig vorkam und das Tier verschonte. Diese merkwürdige Form der heimlichen »guten Wün-

DIE AUGEN

sche« lebt heute noch beim Theater fort, wo man dem Schauspieler Hals- und Beinbruch wünscht, bevor er die Bühne betritt.

Alle diese »Glückwunsch«-Bräuche entstanden ursprünglich aus dem irrigen Glauben, daß von den Augen, wann immer sie etwas anblickten, ein Energiestrom ausging, ähnlich dem Feuer der Sonne. Selbst Leonardo da Vinci dachte, dem geöffneten Auge entströme ein Lichtstrahl, der den Gegenstand, den das Auge anblickt, tatsächlich berühre. Wenn also die Augen übernatürliche Kraft besaßen und übelwollten, konnte der Strom der Lichtenergie, der sich aus ihnen auf ein Opfer ergoß, ohne weiteres schädlich und vielleicht sogar tödlich sein. Sobald man erkannt hatte, daß das Licht auf die Augen fällt und nicht von ihnen ausgeht, war die Basis für den Aberglauben des bösen Blicks zerstört. Um so erstaunlicher ist es, daß er sich an den Gestaden des Mittelmeers und andernorts so hartnäckig gehalten hat.

Was von normalen Augen ausgeht, sind die verschiedenen Augenausdrücke, die dem Betrachter visuelle Signale übermitteln und ihm damit die wechselnden Stimmungen seiner Mitmenschen anzeigen. Die meisten dieser Ausdrücke sind so bekannt und offenkundig, daß sich eine Diskussion erübrigt; einige verdienen aber doch eine kurze Erläuterung.

Ein formelles Niederschlagen der Augen wird manchmal als Bescheidenheitssignal gebraucht. Es beruht auf dem natürlichen Verhalten von Untergebenen, die ihre Übergeordneten nicht anzusehen wagen, aber die Blickrichtung ist dabei nicht beliebig. Das brave bescheidene »Blümchen« läßt seine Augen nicht nach rechts und links spazierengehen, sondern blickt gerade vor sich hin auf den Boden. Damit wird eine Verneigung oder ein unterwürfiges Beugen des Kopfes angedeutet.

Auch das Aufschlagen der Augen dient manchmal als bewußtes Signal. Werden die Augen eine Weile in der nach oben gerichteten Stellung gehalten, bedeutet ihr Ausdruck »angebliche Unschuld«. Diese heute nur noch im Scherz ausgeführte Augenbewegung beruht auf der Vorstellung, daß wir mit dem nach oben gewandten Blick den Himmel als Zeugen für unsere Unschuld anrufen.

Augenfunkeln ist ein von Eltern häufig angewandtes Mittel, ihre Kinder auf wortlose Weise zu bändigen. Das Funkeln ist eine komplexe Abart des Starrens. Die Augen fixieren das »Opfer« mit

DIE AUGEN

gerunzelten Brauen, aber weit aufgerissenen Augen. Dies ist ein Widerspruch, weil das weite Öffnen der Augen normalerweise mit gehobenen Augenbrauen einhergeht; diese beiden Teile des Gesichts müssen also gegeneinander arbeiten. Deshalb wird dieser Ausdruck nie länger beibehalten. Die Information des Funkelns lautet: Empörung und Zorn.

Der Seitenblick dient dazu, jemanden verstohlen anzusehen. Er wird auch als demonstratives Signal für Schüchternheit gebraucht, wenn er zum Signal für Scheu und Zurückhaltung wird. »Ich traue mich nicht, dir offen ins Gesicht zu sehen, aber anschauen muß ich dich«, lautet die Botschaft hier; und der Volksmund prägte für diese Art des Seitenblicks den Ausdruck, jemandem schmachtende Blicke zuwerfen.

Wenn wir sehr müde sind oder tagträumen, starren wir manchmal ins Leere. Wenn jemand zu verstehen geben will, daß er zum Beispiel einen neuen Schwarm hat, kann er bewußt blicklos aus dem Fenster oder quer durchs Zimmer starren, um seinen Mitmenschen zu imponieren.

Das Aufreißen der Augen, so daß das Weiße oberhalb und/oder unterhalb der Iris sichtbar wird, ist eine typische Reaktion auf mäßige Überraschung. Diese Bewegung vergrößert das Gesichtsfeld der Augen und steigert noch unsere Empfänglichkeit für visuelle Reize. Wie viele andere automatische Reaktionen der Augen gebrauchen wir auch diese heute vorsätzlich als »gespieltes« Signal für eine scheinbare Überraschung.

Auch für das Zusammenkneifen der Augen gibt es eine vorsätzliche Abwandlung. Im Grund ist es eine Schutzreaktion gegen zuviel Licht oder mögliche Verletzung, aber es gibt auch eine verächtliche Komponente, bei der die Person, die die Augen zusammenkneift, eindeutig *nicht* geblendet oder körperlich bedroht ist. Dieser künstlich »gequälte« Ausdruck bedeutet, daß die Anwesenden die Ursache einer mehr oder weniger ständigen Qual sind. Es ist ein Ausdruck des Widerwillens – ein hochnäsiger, verachtungsvoller Blick auf die Welt ringsum.

Ein Signal ganz anderer Art, das sich auch kaum vortäuschen läßt, senden glänzende Augen aus. Die glänzende Oberfläche der Augen ist dann durch Gefühlsregungen mit dem Sekret der Tränendrüsen leicht überladen, aber die Gefühle sind nicht stark ge-

DIE AUGEN

Die Beredsamkeit der Augen ist beispiellos.

Die Beredtheit der Augen ist ohnegleichen. Hier sind nur fünf Augenausdrücke von vielen, mit denen wir unseren Artgenossen unsere Gefühle signalisieren. Verbinden tut sie im Grunde nur eines: daß wir die Augen dabei entweder bis zu einem gewissen Grade schützend schließen oder weiter als gewöhnlich öffnen, um einen möglichst großen Ausschnitt aus unserer Umgebung aufzunehmen. Die zusammengekniffenen Augen des Mannes im Freien sind eine simple Reaktion auf zuviel Helligkeit, doch ein ähnlicher Ausdruck kann auch bei düsterer Raumbeleuchtung von jemandem angenommen werden, der ein Signal gequälter Abscheu übermitteln will. Die vor Erstaunen weit aufgerissenen Augen können durch die Anwendung bestimmter Arten von Schminke künstlich hochgespielt werden, ein beliebter Trick bei indischen Tänzerinnen, deren Augenbewegungen ein fester Bestandteil in ihren Auftritten sind. Manchmal bleibt ein Auge offen, während sich das andere schließt, was wir als Zwinkern bezeichnen. In Wirklichkeit ist es jedoch ein gezieltes Augenschließen, bei dem wir das zugekniffene Auge auf einen Freund richten, um anzudeuten, daß dahinter etwas verborgen ist – ein Geheimnis, das wir miteinander teilen. Wenn diese Geste gegenüber einem Fremden des anderen Geschlechts angewandt wird, deutet sie an, daß beidseitige (und bislang unausgesprochene) sexuelle Gelüste vorliegen. Der gespielte Unschuldsblick des Komikers, dessen Augen nach oben gerichtet sind, hat eine doppelte Be-

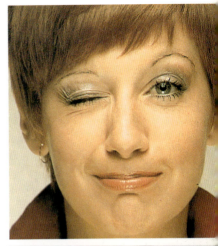

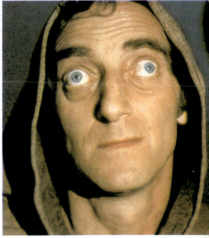

deutung. Seine Augen täuschen Schüchternheit vor, indem sie sich von der Angebeteten abwenden, und gleichzeitig sind sie zum Himmel gerichtet, als suchten sie die Vergebung Gottes.

DIE AUGEN

nug, um richtiges Weinen zu bewirken. Dies sind die leuchtenden Augen des leidenschaftlich Verliebten, des anbetenden Fans, der stolzen Eltern und des triumphierenden Sportlers. Es sind auch die glänzenden Augen des Schmerzes, des Leids und der Trauer Hinterbliebener, im Grunde jeder starken Emotion, die uns an den Rand der Tränen bringt.

Auch Weinen ist ein starkes Mitteilungssignal. Die Tatsache, daß wir weinen und andere Primaten nicht, ist auf viel Interesse gestoßen; vermutlich geht dieser Unterschied darauf zurück, daß unsere Vorfahren vor etlichen Millionen Jahren eine aquatische Phase durchliefen. Robben weinen, wenn sie emotional erschöpft sind, Landsäugetiere – mit Ausnahme der Menschen – jedoch nicht. Auch Seeottern hat man weinen sehen, wenn sie ihr Junges verloren haben, und man vermutet, daß reichliches Tränenvergießen ein Nebenprodukt der verbesserten, die Augen reinigenden Funktion der Tränen bei Säugetieren ist, die ins Meer zurückgekehrt sind.

Diese aquatische Erklärung ist sicherlich logisch. Wenn der Mensch vor mehreren Millionen Jahren einige Zeit im Wasser lebte und seine Tränenproduktion als Reaktion auf einen längeren Aufenthalt im Meerwasser ankurbelte, könnte er durchaus, nachdem er als Jäger auf das trockene Land zurückgekehrt war, seine tränenreichen Augen beibehalten und das gefühlsbedingte Weinen als neues soziales Signal benützt haben. Das würde erklären, warum er als einziges Primatenlebewesen diese Eigenschaft besitzt. Eine andere Erklärung geht davon aus, daß die staubige Savanne die Tränenproduktion anregte und das überschwengliche gefühlsbedingte Weinen ein Nebenprodukt der verbesserten Augenreinigung ist. Auf den Einwand, daß alle anderen in staubiger Umgebung lebenden Säugetiere nicht weinen, läßt sich entgegnen, daß sie alle behaarte Wangen haben, in denen überlaufende Tränen nicht auffielen. Nur auf der nackten Gesichtshaut der menschlichen Spezies können glänzende Tränentropfen als starkes visuelles Signal für in der Nähe befindliche Artgenossen wirken.

Eine völlig andere Erklärung für das Weinen der Augen beruht auf der Vorstellung, daß Tränen vornehmlich dazu dienen, Abfallprodukte auszuscheiden. Chemische Analysen von Tränen, die bei Kummer vergossen werden, und von Tränen, die bei einer Reizung

Die kosmetische Überbetonung der Augenwirkung.

Die große Vielfalt der Augensignale erklärt, warum wir dazu neigen, uns auf die Augenregion zu konzentrieren, wenn wir in Gesellschaft sind. Es ist wesentlich unwahrscheinlicher, daß ein zuckender Fuß bemerkt wird, als ein zuckendes Augenlid. Dennoch geben wir uns nicht damit zufrieden, wie die Dinge sind, sondern lassen uns nun schon seit Jahrtausenden immer wieder etwas Neues einfallen, um unsere Augen noch auffälliger zu gestalten. Schon in den frühesten Kulturen haben sich die Menschen die Wimpern dunkler gefärbt, um deren Bewegungen zu betonen, haben sie die Ränder der Augenlider nachgezogen, um die Form der Augen hervorzuheben, und haben sie sich die Haut um die Augen herum gefärbt, um den Kontrast zwischen der Gesichtsfarbe und dem Weiß in den Augen zu verstärken. Heute ist diese Form von Make-up fast ausschließlich den Frauen vorbehalten, doch das war keineswegs immer der Fall. Im 17. Jahrhundert berichtete John Bulwer: »Die Türken haben ein schwarzes Pulver ..., welches sie mit einem feinen Pinsel unter ihren Augenlidern auftragen.« Die Illustration, die uns dazu geliefert wird, stellt keineswegs eine weibliche türkische Schönheit, sondern einen Mann mit dichtem Schnurrbart dar.

Das Volk auf der Insel Candou trägt eine gewisse Schwärze auf die Augenlider auf.

Die Türken haben ein schwarzes Pulver, welches sie mit einem feinen Pinsel unter ihren Augenlidern auftragen, wodurch das Weiß im Auge sich weißer abhebt. Mit demselben Pulver färben sie auch die Haare ihrer Augenlider, was auch von den Frauen praktiziert wird. Und bei Xenophon kann man finden, daß auch die Meder ihre Augen zu färben pflegten.

105

DIE AUGEN

der Augenoberfläche produziert werden, haben gezeigt, daß diese über das Gesicht herabrinnenden Flüssigkeiten unterschiedliche Proteine enthalten. Man folgert daraus, daß Weinen in erster Linie den Körper von übermäßig viel Streß-Substanzen befreit, was erklären würde, warum »man sich besser fühlt, nachdem man sich richtig ausgeweint hat« – daß also die Stimmungsverbesserung eine biochemische Reaktion ist. Das visuelle Signal der tränenfeuchten Wangen des Weinenden, das die Artgenossen veranlaßt, den Unglücklichen zu umarmen und zu trösten, muß dann als sekundäre Nutzung dieses Abfallprodukt-Entfernungsmechanismus angesehen werden. Aber auch diese Theorie läßt sich kaum mit der Tatsache in Einklang bringen, daß Tiere wie Schimpansen nicht weinen, auch wenn sie bei sozialen Streitigkeiten in der Wildnis unter starkem Streß leiden.

Wenn wir uns nun dem etwas fröhlicheren Thema Blinzeln zuwenden, so finden wir auch hier einige Signale, die wir heute bewußt einsetzen. Das gewöhnliche Blinzeln, die Scheibenwischertätigkeit der Augenlider, die die Hornhautoberfläche in kurzen Intervallen den ganzen Tag über säubern und befeuchten, dauert ungefähr eine Vierzigstelsekunde. In erregtem Zustand, wenn sich die Tränenproduktion steigert, wird auch vermehrt geblinzelt, so daß die Häufigkeit des Blinzelns als Stimmungsbarometer gewertet werden kann.

Zu den abgewandelten Formen des Blinzelns gehören das mehrfache Blinzeln, der Super-Augenaufschlag, das »Wimpernklimpern« und das Zuzwinkern. Das mehrfache Blinzeln tritt auf, wenn jemand den Tränen nahe ist. Es ist der verzweifelte Versuch, die Augen zu leeren, bevor sie überlaufen. Der Super-Augenaufschlag ist ein einmaliges, stark übertriebenes Blinzeln, wobei die Blinzelbewegung langsamer und mit weiter aufgeschlagenen Augen als beim normalen Blinzeln ausgeführt wird. Es wird als melodramatisches Signal für eine scheinbare Überraschung angewendet und dient ausschließlich einer erfundenen »theatralischen« Handlung. Es besagt: »Ich traue meinen Augen nicht, also wische ich sie erst einmal sauber mit einem großen Blinzeln, um sicherzugehen, daß das, was ich sehe, auch wirklich ist.« Das »Wimpernklimpern«, bei dem die Augen sehr schnell auf- und zugeschlagen werden, ist dem mehrfachen Blinzeln ähnlich, aber die Augen werden dabei weiter

DIE AUGEN

aufgerissen zu dem großäugigen »unschuldigen« Blick. Es ist ebenfalls eine erfundene, kokette Gebärde von theatralischem Charakter, die in Bedeutungen wie »Du wirst doch mir, arm und klein wie ich bin, nicht böse sein« eingesetzt wird.

Das Zublinzeln ist ein absichtliches Blinzeln mit einem Auge, das ein geheimes Einverständnis zwischen dem Blinzelnden und dem Angeblinzelten bedeutet. Seine Botschaft lautet: »Du und ich, wir nehmen im Augenblick an einem Geschehen teil, von dem alle anderen stillschweigend ausgeschlossen sind.« Blinzeln sich Freunde bei einer gesellschaftlichen Zusammenkunft zu, bedeutet das, daß sich der Blinzelnde und sein Gefährte insgeheim über etwas einig sind oder daß sie einander näherstehen als sie beide den übrigen Anwesenden. Wird dieses Signal zwischen Fremden ausgetauscht, bedeutet es gewöhnlich eine eindeutige sexuelle Einladung, ungeachtet der beteiligten Geschlechter. Weil das heimliche Zuzwinkern auf ein heimliches Verstehen zwischen zwei Menschen hinweist, kann es offen als neckende Geste gebraucht werden, damit sich ein Dritter als Außenseiter fühlt. Nach den strengen Anstandsregeln ist diese Geste, ob offen oder verdeckt gebraucht, ungehörig. Von kompetenter Seite heißt es dazu: »... in Europa ist eine Frau, die jemand zuzwinkert, keine ›Dame‹.« In seinem Ursprung könnte das Zublinzeln als ein »in eine Richtung zielendes Augenschließen« beschrieben werden. Das Schließen des Auges deutet an, daß das Geheimnis nur die Person betrifft, die dabei angesehen wird. Das andere Auge bleibt für den Rest der Welt geöffnet, der von dem heimlichen Gedankenaustausch ausgeschlossen bleibt.

Die Nase

Die menschliche Nase mit ihrem vorspringenden Nasenrücken, ihrer verlängerten Spitze und ihren herabgebogenen Nasenflügeln ist einzigartig. Unsere nächsten Artverwandten, die Affen und Menschenaffen, haben nichts, das ihr gleichkäme. Diejenigen mit langer Schnauze haben auch ein dazu passendes langes Gesicht. Wir haben eine lange Schnauze auf einem flachen Gesicht, und dieser eigenartige Umstand verlangt eine besondere Erklärung.

Einige Anatomiekapazitäten erklärten das ziemlich lahm damit, daß das menschliche Gesicht im Lauf der evolutionären Entwicklung immer flacher wurde, die Nase jedoch einfach blieb, wo sie war – wie ein großer Felsbrocken, den die zurückweichende Flut freigelegt hat. Diese Ansicht kann man kaum teilen. Die Nase hebt sich auf so positive, eigenwillige Weise von den sie umgebenden Gesichtspartien ab, daß dieses »hervorstechende Organ« seinem Besitzer einen besonderen biologischen Vorteil verschaffen muß. Dazu gab es verschiedene Hypothesen.

Nach der ersten Theorie ist der stolze menschliche Rüssel ein Resonator. Seine überproportionale Größe wird als Schritt zur Unterstützung der immer wichtiger werdenden menschlichen Lautäußerung interpretiert. Mit der Entwicklung von Stimme und Sprache hat sich auch die Nase entwickelt. Als Beweis für diese These braucht man nur den Versuch zu unternehmen, mit zugehaltener Nase zu reden. Der Verlust an Stimmqualität ist nicht zu überhören. Deshalb fürchten sich Opernsänger so vor einem Schnupfen. Aber vielleicht sind für eine klare menschliche Stimme nur die großen Nasennebenhöhlen als Resonanzraum nötig und keine vorspringende äußere Nase.

Bei der zweiten Theorie wird die Nase als Schild betrachtet, als Teil des Knochenpanzers, der dem Schutz unserer Augen dient. Wenn Sie Ihre Daumenspitze auf das Wangenbein legen, die Zeigefingerspitze auf die Augenbraue und den Mittelfinger auf Ihren Nasenrücken, werden Sie spüren, daß Ihre Hand gegen drei das Auge umgebende, schützende Wölbungen stößt. Dieses knöcherne Dreieck sichert das weiche und verletzliche Auge gegen frontale Schläge ab. Ein solcher Schutz muß um so mehr von Bedeutung gewesen sein, als unsere urzeitlichen Vorfahren der relativ ungefährlichen Existenz als Sammler den Rücken kehrten und sich der

DIE NASE

weit risikoreicheren Jagd zuwandten. Ein Beweis für diese Theorie sind die Gesichter ehemaliger Boxer. Den Nasenrücken ist anzusehen, was sie an schweren Schlägen einstecken mußten, während die Augen gewöhnlich noch scharf und munter dreinblicken.

Eine dritte Theorie sieht die Nase auch als Schild, aber als Schild besonderer Art – gegen Wasser. Diese Theorie geht davon aus, daß unsere Vorfahren vor etlichen Millionen Jahren möglicherweise eine aquatische Phase durchlaufen haben und daß sich unser Körper in dieser Zeit auf vielerlei Arten angepaßt hat – die Nase zum Beispiel als Schutzschild gegen das Eindringen von Wasser beim Tauchen; dabei wird darauf hingewiesen, daß wir uns die Nase zuhalten, wenn wir mit den Füßen voraus ins Wasser *springen,* daß wir das aber nicht tun müssen, wenn wir mit dem Kopf voraus eintauchen. Das ist richtig, aber im Fall einer längeren amphibischen Phase wäre es einleuchtender gewesen, wenn wir wie die Robben Nüsternklappen entwickelt hätten – denn Nüsternklappen wären für einen im Wasser lebenden Affen viel nützlicher gewesen.

Vielleicht aber trug die Form der menschlichen Nase dazu bei, daß diese in anderer Hinsicht wie ein Schild wirken konnte – wie ein Schild gegen Staub und aufgewirbelten Schmutz. Als unsere entfernten Verwandten ihr Baumparadies verlassen hatten und hinaus in die freien Ebenen und in andere feindlichere Umgebungen zogen, müssen sie rauhen Witterungsverhältnissen begegnet sein, wo eine nach unten gebogene Nase sehr nützlich gewesen sein könnte. Diese vierte Theorie scheint am einleuchtendsten. Hier nimmt die Nase die Funktion einer Klimaanlage ein, die erhöhten Belastungen ausgesetzt war, als sich unsere Vorfahren in die kälteren und trockeneren Regionen der Erde ausbreiteten. Um das zu verstehen, müssen wir uns das Innere der Nase genauer ansehen.

Die durch die Nasenlöcher eingeatmete Außenluft ist selten in so idealer Verfassung, wie die Lunge, zu der sie weitergeleitet werden muß, es erfordert. Die Lunge ist sehr heikel, was die Qualität der Luft, die sie bekommt, angeht – die Luft muß eine Temperatur von 35 °C haben, einen Feuchtigkeitsgehalt von 95 Prozent, und sie muß staubfrei sein. Die Nase schafft all das bemerkenswert gut und versorgt die Lunge Tag für Tag 24 Stunden mit einem Atemluftvolumen von 7200 bis 10 080 Litern.

DIE NASE

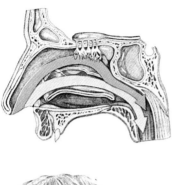

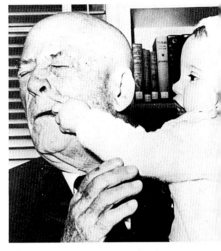

Abgesehen davon, daß sie Gerüche schnuppert, fungiert die menschliche Nase auch als lebenswichtige Luftaufbereitungsanlage, die die Luft, die wir einatmen, aufwärmt, reinigt und anfeuchtet, ehe sie die empfindlichen Lungen erreicht. Dabei sind ihr die Nebenhöhlen (unten) – die außerdem der Stimme mehr Resonanz verleihen – behilflich, doch der Preis, den wir dafür bezahlen, daß wir diese wertvollen Hohlräume besitzen, ist eine hohe Anfälligkeit für örtliche Infektionen.

Die gesamten Innenflächen der komplexen Nasenhöhlen sind mit Schleimhäuten bedeckt, die täglich gut einen Liter Wasser absondern. Diese feuchte Beschichtung ist nicht statisch, sondern ständig in Bewegung, denn die darin eingebetteten Millionen winziger Härchen, die *Cilia,* flimmern rhythmisch ungefähr 250mal in der Minute und schieben den schleimigen Belag pro Minute um zirka 1,2 cm weiter. Mit Hilfe der Schwerkraft rutscht die Schleimschicht in den Rachen und wird geschluckt. Es dauert ungefähr

DIE NASE

Es gibt beträchtliche rassische Unterschiede in der Nasenform. Das hängt ursächlich damit zusammen, in was für einer Umgebung sich die verschiedenen Menschenrassen herausgebildet haben. Die Menschen, die in einem heißen, trockenen Klima leben, sollten große, vorstehende Nasen haben. Jene, die heiße, feuchte Gegenden bewohnen, sollten breitere, flachere Nasen haben. Das wäre sinnvoll, wenn wir die Nase als eine gutangepaßte Luftaufbereitungsanlage ansehen. Und genau so finden wir es im allgemeinen auch vor: Wüstenaraber beispielsweise haben große, vorstehende Nasen, die Bewohner des Regenwaldes breite Stupsnasen. Es gibt nur zwei klare Ausnahmen von dieser Regel: Die Buschmänner der Wüste Kalahari und die in der Wüste lebenden Stämme australischer Ureinwohner haben Nasen, die sehr flach und breit sind. Dafür gibt es jedoch eine simple Erklärung. In beiden Fällen ist es so, daß sie erst in jüngerer Zeit in diese dürren Landstriche abgedrängt worden sind, die nicht die Heimat ihrer Vorfahren waren.

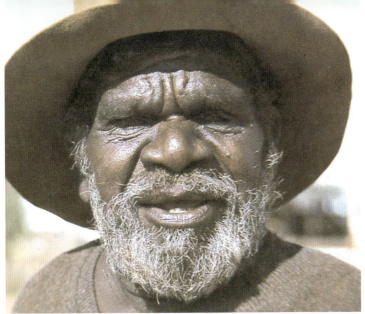

DIE NASE

Die Nase des Mannes ist im allgemeinen größer als die der Frau. In dieser Hinsicht ist das weibliche Gesicht dem frühkindlichen Zustand näher. Wir wissen, daß ein flaches Gesicht mit einer Stupsnase auf Eltern ansprechend wirkt und in Erwachsenen starke Beschützergefühle weckt, und es scheint, daß erwachsene Frauen im Verlauf der Evolution diesen Umstand ausgenutzt haben, indem sie ein kindlicheres Profil beibehalten haben und somit bei ihren Partnern beschützerische Instinkte weckten. Die Anziehungskraft, die die winzige Nase eines Babys ausübt, ist manchmal so unwiderstehlich, daß Erwachsene es nicht lassen können, die Hand auszustrecken, um sie zu berühren. Experimente mit stilisierten Gesichtszügen weisen darauf hin, daß diese starke positive Reaktion auf eine kleine, flache menschliche Nase weltweit verbreitet und unserer

*Die Nase eines Babys ist manchmal so anziehend, daß
Erwachsene es nicht lassen können, sie zu berühren.*

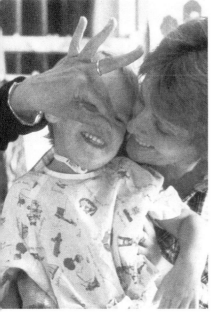

Spezies wahrscheinlich angeboren
ist. Comic-Zeichner wie Walt Disney
haben daraus Kapital geschlagen, indem sie versucht haben, bei Tier und
Mensch Gestalten zu entwerfen, die
ein Maximum an Anziehungskraft
auf das Publikum ausüben.

DIE NASE

20 Minuten, um die Schleimschicht durch das komplexe System der Nasenhöhlen zu schieben. Unterdessen wird die Luft beim Passieren dieser Höhlen zunehmend wärmer und feuchter. Der mitgeführte Staub sammelt sich auf dem Schleim und wird abtransportiert. Die Lunge kann weiter ungefährdet Atem holen.

Durch eine wirksame Einrichtung verliert der von der Lunge abgegebene Atem wieder etwas von seiner Wärme und Feuchtigkeit, wenn er durch die Nase wieder an die Außenluft tritt. Ungefähr ein Viertel der Wärme und Feuchtigkeit, mit der die Luft beim Atemholen angereichert wird, wird ihr beim Ausatmen wieder genommen. Im Durchschnitt verlieren wir auf diese Weise pro Tag ungefähr einen Viertelliter Wasser.

Wenn ein Krankenhauspatient aus irgendeinem Grund seine Nase nicht mehr benützen kann, wird seine Lunge schon nach ungefähr einem Tag in ernsthafte Schwierigkeiten geraten. Versuche, für solche Patienten eine künstliche Nase herzustellen, gestalteten sich außerordentlich schwierig, was die erstaunlich komplizierte Arbeitsweise und Leistungskraft der menschlichen Nase deutlich macht. Die Nase ist auch in der Lage, unter unglaublich extremen Klimabedingungen zu funktionieren. Jeder, der schon einmal Temperaturen von $-30\,°C$ erlebt hat, wird wissen, daß bei jedem Atemzug die Feuchtigkeit im unteren Teil der Nase, in der Nähe der Nasenflügel, zu Eis gefriert, das bei jedem Ausatmen dann wieder taut. Dieses Gefühl ist alles andere als angenehm, aber es bedeutet immerhin, daß die Klimaanlage in der Nase noch arbeitet.

Ein eindrucksvolles Beispiel für die Leistungsfähigkeit unserer Nase liefert eine Episode aus dem Zweiten Weltkrieg, als der Pilot eines Kampfflugzeuges die Haube seines Cockpits verlor und bei $-5\,°C$ mit einer Geschwindigkeit von 400 km in der Stunde nach Hause fliegen mußte. Nach dieser zweistündigen Tortur war das dem Freien ausgesetzte Gewebe seines Gesichts erfroren; seine einzige innere Verletzung aber bestand in einem rauhen Hals. Die menschliche Nase, auch wenn sie oft lächerlich gemacht wird, ist wahrhaft ein bemerkenswertes Organ.   ·

Damit die Nase ihre klimatisierende Aufgabe richtig erfüllen kann, muß sie so groß wie möglich sein. Würde sie aber zu weit hervorragen, würde sie die Sicht nach vorn beeinträchtigen, und sie wäre außerdem zu leicht verletzbar. Es war also ein Kompromiß

DIE NASE

nötig – und das ist dieser dreieckige Höcker aus Knochen, Knorpel und Fleisch in der Mitte unseres Gesichts.

Es gibt eine Möglichkeit, diese Theorie von der Klimaanlage zu überprüfen. Menschen, die in kalten oder trockenen Gegenden leben, müßten demnach wesentlich größere, weiter vorspringende Nasen haben als die Bewohner der feuchtheißen Tropen. Und genau das stellen wir fest, wenn wir uns ansehen, wie die menschlichen Nasen über die Welt verteilt sind.

Man schätzt, daß in einem *kalten trockenen* Klima nur ungefähr ein Prozent der Atemfeuchtigkeit, die in die Lunge kommt, aus der Luft stammt, und daß 99 Prozent von den Schleimhäuten geliefert werden müssen.

In einem *kühlen feuchten* Klima kommen neun Prozent der Feuchtigkeit aus der Luft und 91 Prozent von den Nasenschleimhäuten.

In *heißem trockenem* Klima kommen 27 Prozent der Feuchtigkeit aus der Luft und 73 Prozent von den Nasenschleimhäuten.

In einem *feuchtheißen* Klima ergibt sich ein auffälliger Unterschied, denn hier stammen 76 Prozent der Feuchtigkeit von der Außenluft, und die Nase muß lediglich 24 Prozent beisteuern.

Daraus folgt, daß unsere urzeitlichen Vorfahren in ihren Anfängen in den feuchtheißen Tropenregionen die flachen, breiten Nasen hatten, die typisch sind für die in den tropischen Wäldern lebenden Menschenaffen wie Gorillas und Schimpansen. Als sie dann auf der Suche nach Wild in die trockenen heißen Ebenen hinauszogen, brauchten ihre Nasen eine Korrektur – sie mußten größer werden, um die Leistungsfähigkeit der Klimaanlage zu steigern. Bei einer späteren Ausbreitung in die kühleren Regionen der Erde, weiter nach Norden hin, wurden die Anforderungen an die Nase sogar noch größer, und ihre Form ähnelte immer weniger der flachen Affenschnauze.

Heute hat natürlich kein Mensch mehr die platte, menschenaffenähnliche Nase, weil alle neuzeitlichen menschlichen Wesen, wo sie auch leben, die Nachkommen von Vorfahren sind, die diesen Klimawechsel durchmachten und größere, typisch menschliche Nasen entwickelten. Doch nach der Ausbreitung der Menschen über große Teile der Erdoberfläche wanderten viele wieder in ihre alten Hochburgen zurück, so daß wir heute Völker haben, die

Die allerbesten Nasen gibt es so gut wie nicht.

Daraus, daß kleine Nasen kindlich auf uns wirken, folgt, daß große, vorstehende Nasen Frauen häßlich erscheinen lassen. Wir verspüren nicht den Wunsch, die Besitzerin einer solchen Nase zu beschützen, da diese Nase ungeeignet ist, unsere elterlichen Gefühle wachzurufen. Andererseits empfinden wir ein Fotomodell oder eine Schauspielerin mit einer ungewöhnlich kleinen Nase als schön. Aus diesem Grunde unterziehen sich viele Frauen, die sich ihren Lebensunterhalt durch ihre im übrigen attraktive Erscheinung verdienen, der plastischen Chirurgie, die den Winkel zwischen Nasenrücken und Gesicht (1) und den Winkel zwischen Nasenspitze und Oberlippe entsprechend verringert. Der erste dieser Winkel sollte zwischen 36 und 40 Grad betragen, die Werte des zweiten sollten zwischen 90 und 120 Grad liegen.

Auch Männer lassen sich ihre Nasen umgestalten.

In letzter Zeit haben auch einige männliche Künstler ihre Nasen verkleinern lassen, um ihr Erscheinungsbild zu verändern. Das läßt sie zwar kindlicher und weniger männlich erscheinen, doch es verleiht ihnen einen zusätzlichen Reiz von einer Art, durch die ihre Beliebtheit beim Publikum steigt.

Normalerweise unterziehen sich Männer dieser Form von kosmetischer Chirurgie nur dann, wenn sie eine außergewöhnlich große Nase haben; doch manchmal, wie in diesem Fall, kann es auch vorkommen, daß eine Nase, die für einen Mann absolut akzeptabel ist, auf nahezu feminine Maße reduziert wird, um dadurch einen verblüffend ungewohnten Gesichtsschnitt zu erzielen.

praktisch in allen Klimazonen leben. Diejenigen, die ihre Zone schon seit sehr langer Zeit bewohnen, haben die dazu passenden Nasen. Dies hat nichts mit »Rassen«-Einteilung zu tun. So haben zum Beispiel schwarze Menschen, die in feuchtheißen Gebieten wie Westafrika leben, wesentlich breitere und flachere Nasen als noch dunklere Menschen, die in den viel trockeneren Grasländern Ostafrikas leben. Und weiße Menschen, die in den trockeneren kälteren Regionen leben, haben höhere, schmalere, stärker gebogene Nasen als Weiße in den gemäßigteren Zonen. Die Nasenform ist lediglich ein Hinweis auf die Art von Luft, die ihre Vorfahren geatmet haben, weiter nichts.

Fassen wir also zusammen: Die Nase ist ein Resonator und ein

DIE NASE

Knochenschild, der größer und länger wurde, als sich die Menschheit aus ihrem heißen und feuchten Garten Eden entfernte, wobei sie ihre klimatisierende Funktion stets beibehielt. Außerdem ist die Nase unser wichtigstes Geruchs- und »Geschmacks«-Organ. Das Riechen wird von zwei kleinen, Geruchsstoffe wahrnehmenden Zellenlappen, ungefähr von der Größe einer kleinen Münze, ausgeführt, die hoch oben in den Nasengängen sitzen. Diese Lappen bestehen aus ungefähr fünf Millionen gelblich pigmentierten Zellen (Hunde haben 220 Millionen) und verleihen uns eine wesentlich höhere Empfindlichkeit für Düfte und Gerüche, als wir gemeinhin glauben. Weil wir Gerüche nicht so gut wahrnehmen können wie Hunde, sind wir der Ansicht, wir wären in dieser Hinsicht schlecht ausgestattet, aber das stimmt nicht. Wir sind durchaus imstande, bestimmte Geruchsstoffe in Verdünnungen von weniger als einem zu etlichen Milliarden Teilchen Luft auszumachen. Versuche haben bewiesen, daß die menschliche Nase sogar fähig ist, eine frische Spur von unsichtbaren menschlichen Fußabdrücken über einen »Teppich« aus sauberem Löschpapier zu verfolgen. Der Grund, warum wir die Fähigkeiten unserer Nase herunterspielen, liegt darin, daß wir ihre Tätigkeit seit langem in zunehmendem Maß ignorieren und behindern. Wir leben in Großstädten, wo natürliche Düfte erstickt werden; wir tragen Kleider, die unsere natürlichen gesunden Körpergerüche unangenehm und säuerlich riechen lassen; und wir sprühen unsere Welt voll mit Geruchstilgern und Geruchstarnern. »Riechen« halten wir sogar für etwas Primitives und Scheußliches – etwas Altmodisches, das man am besten vergißt oder als erledigt betrachtet. Nur auf ganz speziellen Gebieten – wie bei Weinkostern oder in der Parfümherstellung – bemüht man sich noch, die moderne Nase auszubilden und ihr vollständiges und außerordentliches Wahrnehmungsvermögen zu entwickeln.

Ich bezeichnete unsere Nase als unser wichtigstes Geschmacks- und Geruchsorgan, und das sollte ich erklären. Das eigentliche Geschmacksorgan ist die Zunge, aber ihre diesbezügliche Fähigkeit ist sehr beschränkt. Sie kann nur vier Geschmacksqualitäten unterscheiden – süß, sauer, bitter und salzig. Alle anderen »Geschmäcke« unserer vielseitigen Küche werden de facto nicht von der Oberfläche unserer begierig schleckenden Zunge beim Kauen

120

DIE NASE

und Schlucken unserer Mahlzeiten gekostet, sondern von den kleinen geruchsempfindlichen Lappen hoch oben in den Nasenhöhlen erschnuppert. Geruchspartikelchen gelangen entweder direkt durch die Nase dorthin, während wir das Essen zum Munde führen, oder indirekt durch den Mund. Eine Speise kann (auf der Zunge) gut schmecken und köstlich duften (in der Nase).

Durch Assoziation mit schlechten Gerüchen, unseren urzeitlichen Tierschnauzen und weil sie tropft und läuft, wenn wir erkältet sind, ist die Nase irgendwie zum »Witz«-Organ des Gesichts geworden. Wir sprechen ehrfürchtig von glühenden Augen, zarten Wangen und sinnlichen Lippen. Aber wenn wir unsere Nase erwähnen, tun wir dies gewöhnlich auf diese oder jene abfällige Weise. Wir haben Namen für sie wie Zinken, Riecher, Gesichtserker, Riechkolben und Rüssel, mit denen wir unser technisches und chemo-kriminalistisches Nasenwunder beleidigen. Um schön zu sein, darf eine Nase keine Besonderheit aufweisen; sie muß total unauffällig sein. Ein kurzer Blick auf die Gesichter von Fotomodellen in Illustrierten zeigt, daß die »schönsten« Nasen so gut wie nicht vorhanden sind. Auf den hochstilisierten Fotos überleben sie nur als zwei winzige Nasenflügel. Dieser Tatbestand wurde besonders in unserem Jahrhundert deutlich, und es lohnt sich zu fragen, warum das so sein muß.

Um den Niedergang der Nase in unserem Schönheitsempfinden zu verstehen, müssen wir einen Blick zurückwerfen auf die Art von Nase, mit der wir uns in die Welt hinauszwängten. Als Babys haben wir winzige Knopfnasen. Im Lauf unserer Kindheit wächst dieser kleine Vorsprung mit unserem übrigen Gesicht und erreicht seine volle Größe mit dem Erwachsenenalter. Daraus ergibt sich: eine kleine Nase – eine junge Nase. Ergänzt man das noch mit »Jugendkult«, ist das Ergebnis klar. Je kleiner Ihre Nase ist, um so jünger sehen Sie aus.

Für das weibliche Gesicht ist das von größerer Bedeutung als für Männer, da diese im Durchschnitt größere Nasen haben als Frauen. Um also jugendlich feminin auszusehen, ist eine kleine Nase doppelt wichtig. An dieser Stelle tritt die kosmetische Chirurgie auf den Plan. Die operative Nasenverkürzung ist in den letzten Jahrzehnten immer beliebter geworden.

Für die Männer ist eine stark vorspringende Nase weniger pro-

Der phallische Symbolismus einer übergroßen Männernase geht auf einen Volksglauben zurück.

Die menschliche Nase ist beim Mann meist größer als bei der Frau und wird oft als Phallussymbol angesehen; schon ein altes Sprichwort sagt: »Je größer die Nase eines Mannes, desto größer sein ›Hannes‹.« Aus diesem Grund wird ein Mann mit ungewöhnlich großer Nase – wie Cyrano de Bergerac – zu einer Witzblattfigur und muß endlose unflätige Bemerkungen über sich ergehen lassen. Wenn auch in Wirklichkeit kein Zusammenhang zwischen der Größe von Nase und Penis besteht, so haben diese beiden Organe doch eines gemeinsam: Bei sexueller Erregung werden beide mit Blut vollgepumpt. Das läßt beide anschwellen und empfindlicher reagieren. Außerdem werden beide heißer. Ein besonders eifriger Forscher ist sogar so weit gegangen, einem Mann beim Liebesakt die Nasentemperatur zu messen, und er stellte fest, daß die Temperatur jedesmal um zwei bis vier Grad anstieg, was auf den Blutandrang in den Gefäßen des porösen Nasengewebes zurückgeht.

Tatsächlich aber machen Nase und Penis bei der sexuellen Erregung des Mannes eine gleich verlaufende Veränderung mit.

Moderne Helden weisen eine Tendenz zu kleineren, flacheren Nasen auf, vielleicht, um den selbstsichereren Frauen von heute einen weniger bedrohlichen und phallischen Anblick zu bieten. Fest steht, daß die Männer, die in vergangenen Zeiten als gutaussehend galten, nach modernen Maßstäben oft außergewöhnlich große Nasen hatten.

blematisch, weil sie die Männlichkeit betont. Für einen Mann von Bedeutung war sie früher fast unentbehrlich. Edgar Allen Poe ging sogar soweit zu sagen, ein Gentleman mit einer Stupsnase sei ein Widerspruch in sich selbst. Bonaparte erklärte: »Gebt mir einen Mann mit einer tüchtigen Nase ... Wenn ich jemanden brauche, der gute Denkarbeit leistet, ziehe ich, sofern er den übrigen Anforderungen entspricht, immer einen Mann mit langer Nase vor.« Edmond Rostands berühmte Figur Cyrano de Bergerac würde dem gewiß zustimmen, denn er sagt: »Meine Nase ist riesig! Gemeiner stumpfnasiger Esel, Flachkopf, laß dir sagen, daß ich auf solch ein Beiwerk stolz bin, denn für einen freundlichen, guten, höflichen, witzigen, freisinnigen und tapferen Mann wie mich ist eine große Nase das richtige Aushängeschild.« Viele berühmte Männer, von Charles de Gaulle bis Karl Malden, hätten dem zugestimmt, auch wenn in der neueren Zeit die Nase des männlichen Helden leicht schrumpft. Es ist fast so, als sei eine kräftige, ausgeprägte Nase eine sexistische Bedrohung und ein Affront für die Gleichberechtigung der Geschlechter. Der Typ, der heute gefragt ist, sind kleinnasige Herzensbrecher mit jungenhaftem Grinsen.

Möglicherweise gibt es dafür einen tiefenpsychologischen

DIE NASE

Grund. Sehr große Nasen sind nicht nur maskulin, sondern auch phallisch. Der menschliche Mann hat nur zwei lange fleischige Auswüchse auf der vorderen Mittellinie seines Körpers, die Nase und den Penis. Daß die beiden symbolisch gleichgesetzt werden, bewußt und spaßhaft oder unbewußt und im Ernst, ist unvermeidlich. Das geschieht seit Jahrhunderten und war im alten Rom gang und gäbe, wo man sagte, daß die Länge der Nase eines Mannes seine Virilität anzeige. Auf diese Weise wurde die Römernase eine löbliche Eigenschaft. Auch die Amputation der Nase als Strafe für bestimmte sexuelle Vergehen hatte symbolischen Charakter. Eine zu lange Nase bei einem neuzeitlichen, postfeministischen Helden würde also nicht nur auf ungebührliche Männlichkeit, sondern auch auf drohende Vergewaltigung schließen lassen. Die große Nase mußte verschwinden.

Bei den Stammesgesellschaften spielt die Nase häufig eine völlig andere Rolle, der beträchtliche Bedeutung zugemessen wird. Die Nasengänge werden als »Pfad der Seele« betrachtet. Dieser Ansicht pflichten wir unbewußt noch heute bei, wenn wir zu jemandem, der eben geniest hat, »Gesundheit« sagen. Man glaubte nämlich, daß beim kräftigen Niesen ein Teil der Seele ausgestoßen werden und durch die Nasenöffnung entkommen könnte.

Bei bestimmten tropischen Stammesgesellschaften gehört zur Behandlung eines Kranken, daß ihm die Nase verstopft wird. Damit soll verhindert werden, daß seine Seele infolge der Krankheit dem Körper entweicht. Ein Eskimobrauch verlangte von den Trauernden bei einem Begräbnis, daß sie ihre Nasenlöcher mit Tierhaut, Haaren oder Heu zustopften, damit ihre eigenen Seelen nicht der Seele des Verstorbenen folgten. In Celebes wird einem Schwerkranken ein Angelhaken an den Nasenlöchern befestigt; er soll die Seele festhalten, wenn sie zu entfliehen versucht. In vielen Kulturen wird Toten die Nase zugestopft, damit die Seele nicht entweicht, und die Anthropologen haben zahlreiche andere Beispiele ausgegraben, die zeigen, daß der Glaube, die Nase sei der Fluchtweg der Seele, erstaunlich weit verbreitet gewesen ist. Alle Vorstellungen dieser Art beruhen darauf, daß die Seele irgendwie mit dem Atem zusammenhängt – mit dem Odem des Lebens. Beim normalen Ein- und Ausatmen durch die Nase wird ein gewisses Gleichgewicht aufrechterhalten, und nichts geht verloren. Aber

Nasenkontakt als spielerische Geste oder zur förmlichen Begrüßung.

Der Nasenkontakt zwischen Erwachsenen und Kindern ist oft spielerisch-zärtlicher Natur; als förmliche Begrüßung beschränkt er sich weitgehend auf zeremonielle Anlässe bei den Maori. Gewöhnlich wird dieser Vorgang als »Nasenreiben« bezeichnet, doch in Wirklichkeit handelt es sich dabei nur um eine flüchtige Berührung der Nasenspitzen, die von einem typisch westlichen Händedruck begleitet wird.

beim explosiven Niesen und dem gequälten Keuchen des Sterbenden wird aus dem Ein und Aus eine Einbahnstraße, und dann müssen abergläubische Vorkehrungen getroffen werden.

Ein weiterer sehr alter Aberglaube besagt, man könne anhand der Nasenform die wahre Persönlichkeit eines Menschen bestimmen. Dieser Glaube entwickelte sich schließlich zu einer Pseudowissenschaft, der Physiognomik, und im frühen 19. Jahrhundert gab es den Spezialzweig »Nasenkunde«, der sich ausschließlich mit der Nase beschäftigte. Bei diesen physiognomischen Schlußfolgerungen gibt es nur ein stimmiges Element, und das ist so offenkundig, daß es fast belanglos ist.

Wenn ein Mensch eine ungewöhnlich häßliche Nase hat (gleich welcher Form) oder eine erstaunlich schöne Nase (gleich welcher Form), dann kann sein Aussehen in jedem Fall das Verhalten der

DIE NASE

Nasenschmuck wird in den verschiedensten Teilen der Welt getragen. Die Nase wird darauf vorbereitet, indem ein Loch oder mehrere Löcher in den unteren Teil der Nasenscheidewand oder durch die fleischigen Nasenflügel gebohrt werden. Auf junge Männer bezogen, ist geäußert worden, diese Nasenverstümmelungen seien Beispiele einer »verlager-

Mitmenschen beeinflussen. Wegen einer häßlichen Nase ausgelacht oder wegen einer schönen Nase geliebt zu werden, wird die Persönlichkeitsentwicklung unweigerlich stark beeinflussen. Ein wegen seiner Häßlichkeit verspottetes Kind wird zu einer anderen Persönlichkeit heranwachsen als ein hübsches und beliebtes Kind. Insofern ist eine Verbindung zwischen Nasenform und Charakter eines Erwachsenen gegeben, aber das ist etwas ganz anderes, als wenn behauptet wird, an jeder noch so kleinen Eigenart der Nasenkontur seien die Wesenszüge genau abzulesen.

Etwas sehr Wichtiges, das sich von der Nase ablesen läßt, sind wechselnde Gefühle. Wie das ganze Gesicht, ist auch die Nase mit Muskeln für das Mienenspiel ausgestattet, und wir können unsere Gefühle durch die Bewegungen und Stellungen unserer Nase anzeigen – zumindest in Maßen. Die Nase ist längst nicht so ausdrucksfähig wie die Augen oder der Mund, aber sie hat dem Be-

Das Durchbohren der Nase als bevorzugter Ausdruck gesellschaftlicher Zugehörigkeit.

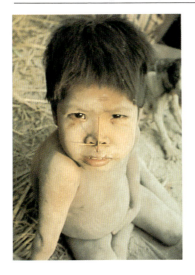

ten Beschneidung«. Eins steht in jedem Fall fest: Eine permanente Verstümmelung der Nase ist mehr als bloße Zierde. Sie drückt den Besitzern dieser Nasen einen dauerhaften Stempel auf und kennzeichnet sie für alle Zeiten als Mitglieder einer bestimmten Gruppe oder Gesellschaft.

obachter doch eine Reihe von Signalen anzubieten. Etwa das angewiderte Naserümpfen, das mißtrauische Verziehen der Nase, das ängstliche Zucken, das Zusammenziehen der Nase bei Ekel, das Sich-Weiten der Nase bei Zorn und Furcht, das Schnauben bei Abneigung und Verärgerung und das Schnüffeln als Reaktion auf einen Geruch. Diese Aufzählung gibt trotz aller Vereinfachung eine ungefähre Vorstellung, welche Ausdrucksmöglichkeiten unserer Nase zur Verfügung stehen. Ergänzt man noch Schniefen, Schnarchen und Niesen, haben wir in etwa alles, was unsere Nase an Signalen von sich geben kann.

Auch die Berührung der Nase geschieht auf vielerlei Weise. Wir berühren oder reiben unsere Nase mit den Händen, wenn wir etwas im Schilde führen, drücken den Nasenrücken, wenn wir intensiv über einen Konflikt nachdenken oder erschöpft sind, und bohren in der Nase, wenn wir gelangweilt oder frustriert sind. Alle die-

DIE NASE

Manche Tiere haben Nasenröhren, die es ihnen ermöglichen, die Nasenlöcher nach Belieben zu schließen, und auf den ersten Blick könnte es als eine Schwäche im Entwurf der menschlichen Nase erscheinen, daß uns diese Möglichkeit fehlt. Heute hängen so viele widerwärtige Gerüche in der Luft, daß wir eine schließbare Nase als einen großen Vorteil empfinden würden. Diese Kinder, die auf einer Straße in Nordirland mit Tränengas in Berührung kamen, hätten sicher von dieser Möglichkeit profitiert. Unglücklicherweise haben wir uns zu einer Zeit entwickelt, da gefährliche chemische Gerüche nicht existierten.

Das Naserümpfen des Abscheus ist längst nicht mehr nur eine Reaktion auf unangenehme Gerüche, sondern inzwischen zu einer ausdrucksvollen Geste geworden, die jede Form von Abneigung signalisiert.

DIE NASE

se Selbstkontakte sind Signale der Selbstberuhigung. Auf die eine oder andere Weise zeigen sie alle an, daß der die Nase berührende Mensch gerade ein bißchen Hilfe braucht und sich durch die beruhigende Berührung mit der eigenen Hand oder den Fingern selbst zu helfen versucht.

Wenn uns eine schwierige Frage gestellt wird und wir unseren inneren Aufruhr verbergen möchten, während wir nach einer passenden Antwort suchen, zuckt die Hand zur Nase hinauf und berührt, reibt, hält oder drückt sie. Es sieht so aus, als verursache der Augenblick der Unsicherheit eine Streßreaktion in dem zarten Nasengewebe, die zu einem beinahe unmerklichen Kribbeln oder Jucken führt, und die Hand eilt zu Hilfe und streichelt die Nase, um sie zu beruhigen. Diese Bewegung ist besonders dann zu bemerken, wenn ungeübte Lügner die Unwahrheit sagen; einem geübten Auge verrät sich ein Lügner mit solchen Bewegungen sofort.

Das Zusammendrücken des Nasenrückens bei angestrengtem Nachdenken hat wahrscheinlich einen ähnlichen Grund, weil die Nasenhöhlen unterhalb des Nasenrückens als Reaktion der Nase auf Streß vorübergehend einen leichten Schmerz verursachen können. Wenn wir den Nasenrücken mit den Fingern drücken, trägt diese Handlung vielleicht dazu bei, den Schmerz zu lindern, zumindest aber zeigt sie an, daß man auf sein Vorhandensein reagiert.

Das Nasenbohren ist heute mit einem leichten kulturellen Tabu belegt, aber wann immer die Menschen allein sind oder sich unbeobachtet fühlen, drücken sie möglicherweise ihre Langeweile oder ihre Frustration durch die triviale Beruhigungshandlung des Naseputzens aus. Autofahrer, die in einem Stau stecken oder vor einer Ampel warten, neigen besonders zum Frustrations-Nasenbohren, vorausgesetzt, sie haben keine Beifahrer.

Die zwischenmenschlichen Kontakte mit der Nase waren in Europa alles andere als sanft und freundlich, sondern ausgesprochen brutal. Mit das Beste, was eine Nase zu erwarten hatte, war, daß sie gekniffen wurde oder einen Schlag erhielt.

Nur unter Liebenden und ganz im Privaten konnte die Nase in der westlichen Welt sanftere Berührungen erfahren. Die Nase zu reiben, zu drücken und zu küssen, war seit jeher während des Liebesakts üblich, aber außerhalb eines intimen sexuellen Kontexts ist

DIE NASE

es nie zu Berührungen dieser Art gekommen. Bei den Bewohnern der Pazifischen Inseln kommen sie sowohl in sexuellen als auch in nichtsexuellen Situationen vor. In einer von Malinowski übersetzten Liebesaktbeschreibung eines Trobriand-Mannes heißt es: »... ich umarme sie, umfange sie mit meinem ganzen Körper, ich reibe meine Nase an der ihren. Wir saugen jeder an der Unterlippe des anderen, so daß wir leidenschaftlich erregt werden. Wir lutschen an unseren Zungen, beißen uns in die Nase, ins Kinn, in die Wangen und liebkosen die Achselhöhle und die Leistengegend ...«

In rein gesellschaftlichen Zusammenhängen bedeutet bei den Völkern der pazifischen Region die Berührung von Nase zu Nase so ziemlich das gleiche wie bei uns ein Wangenkuß. Meistens wird diese Berührung fälschlicherweise als »Nasenreiben« bezeichnet. Das Reiben ist aber gewöhnlich auf erotische Begegnungen beschränkt, wie sie bei Malinowski beschrieben wurden. In der Öffentlichkeit ist diese Handlung kaum mehr als ein leichtes Berühren oder Drücken mit der Nasenspitze. Sie beruht auf der Vorstellung eines gegenseitigen Beriechens; die Nase soll dabei den Körpergeruch des anderen aufnehmen.

Als formelle Begrüßung ist das Nasenberühren manchmal strengen Statusregeln unterworfen. In der Kultur der Tikopia gibt es eine ganze Reihe von Körperteilen, die von der Nase des Grüßenden berührt oder nicht berührt werden dürfen. Die Berührung von Nase zu Nase oder von Nase zu Wange ist nur gesellschaftlich Gleichgestellten gestattet. Wenn ein Jüngerer einen Älteren begrüßt, muß er die Nase-zu-Handgelenk-Berührung ausführen. Wenn ein Gefolgsmann einen großen Häuptling begrüßt, muß es die Nase-zu-Knie-Berührung sein.

Die Nasenbegrüßungen sterben allmählich aus. Ein kosmopolitischerer Lebensstil, vermehrtes Reisen und die Vermischung der Kulturen haben zu einer größeren Uniformität der Grußgebärden geführt. Das Händeschütteln ist inzwischen schon fast überall auf der Erde gebräuchlich. Wenn sich heute gesellschaftlich hochstehende Maoris treffen, verbinden sie ein kräftiges Händeschütteln mit einer flüchtigen Nasenberührung – das Neue verdrängt das Alte.

Die Ohren

Der sichtbare Teil des menschlichen Ohrs ist eine ziemlich bescheidene Angelegenheit. Das äußere Ohr hat im Verlauf der Evolution seinen langen spitzen Zipfel und seine Beweglichkeit verloren. Auch die zarten empfindlichen Ränder sind verschwunden und haben sich zu einem »Rollsaum« eingeringelt. Dennoch sollte das äußere Ohr nicht als nutzloses Überbleibsel übergangen werden.

Die wichtigste Funktion des äußeren Ohrs ist nach wie vor das Auffangen von Geräuschen – es ist ein Hörrohr aus Fleisch und Blut. Wir sind vielleicht nicht mehr imstande, unsere Ohren zu spitzen, wie andere Lebewesen es tun, oder sie zu drehen und zu wenden, um die Richtung auszumachen, aus der ein plötzliches Geräusch kommt; aber wir können die Herkunft eines Geräusches in einem Radius von drei Grad bestimmen. Was unser Ohr an Beweglichkeit eingebüßt hat, haben wir durch die Beweglichkeit unseres Kopfes wettgemacht. Wenn ein Reh oder eine Antilope ein alarmierendes Geräusch vernimmt, hebt das Tier den Kopf und dreht die Ohren hierhin und dorthin. Hören wir ein solches Geräusch, drehen wir den Kopf, und das funktioniert fast genausogut.

Obwohl sich unsere Ohren an den Kopfseiten so starr anfühlen, haben sie sich doch noch eine Spur ihrer früheren Beweglichkeit erhalten. Wenn Sie die Muskeln des Ohrbereichs fest anspannen und dabei in den Spiegel sehen, können Sie gerade noch die Andeutung einer Schutzbewegung wahrnehmen, denn Ihre Ohren versuchen, sich flach an den Kopf anzulegen. Tiere mit großen beweglichen Ohren legen, wenn sie kämpfen, fast immer ihre Ohren an – um sie vor Schaden zu bewahren –, und wir tun dies heute noch automatisch, wenn wir in Augenblicken großer Furcht die Kopfhaut spannen, obwohl unsere Ohren in ihrer normalen Ruhestellung bereits flach anliegen.

Die Form unserer äußeren Ohren ist wichtig, damit unseren Trommelfellen ein Ton unverzerrt übermittelt wird. Würde uns ein Kidnapper ein Ohr abschneiden, um unseren Verwandten die Ernsthaftigkeit seiner Lösegeldforderung klarzumachen, könnten wir nach unserer Rettung längst nicht mehr so gut hören wie früher. Unsere Gehörgänge und Trommelfelle würden ein »Resonanzsystem« bilden, das uns manche Geräusche lauter hören ließe auf

DIE OHREN

Kosten anderer. Die scheinbar zufällige Form des Ohrs – mit seinen gekrümmten Falten und Wülsten – dient in Wirklichkeit dem Zweck, derartige Verzerrungen zu verhindern.

Eine weniger wichtige Funktion der Ohren ist die Temperaturkontrolle. Die Elefanten wedeln mit ihren riesigen Ohren, wenn es ihnen zu heiß ist, und kühlen sich dadurch ab. Bei uns spielen die Ohren als Wärmeregulatoren nur eine unerhebliche Rolle, dafür aber als gesellschaftliches Signal. Wenn sich jemand psychisch sehr erregt, können die Ohren feuerrot anlaufen. Dieses Erröten der Ohren ist schon seit alters her Gegenstand von Erörterungen gewesen. Vor fast 2000 Jahren schrieb Plinius: »Wenn unsere Ohren glühen und wenn es darin klingelt, spricht jemand in unserer Abwesenheit über uns.« Und Shakespeare läßt Beatrice die Frage stellen: »Welches Feuer brennt in meinen Ohren?«, als andere über sie reden.

Schließlich scheinen unsere Ohren mit der Entwicklung der weichen, fleischigen Ohrläppchen eine neue erotische Funktion erworben zu haben. Unsere Artverwandten haben nichts dergleichen; unsere Ohrläppchen scheinen ein einzig uns Menschen vorbehaltenes Merkmal zu sein, das sich mit unserer zunehmenden Sexualität entwickelt hat. Jüngere Beobachtungen des Sexualverhaltens haben gezeigt, daß sich die Ohrläppchen bei heftiger Erregung stark mit Blut füllen und anschwellen. Dies macht sie ungewöhnlich berührungsempfindlich. Liebkosen, Küssen und Saugen an den Ohrläppchen hat bei vielen Menschen eine starke sexuell anregende Wirkung. Kinsey und seine Kollegen am Institut für Sexualforschung in Indiana berichten, daß in Ausnahmefällen sogar »eine Frau oder ein Mann durch die Stimulierung der Ohren einen Orgasmus erreichen kann«.

In der Mitte des äußeren Ohrs befindet sich das schattige »Ohrloch«, das zu einem engen, ungefähr 25 mm langen Gang führt. Dieser äußere Gehörgang ist leicht gekrümmt und hält dadurch die darin befindliche Luft warm. Das Trommelfell selbst ist ein außerordentlich zartes Organ, und der äußere Gehörgang hält es nicht nur angenehm warm, sondern schützt es auch vor physischer Beschädigung. Der Preis, den wir für diesen Schutz bezahlen müssen, besteht darin, daß wir an unserem Körper eine tiefreichende Öffnung haben, die wir mit unseren Fingern nicht säubern können.

DIE OHREN

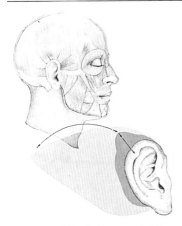

Die Beweglichkeit der menschlichen Ohren ist im Vergleich zu jener bei anderen Primaten sehr eingeschränkt, doch unsere Ohren weisen immer noch verkümmerte Überbleibsel ihrer früheren Pracht auf. Anatomen haben festgestellt, daß es um unsere Ohren herum noch Spuren von neun Muskeln gibt, die an Zeiten erinnern, als wir noch mit den Ohren zucken konnten. Einige wenige Menschen sind nach langem Üben noch heute in der Lage, recht beeindruckend mit den Ohren zu wackeln. Ein weiteres Überbleibsel, das man bei etwa jedem vierten Menschen finden kann, ist ein kleiner Buckel am Rand der Ohrmuschel, der »Darwin-Ohrhöcker« genannt wird. Charles Darwin hielt diese Stelle für das letzte noch verbliebene Anzeichen dafür, daß unsere Ohren früher lang und spitz waren.

Den Rest unseres Körpers können wir vergleichsweise leicht pflegen und von Schmutz und kleinen Parasiten befreien, und wir können schnauben, schniefen oder schneuzen, um jene anderen Körpernischen, die Nasenlöcher, zu säubern. Aber wenn etwas in unseren äußeren Gehörgang eindringt, sitzen wir in der Patsche. Versucht man, die Reizung mit einem Stöckchen zu beseitigen, besteht leicht die Gefahr, das Trommelfell zu verletzen. Wir brauchten eindeutig eine besondere Abwehr gegen Belästigungen dieser Art.

DIE OHREN

Es gibt nicht zwei Menschen mit genau gleichen Ohrmuscheln, und man glaubte früher, Verbrecher nach ihrem Ohrtyp unterscheiden zu können. Eine der Hauptvarianten betrifft das angewachsene oder nicht-angewachsene Ohrläppchen. Zwei von drei Europäern haben herunterhängende Ohrläppchen, die nicht angewachsen sind, jeder dritte hat glatte, angewachsene Ohrläppchen.

Die Ohren des Menschen sind dicker und fleischiger als die anderer Primaten. Beim Liebesspiel kommt es zu einem Blutstau in den Ohren, und mit zunehmender sexueller Erregung werden sie empfindlicher für jede Berührung. Wenn sie geküßt oder

Bemerkenswert am menschlichen Ohr sind seine Individualität und das erogene Ohrläppchen.

mit der Zunge liebkost werden oder zart an ihnen geknabbert wird, fungieren sie als zusätzliche erogene Zonen. In dieser Hinsicht spiegeln sie die Verlagerung in der bevorzugten Sexualstellung der menschlichen Spezies wider, die sich im Lauf der Evolution herausgebildet hat und zu häufigeren Gesichtskontakten führt.

Künstler früherer Zeiten haben den Teufel immer mit spitzen Ohren porträtiert. Heute ist der Teufel zu einer Witzblattfigur geworden, kaum mehr als ein Buhmann, mit dem man kleine Kinder erschreckt, doch in der Science-fiction sind aufgestellte, spitze Ohren ein Symbol für außerirdische Wesen geblieben.

Die Evolution antwortete darauf mit Härchen, um größere Insekten abzuwehren, und mit dem Ohrenschmalz, um kleinere Lebewesen davon abzuhalten, einzudringen. Das orangefarbene Ohrenschmalz hat einen bitteren Geschmack, der Insekten zuwider ist. Dieses Sekret wird von 4000 winzigen Ohrenschmalzdrüsen abgesondert, die stark abgewandelte apokrine Drüsen sind (solche produzieren den stark riechenden Schweiß in der Achsel- und Leistengegend). Wie es häufiger geschieht, haben all diese evolutionären Maßnahmen nichts genützt, denn die Parasiten haben zum Gegenschlag ausgeholt, und bestimmte Milben sind gegen das klebrige Ohrenschmalz resistent geworden.

DIE OHREN

Eine Besonderheit des Ohrenschmalzes ist, daß seine Beschaffenheit von einer Rassengruppe zur anderen variiert. Alle negriden Völker haben die klebrige Version des Ohrenschmalzes, ebenso die meisten europiden, aber einige der letzteren Gruppe sowie alle mongoliden Völker produzieren ein trockenes Ohrenschmalz. Beide Arten schmecken schlecht, aber die klebrige Form sorgt außerdem für eine unangenehme Oberfläche, die ebenfalls gegen unerwünschte Ansiedler schützt. Es ist jedoch keineswegs klar, warum die Ohren der weißen und der schwarzen Rassen mehr Schutz brauchen sollten als die der Orientalen.

Die komplizierte Geschichte des inneren Ohrs soll hier nur kurz umrissen werden. Die Schallwellen, die auf das Trommelfell treffen, werden zur Übertragung an das Gehirn in Nervenimpulse umgewandelt. Das Trommelfell ist unglaublich empfindlich und kann eine Vibration wahrnehmen, die die Trommelfellmembrane nur um ein tausendmillionstel Zentimeter verschiebt. Diese Schwingung wird dann auf drei eigenartig geformte Gehörknöchelchen (Hammer, Amboß und Steigbügel) im Mittelohr übertragen, die den Schalldruck um das 22fache verstärken. Das verstärkte Signal wird dann an das innere Ohr weitergegeben, wo ein schneckenförmiges, mit Flüssigkeit gefülltes Organ aktiviert wird. In der Flüssigkeit werden Schwingungen erzeugt, die auf die haarähnlichen Nervenzellen einwirken. Tausende dieser Nervenzellen – jede ist auf eine besondere Vibration eingestellt – senden ihre Informationen dann über den Hörnerv ins Gehirn.

Das innere Ohr enthält auch wichtige Gleichgewichtsorgane – drei halbkreisförmige Gänge, von denen einer für die Auf- und Abbewegungen zuständig ist, einer für die Vorwärtsbewegung und einer für die seitlichen Bewegungen. Diesen Organen kam große Bedeutung zu, als sich unsere Vorfahren zum erstenmal auf die Hinterbeine stellten und eine zweibeinige Fortbewegungsart annahmen. Ein Tier, das auf vier Beinen steht, ist einigermaßen stabil; aber die aufrechte Haltung forderte einen fast ständigen subtilen Balanceausgleich. Obwohl wir diese Gleichgewichtsorgane als selbstverständlich hinnehmen, sind sie in der Tat für unser Überleben wichtiger als die Teile des Ohrs, die dem Hören dienen. Ein tauber Mensch kann leichter überleben als jemand, der seinen Gleichgewichtssinn verloren hat.

Unsere Ohren haben sich in einer ruhigeren Welt entwickelt.

Wir leben in einer wesentlich geräuschvolleren Welt als unsere frühen Vorfahren, und unsere Ohren sind nicht dafür gemacht. Wenn wir zu großem Lärm ausgesetzt sind, kann das zu Schwindelgefühlen und Übelkeit führen, insbesondere dann, wenn der Krach länger andauert. Lautstärke wird in Dezibel gemessen. Ein Flüstern liegt um 20 Dezibel, eine gewöhnliche Unterhaltung bei etwa 60; schmerzhafter Lärm in einer Fabrik liegt bei etwa 100 Dezibel, und in Diskotheken wird diese Schwelle häufig überschritten. Eine Waffe, die in Ohrnähe abgefeuert wird, liegt im Bereich von 160 Dezibel. Ist man einem sehr lauten Geräusch für kurze Zeit ausgesetzt, so führt das zu vorübergehender Taubheit. Ist man einem lauten Geräusch länger ausgesetzt, so kann das durchaus zu dauerhafter Taubheit führen. Jeder, der eine besonders laute Diskothek oder ein Popkonzert besucht, wird im Laufe des folgenden Tages eine leichte Beeinträchtigung seines Gehörs feststellen. So steht es um die Empfindsamkeit des viel mißbrauchten Ohres.

Die wesentlichsten Teile des Mittel- und des Innenohres sind: (1) das Trommelfell; (2) die drei winzigen Gehörknöchelchen, die Hammer, Amboß und Steigbügel genannt werden; (3) die drei halbkreisförmigen Bogengänge; (4) der Gehörnerv und (5) die schneckenförmige Cochlea, die auch Schnecke genannt wird.

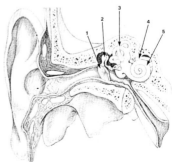

137

DIE OHREN

Bedauerlicherweise nimmt unser Gehörsinn bereits mit der Stunde unserer Geburt ab. Das menschliche Kleinkind kann Schallwellenfrequenzen zwischen 16 und 30 000 Schwingungsperioden pro Sekunde (Hertz) wahrnehmen. Bei Jugendlichen ist die obere Grenze bereits auf 20 000 Hertz gesunken, im Alter von 60 Jahren auf 12 000, und je älter wir werden, um so weiter sinkt diese Grenze ab. Für einen sehr alten Menschen wird es ein Problem, einer Unterhaltung in einem überfüllten Raum zu folgen, obwohl er vielleicht noch in der glücklichen Lage ist, einer einzelnen Stimme an einem ruhigen Ort zuhören zu können. Mit ihrem stark eingeschränkten Hörbereich fällt es alten Menschen schwer, einzelne Stimmen zu unterscheiden, wenn mehrere Leute gleichzeitig sprechen.

Moderne Hifi-Anlagen schaffen Frequenzen bis zu 20 000 Hz; für einen Mann mittleren Alters, der eben viel Geld für eine solche Anlage ausgegeben hat, ist es eine bittere Pille, zu erfahren, daß die einzigen Mitglieder seiner Familie, die imstande sein werden, den vollen Frequenzbereich zu würdigen, seine kleinen Kinder sind. Er selbst kann sich glücklich schätzen, wenn er ihre Leistung bei etwas über 15 000 Hz genießen kann.

Unsere Ohren haben eine ernst zu nehmende Schwäche hinsichtlich des Schallvolumens. Wir entwickelten uns wie andere Arten in einer vergleichsweise stillen Welt, wo die lautesten Töne, die wir hörten, Gebrüll und Schreie waren. Lautere Geräusche, die unser empfindliches Trommelfell hätten beschädigen können, gab es nicht, und so entwickelten wir keinen besonderen Schutz gegen Lärm. Heute haben wir dank unserer unendlichen Erfindungskraft donnernde Motoren, Sprengstoffe und eine Reihe von Ultraschallwellen, die unserem Gehör sehr schaden können.

Ein länger anhaltendes Geräusch von nur 150 Dezibel würde zu permanenter Taubheit führen. Es wurde auch behauptet, daß 200 Dezibel für den Menschen tödlich sein können. Jedenfalls machen uns unsere Ohren deutlich, daß wir in einer Welt leben, die sehr viel anders ist als die, in der wir uns entwickelt haben.

Kehren wir zum äußeren Ohr zurück. Lange Zeit wurde behauptet, es sei möglich, jeden Menschen an seiner Ohrform zu erkennen. Im vorigen Jahrhundert glaubte man, dieses Merkmal könne zur Entlarvung von Verbrechern führen, aber das Rennen

Die Kunde der Ohren – faktisch und phantasievoll.

Moderne Kidnapper haben die ekelhafte Gewohnheit entwickelt, ein Ohr des Opfers abzutrennen und es dessen Familie zukommen zu lassen, um diese dahingehend zu peinigen, daß sie das Lösegeld zahlt. Das war bei der berüchtigten Getty-Entführung in Italien Anfang der 70er Jahre der Fall, als das rechte Ohr des Opfers verstümmelt wurde. Jene, die das Pech hatten, ein solches Schicksal zu erleiden, werden festgestellt haben, daß unsere Ohren, so klein sie auch sind, ausgezeichnete Schallfänger sind und daß ihre spezielle Anordnung von Wülsten und Furchen dazu beiträgt, Verzerrungen zu verhindern, wenn der Ton in den Gehörgang eindringt.

Im seltsamen Symbolismus von Akupressur und Akupunktur scheint sich im Ohr ein auf dem Kopf liegender Embryo zu verbergen. Das heißt, daß beispielsweise das Auge des Embryos im Mittelpunkt des Ohrläppchens liegt, woraus folgt, daß bei einem Augenleiden der Fingerdruck oder die Akupunkturnadel an diesem Punkt angesetzt werden muß.

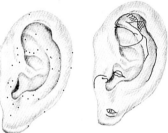

machte eine rivalisierende Methode, der Fingerabdruck, und die Identifizierung durch das Ohr geriet in Vergessenheit. Wahr bleibt jedoch, daß es nicht zwei Menschen mit genau gleichen Ohren gibt. Von den 13 bezeichneten Ohrzonen verdienen zwei besondere Erwähnung.

Die erste ist das fleischige Ohrläppchen. Abgesehen von Größenunterschieden hat es ein bedeutendes Klassifikationsmerkmal. Wir haben entweder »freie« oder »angewachsene« Ohrläppchen. Freie Ohrläppchen hängen etwas von der Stelle, an der sie mit dem Kopf verbunden sind, herab; angewachsene Ohrläppchen nicht. Ein Arzt, der sich die Mühe machte, die Ohren von 4171

DIE OHREN

Europäern zu untersuchen, entdeckte, daß 64 Prozent freie Ohrläppchen hatten und 36 Prozent angewachsene.

Die zweite dieser Ohrzonen ist ein kleiner Knoten am Rand der Ohrmuschel, der Darwin-Ohrhöcker. Er tritt bei fast allen Ohren auf, ist aber häufig so winzig, daß er kaum auszumachen ist. Wenn Sie den Innenrand Ihres Ohrs von oben her abtasten, werden Sie ihn ungefähr nach einem Drittel des Wegs zur unteren Ohrmuschel spüren. Er fühlt sich wie eine leichte Verdickung an, ungefähr so wie ein kleiner Pickel, aber Darwin war überzeugt, daß er ein bezeichnendes Überbleibsel unserer urzeitlichen Vergangenheit ist, als wir noch lange spitze Ohren hatten, die sich frei bewegen konnten, um schwache Geräusche aufzufangen.

Detailunterschiede wie diese machen das Ohr für die kriminalistische Identifizierung geeignet; doch bei der Nutzung von Fingerabdrücken wurden inzwischen solche Fortschritte erzielt, daß man die Ohrenform gar nicht mehr brauchen wird. Bedauerlicherweise befassen sich in neuester Zeit nur noch solche Physiognomiker mit den Ohrzonen, die so romantischen Vorstellungen anhängen wie, daß Charakter und Persönlichkeit aus den Gesichtsproportionen zu ersehen seien. Ihre phantasievollen Deutungen, die bereits früher in diesem Jahrhundert jegliche Glaubwürdigkeit verloren hatten, tauchten erstaunlicherweise in den 1980er Jahren wieder auf. So war 1982 zu lesen, große Ohren seien typisch für Erfolgsmenschen, kleine, wohlgeformte Ohren für Konformisten und spitze Ohren für Opportunisten. Diese und hundert andere solcher

Ohrringe werden schon seit der frühen Bronzezeit getragen – seit mehr als 4000 Jahren, und Ohrschmuck ist bis heute die beliebteste und verbreitetste Form freiwilliger körperlicher Verstümmelung. Ursprünglich wurde er getragen, um den Träger vor einer imaginären Gefahr zu schützen, doch seine Rolle als Glücksbringer oder Talisman rückte bald auf den zweiten Platz zurück, und er diente vorrangig dazu, sich mit Gegenständen herauszuputzen, die als Statussymbol dienten und Reichtum und hohen gesellschaftlichen Rang ausdrückten. In diesem Zusammenhang ist der Ohrschmuck oft so sperrig und schwer geworden, daß das knochenlose Fleisch des Ohres beträchtlich darunter litt.

In der letzten Zeit ist das vielfache Durchstechen der Ohren von der rebellischen Jugend der Großstädte immer wieder aufgegriffen worden, die mit dieser Symbolik ihren Widerstand als Reaktion auf die »Komfort-Doktrin« des Lehnstuhlzeitalters ausdrückt.

Das vielfach durchbohrte Ohr ist jetzt weltweit anzutreffen.

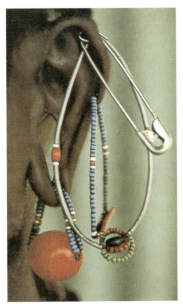

DIE OHREN

»Ablesungen«, die oft mächtig ins Detail gehen, sind eine Beleidigung der menschlichen Intelligenz, und ihre derzeitige Popularität ist kaum zu verstehen.

Kriminologen, die sich mit Gesichtsforschung befaßt haben, berichteten, daß sich die Form des Ohrs niemals aufgrund der Gesichtsform voraussagen lasse. Ein rundes oder eckiges Gesicht lasse nicht den Schluß zu, daß die dazugehörenden Ohren eher rund oder eckig geformt sind. Experten der somatologischen Typenbestimmung schließen sich dieser Meinung nicht an. Sie behaupten, daß die Endomorphen (die Rundlicheren unter uns) und die Ectomorphen (die eher Knochigen, Eckigen) unterschiedliche Ohrläppchen haben. Endomorphe Ohren, sagen sie, lägen flach am Kopf und hätten gleich gut entwickelte Ohrläppchen und Ohrmuscheln. Dagegen hätten ectomorphe Ohren seitlich abstehende Ohrmuscheln, die besser entwickelt sind als die Ohrläppchen. Eine Erklärung für diese Meinungsverschiedenheit ist darin zu sehen, daß sich die Kriminologen nur mit dem Kopfbereich befassen, während die Somatologen die gesamte Körperform untersuchen.

In symbolischer Hinsicht hat man dem Ohr mehrere Rollen angedichtet. Da es ein Hautlappen ist, der eine Öffnung umgibt, wurde er unvermeidlich zu einem Symbol der weiblichen Genitalien. Im jugoslawischen Volksmund gibt es zum Beispiel für die Vulva den Ausdruck »die Ohren zwischen den Beinen«. In einigen Kulturen wurden als Ersatz für die weibliche Beschneidung die Ohren verstümmelt. In Teilen des Orients mußten die jungen Mädchen an einem Initiationsritual teilnehmen, bei dem Löcher in ihre Ohren gebohrt wurden. Ein weiteres Beispiel dafür, daß Ohren eine Ersatzrolle für Geschlechtsteile spielten, finden wir im alten Ägypten, wo einer Ehebrecherin zur Strafe die Ohren abgeschnitten wurden.

Da die Ohren in vielen verschiedenen Kulturen als weibliche Geschlechtsteile angesehen wurden, überrascht es nicht sonderlich, daß bestimmte Ausnahmewesen durch das Ohr geboren wurden. Karna, der Sohn des Hindu-Sonnengottes Surya, ging aus diesem Organ hervor, ebenso – einigen Legenden zufolge – der ursprüngliche Buddha. Auch Rabelais' Gargantua betritt auf diese ungewöhnliche Weise die Welt.

In einer völlig anderen Form des Ohrsymbolismus ist das Ohr

Auch Shakespeare trug einen Ring im Ohr.

Das Wiederaufkommen von Ohrringen bei Männern in den 80er Jahren ist bei der älteren Generation auf heftige Kritik gestoßen. Sie sieht das als weibisch an, und ein Schuldirektor bestand kürzlich darauf, daß seine männlichen Schüler ihre durchstochenen Ohren im Unterricht mit Heftpflaster bedeckten, damit man die anstößigen Ohrringe nicht mehr sah. Solche Einstellungen ignorieren die lange Tradition von Ohrringen bei Männern.

Auch Shakespeare (oben) trug einen. Der ursprüngliche Grund für das Tragen eines einzelnen Ohrrings geht auf einen Aberglauben zurück. Man glaubte, wenn ein Mann und seine Frau oder seine Liebste jeder eine Hälfte eines zusammengehörigen Ohrringpaares trugen, würden sie immer wieder vereint werden, ganz gleich, wie weit die Reisen des Mannes sie auch voneinander trennten. Das machte die Ohrringe früher besonders beliebt bei Seeleuten, die sich wiederholt zu gefährlichen und abenteuerlichen Seereisen einschifften. Auch Piraten trugen gern einen einzelnen goldenen Ring in einem Ohr, doch sie waren nicht eben für Treue zu einer Geliebten berühmt. Sie trugen aus anderen Gründen einen schweren Goldreif im Ohr: Wenn sie in einem fremden Land ums Leben kamen oder über Bord gespült wurden und ertranken, um an irgendeiner fremden Küste angeschwemmt zu werden, sollte das Gold, das sicher in ihren Ohren steckte, ihnen ein anständiges Begräbnis garantieren. Gold, das man in irgendeiner anderen Form bei sich trug, konnte einem leicht gestohlen werden, oder man konnte es verlegen, doch der Versuch eines Diebes, einen Goldreif aus einem durchbohrten Ohr zu entfernen, hätte selbst den betrunkensten Seemann aus seinem tiefen Schlummer geweckt. Das könnte eine Erklärung dafür sein, daß die Strafe, die in bestimmten Teilen der Welt auf Diebstahl stand, das Abschneiden der Ohren war.

143

DIE OHREN

die Verkörperung von Weisheit, weil es das Wort Gottes hört. Unter diesem Vorwand zog man unartige Kinder an den Ohren, um die dort schlafende Intelligenz zu wecken.

Ein noch seltsamerer Aberglaube stellte einen Zusammenhang zwischen dem knochenlosen, fleischigen Ohrläppchen und dem ebenfalls knochenlosen, fleischigen menschlichen Penis her. Lehrer, die orientalische Königskinder unterrichteten, durften die jungen Prinzen nicht körperlich züchtigen, aber sie durften sie, wenn sie sich schlecht benahmen, an den Ohren ziehen, weil man glaubte, daß diese Art der Bestrafung ihre Penisse verlängerte und ihre sexuelle Vitalität steigerte.

Einige dieser sonderbaren Aberglauben führten zu dem alten Brauch des Ohrlochstechens für Ohrringe. Diese primitive Form der Verstümmelung hat sich als bemerkenswert langlebig erwiesen und ist eine der wenigen künstlichen Entstellungsarten, die auch in der modernen Welt weit verbreitet und beliebt sind. Die meisten Menschen lassen sich heute die Ohren zu dekorativen Zwecken durchstechen, ohne die einstige Bedeutung dieser Handlungen zu kennen. Früher gab es dafür mehrere Begründungen:

Weil der Teufel und andere böse Geister unentwegt versuchen, in den menschlichen Körper einzudringen und die Herrschaft über ihn zu übernehmen, müssen alle Öffnungen, durch die sie Zugang finden könnten, geschützt werden. Man glaubte, glücksbringende Talismane an den Ohren wären der beste Schutz gegen ein Ohr voll Dämonen.

Da die Ohren als Sitz der Weisheit galten, folgerte man, müßten sehr kluge Menschen sehr große Ohren und besonders große Ohrläppchen haben. Schwere Ohrringe, die die Ohrläppchen herabziehen und verlängern, müßten folglich die natürliche Weishheit und Intelligenz vergrößern. Buddha besaß angeblich besonders üppig entwickelte Ohren, ganz in Übereinstimmung mit seiner Größe. Aus einer Arbeit über hinduistische, buddhistische und chinesische Skulpturen aus früherer Zeit geht hervor, daß Figuren bedeutender Persönlichkeiten der Königshäuser immer verlängerte Ohrläppchen aufwiesen.

Seeleute glaubten ohne besonderen Grund, daß Ohrringe in durchstochenen Ohren vor dem Ertrinken schützen. Es ist schwer festzustellen, wie solche abergläubischen Ansichten aufkommen

Die komplizierte Welt der Gesten, bei denen das Ohr berührt wird.

Es gibt nur einige regionale Gesten, die die Ohren einbeziehen. Eine der bekanntesten ist die, jemandem lange Ohren zu machen; dabei werden die Spitzen der Daumen in die Ohren gedrückt, und mit den vertikal gespreizten Fingern wird einer Zielscheibe des Spotts höhnisch zugewedelt. In vielen Ländern ist dies eine beliebte Beleidigung unter Kindern; von Erwachsenen wird sie als Drohgebärde eingesetzt, aber selten, weil man fürchtet, kindisch zu erscheinen. Eine noch bösartigere Abart dieser Geste ist jedoch im Nahen Osten gebräuchlich. Der Unterschied besteht darin, daß erwachsene Araber bei dieser Geste die kleinen Finger und nicht die Daumen in die Ohren stecken. Die Handflächen zeigen nach hinten und nicht nach vorn, und die Finger sind vertikal gespreizt, wodurch der vage Eindruck eines Wildes mit Geweih entsteht. In Ländern wie Syrien, dem Libanon und Saudi-Arabien besagt diese Geste, daß dem Empfänger des Signals Hörner aufgesetzt worden sind.

Der ostentative öffentliche Gebrauch der Geste, jemandem etwas vertraulich ins Ohr zu flüstern, ist eine der liebsten Affektiertheiten der Wichtigtuer und Dünkelhaften, die anderen das Gefühl geben soll, von etwas »ausgeschlossen« zu sein.

konnten, aber sie haben sich so gehalten, daß man Seeleute und Männerohrringe fast automatisch miteinander in Verbindung brachte.

Diese ursprünglichen Gründe für das Tragen von Ohrringen waren lange Zeit vergessen. Der Brauch galt einfach als Tradition.

DIE OHREN

Heute tragen sowohl Stammesangehörige als auch moderne Städter Ohrringe fast ausschließlich als Statussymbol oder aus Schönheitsgründen. In Ländern, wo lange Ohrläppchen Mode sind, beginnt der Verstümmelungsprozeß oft schon im Säuglingsalter – noch winzig kleinen Kindern werden schon Löcher in die Ohrläppchen gebohrt. Diese kleinen Löcher werden dann Jahr für Jahr vergrößert, so daß sich das Ohr immer weiter nach unten ausdehnt. In der Pubertät gelten nur die Mädchen mit den längsten Ohren als schön; die Schönsten müssen Ohren bis zu den Brüsten haben. Wenn das lang herabhängende geschlitzte Ohrläppchen das wiederholte Zerren und das Gewicht des Ohrschmucks nicht aushält und reißt, ist die Schönheit eines Mädchens ruiniert. Wo diese übertriebene Art der Ohrenzurschaustellung von Männern verlangt wird, bedeutet ein gerissenes Ohrläppchen keine derartige Katastrophe – der Betroffene knotet die losen Enden einfach zusammen.

In der westlichen Welt sieht man Ohrringe, die lange ein rein weiblicher Schmuck waren, seit einigen Jahren auch immer häufiger in männlichen Ohren. Anfangs hielt man diese Männer alle für weibische Homosexuelle, aber bald stellte sich heraus, daß dieser Brauch von avantgardistischen jungen Heterosexuellen übernommen wurde. Dies führte zu einiger Verwirrung, es hieß sogar, daß es sich um einen Geheimcode handelte – ein Ohrring in einem durchstochenen linken Ohr bedeute homosexuell, im rechten Ohr aufmüpfig heterosexuell – oder umgekehrt, und das war das Problem, denn niemand konnte sich merken, was nun was bedeuten sollte. Schließlich verlor der männliche Ohrring seine sexuelle Bedeutung ganz und diente einfach dazu, Puritaner mittleren Alters zu schockieren.

Während der kurzen Blütezeit des Punkrock in den 70er Jahren wurde der »Schand«-Faktor noch verstärkt durch die bizarre Natur der Gegenstände, die in den ungeschickt gebohrten Ohrlöchern steckten. Eindeutige Favoriten waren große Sicherheitsnadeln, aber auch Ketten, an denen alles mögliche, von Rasierklingen bis zu Glühbirnen, baumelte, wurden von den Stoßtrupps der neuen Welle als Ohrgehänge verwendet.

In den 80er Jahren haben sich die Ohrringe bei Männern sogar noch mehr durchgesetzt – trotz Unmutsäußerungen aus den Chef-

DIE OHREN

etagen der Haute Couture. Selbst Spitzenfußballer hat man nun schon mit einem schicken Glitzerknopf im Macho-Ohr lukrative Verträge unterzeichnen sehen. Heute kann man Männer und Frauen mit den neuesten Entwicklungen in diesem Trend sehen. Statt eines einzigen Lochs ist das Ohr am ganzen äußeren Rand durchlöchert, so daß eine ganze Reihe von Ohrringen daran befestigt werden kann. Man kennt das von bestimmten Stammeskulturen, aber in den westlichen urbanen Gesellschaften war es bislang nicht üblich.

Wenn wir uns den Gesten und Handlungen zuwenden, an denen das Ohr beteiligt ist, so ist das Repertoire sehr begrenzt. Wir bedecken unsere Ohren, um Lärm abzuhalten, und halten die gewölbte Hand wie einen Trichter hinter das Ohr, um besser zu hören. Wir reiben oder ziehen an den Ohren, wenn wir unentschlossen sind; und wenn wir allein sind, stecken wir – in dem fruchtlosen Versuch, sie zu säubern – den kleinen Finger hinein (der in manchen Ländern zutreffend Ohrfinger genannt wird).

Die interessanteste Ohrgeste ist die Berührung des Ohrläppchens. Sie hat viele und von Land zu Land verschiedene Bedeutungen. Manchmal wird das Ohrläppchen leicht zwischen Daumen und Zeigefinger gehalten, manchmal wird daran gezupft, und manchmal wird mit dem Zeigefinger dagegen geklopft. In einigen Ländern wie Italien oder Jugoslawien ist es außerordentlich gefährlich, eine solche Bewegung vor einem Mann zu machen, weil sie bedeutet, daß er weibisch ist (und Ohrringe tragen sollte). In Portugal bedeutet sie etwas ganz anderes. Dort zeigt sie an, daß etwas besonders gut oder köstlich ist, und damit kann alles, von den Mädchen bis zum Essen, gemeint sein. Italiener in Portugal sind gewiß erstaunt über die Reaktionen auf ihre beleidigende Ohrberührung, während sich Portugiesen in Italien zu ihrer Überraschung nach einem lobpreisenden Ohrenberühren vielleicht im Krankenhaus wiederfinden. Ein Spanier würde die Geste wieder anders verstehen. Für ihn würde die Ohrberührung bedeuten, daß jemand ein Nassauer ist – ein lästiger Mensch, der in Kneipen herumhängt, Drinks schnorrt, aber nie selbst einen bezahlt. Seine Freunde läßt er »hängen wie ein Ohrläppchen«. In Griechenland und in der Türkei bedeutet die Ohrberührung gewöhnlich, daß der, der die Geste ausführt, gleich jemanden am Ohr ziehen wird, wenn

147

DIE OHREN

der nicht aufpaßt. Sie ist eine Warnung an Kinder, daß es gleich etwas setzen wird. In Malta zeigt die Bewegung an, daß jemand ein Denunziant ist, daß er »ganz Ohr« ist; darum aufgepaßt, was Sie sagen. In Schottland ist sie eine Geste, die Ungläubigkeit ausdrückt – »Ich traue meinen Ohren nicht«. Diese vielsagende Geste wird in vielerlei Form gebraucht und besagt ganz unterschiedliche Dinge, die von Region zu Region stark variieren.

Die Wangen

Seit alters her gelten die weichen, glatten, nackten Wangen als Inbegriff menschlicher Schönheit, Unschuld und Bescheidenheit. Dies ist zum Teil auf die übertrieben runden Bäckchen kleiner Kinder zurückzuführen, die ein einzigartiges menschliches Merkmal sind und deren kindlicher Reiz starke Gefühle elterlicher Liebe auslöst. Von diesem frühen Zusammenhang zwischen glatten Wangen und intensiver Liebe bleibt ein Rest in unseren Erwachsenenbeziehungen zurück. In unseren zärtlicheren Momenten strecken wir die Hand aus, um die Wangen eines geliebten Menschen zu streicheln oder zart zu kneifen, und wir steuern gerade diesen Teil der Anatomie an wegen seiner Assoziationen mit der reinen Liebe zwischen Eltern und Kind. Genauso wie eine junge Mutter die Wange ihres kleinen Kindes zart an ihre eigene drückt, tanzen Liebende Wange an Wange und küssen und umarmen sich alte Freunde. Symbolisch ist die Wange der sanfteste Teil des ganzen menschlichen Körpers.

Die Wange ist außerdem der Bereich, der am ehesten die wahren Gefühle des betreffenden Menschen preisgibt, denn hier zeigen sich die emotionsbedingten Verfärbungen am auffälligsten. Das Erröten vor Scham oder bei sexuell bedingter peinlicher Verlegenheit beginnt genau in der Wangenmitte – an zwei kleinen Stellen, die stark erröten; es breitet sich rasch über die übrige Oberfläche der Wangenhaut aus und greift dann, wenn sich das Erröten noch verstärkt, auf andere Hautbereiche wie Hals, Nase, Ohrläppchen und obere Brust über. Mark Twain ereiferte sich einmal, daß »der Mensch das einzige Tier ist, das errötet – oder erröten muß« – als wären es die schrecklichen Missetaten der Menschen, die den gewissenlosen Übeltätern und Menschenverächtern die Schamröte ins Gesicht treiben. Doch in diesem Zusammenhang wird das Erröten nicht beobachtet. Der typische Errötende ist jung, befangen, im Umgang mit Menschen eher scheu und braucht sich gewöhnlich für nichts zu schämen, außer für seine persönliche Unerfahrenheit und unerwünschte Unschuld in einem Kreis blasierter Besserwisser.

Die Tatsache, daß das Erröten häufiger in erotischen Situationen auftritt, läßt es eher wie ein besonderes Zurschaustellen jungfräulicher Unschuld aussehen. Die »errötende Braut« ist ein populäres Hochzeitsklischee, wobei das Erröten hier durch Befan-

DIE WANGEN

genheit entsteht, angesichts der Vorstellung, daß alle Anwesenden insgeheim über den bevorstehenden Jungfräulichkeitsverlust des Mädchens nachdenken. Weil das Erröten eng mit dem Umwerben und Flirten sehr junger Erwachsener verbunden ist (oder war, bis die moderne Sexualerziehung zu einer unbefangeneren Haltung zu diesem Thema geführt hat), wurde es auch mit Sex-Appeal in Verbindung gebracht. Ein Mädchen, das nicht errötet, ist sich seiner Sexualität entweder nicht bewußt oder zeigt sie schamlos. Ein Mädchen, das bei einer sexuellen Bemerkung errötet, ist sich seiner Sexualität offensichtlich bewußt, kokettiert aber noch nicht damit. Man könnte deshalb behaupten, daß das Erröten im Grunde ein menschliches Farbsignal ist, das Jungfräulichkeit und Unerfahrenheit anzeigt. In diesem Zusammenhang ist es bezeichnend, daß Mädchen, die im Altertum auf dem Sklavenmarkt für den Harem feilgeboten wurden, viel höhere Preise erzielten, wenn sie bei der Vorführung vor ihren potentiellen Käufern erröteten.

Die Wangen zeigen auch Wut an, wenn sie zornrot anlaufen. Dieses Erröten läuft nach einem etwas anderen Schema ab; es ist mehr ein Verlaufen der Farbe als ein Ausbreiten von der Wangenmitte aus. Wenn ein zorniger Mann kahl ist, kann man sehen, daß sich die Röte bis über die Schädeldecke ausdehnt. Ein erzürnter Mensch befindet sich in der Stimmung eines unterdrückten Angriffs. Er kann gräßliche Drohungen ausstoßen, aber seine rote Haut zeigt an, daß er frustriert ist. Die Wangen des wirklich aggressiven Menschen werden bleich, fast weiß, weil das Blut bei der Bereitschaft zu unmittelbarem Handeln aus der Haut zurückweicht. Ein Mensch mit einem solchen Gesicht kann wirklich jeden Moment zum Angriff übergehen. Ähnlich ist es, wenn sich der Mensch sehr fürchtet; auch dann werden die Wangen blaß, wenn er, in die Enge getrieben, bereit ist, zu fliehen oder sich zu wehren. Die Gesichter von jungen Polizisten, die eine aufgebrachte Menschenmenge in Schranken zu halten versuchen, sind hier recht aufschlußreich. Wenn man die Reihe der behelmten Gesichter entlangblickt, kann man schnell weiße, rote und rosarote entdecken. Sie stehen alle in einer Reihe und sind alle den gleichen Drohungen seitens der Menge ausgesetzt. Die weißen sind bereit loszuschlagen, die roten sind ärgerlich und verwirrt, und die rosaroten haben das alles schon mal erlebt. Auf diese Weise übermitteln die

DIE WANGEN

Der Anblick eines pausbäckigen Babys ist ein starkes Stimulans für Erwachsene mit väterlichen oder mütterlichen Gefühlen. Die Rundlichkeit der Backen eines Säuglings gibt es einzig und allein bei den Menschen.

Bei keiner Affenart haben die Neugeborenen Pausbacken, die sich anscheinend ausschließlich als »Auslöser« für elterliche Aufmerksamkeit entwickelt haben.

menschlichen Wangen ihre uralten Signale für wechselnde Gemütszustände.

In neuerer Zeit sind die gebräunten Wangen des Sonnenbadenden ein Statussignal für jemanden, der Zeit hatte, am Strand in der Sonne zu liegen. Dies ist eine vergleichsweise junge Entwicklung. In früheren Jahrhunderten hätte man keine junge Frau aus besseren Kreisen – eine »vornehme junge Dame«, wie sie damals bezeichnet worden wäre – in der Sonne braten sehen können. Eine gebräunte Haut bedeutete damals nur eines: harte Arbeit auf dem Feld. Bei den jungen Damen der Oberschicht galt gebräunte Haut

DIE WANGEN

Rundliche Wangen, Wangen mit Grübchen, glatte und zerfurchte Wangen.

Wenn es dem menschlichen Körper zu heiß wird, ist eines der ersten Anzeichen ein Erröten der Wangen. Dazu kommt es, wenn die Außentemperatur über die Normalwerte ansteigt, aber auch, wenn die Innentemperatur plötzlich angehoben wird, ob durch Fieber oder durch emotionale Erregung. Diese Rötung wird durch die Ausweitung der Blutgefäße verursacht, die sich bemühen, die Körperwärme zu verringern und auszugleichen, indem sie die Menge erhitzten Blutes direkt unter der Hautoberfläche ansteigen lassen. Bei hellhäutigen Rassen fungieren diese Veränderungen der Wangenfarbe als wichtige Signale der Gemütsverfassung. Sie entziehen sich der Kontrolle des Bewußtseins: Wenn wir in Gesellschaft verlegen oder wütend werden oder wenn es uns unangenehm heiß ist und wir diesen Umstand verbergen wollen, weigern sich unsere Wangen, für uns zu lügen. Unser einziger Schutz besteht unter solchen Umständen darin, sie auf irgendeine Weise zu bedecken. Dies ist durch eine flinke Handbewegung möglich, durch kosmetische Mittel oder durch eine tiefe Sonnenbräune. Ein weiterer wesentlicher Zug – insbesondere von schönen Wangen – ist ihre Glätte und Zartheit. Die einzige Ausnahme bilden hier Grübchen in den Wangen, die an den von Grübchen übersäten Körper des Babys erinnern; einst glaubte man sogar, sie gingen auf die Berührung eines Fingers Gottes zurück. Stark gefurchte Wangen mögen zwar ausdrucks- und charaktervoll sein, doch sie werden als unschön angesehen.

DIE WANGEN

als absolut unmöglich, und sie schützten sich mit Sonnenhut, Schutenhut oder Schirm, um auch beim Spaziergang im Park keine Farbe zu bekommen.

In bestimmten Perioden in der Geschichte führte diese Antipathie gegen Sonnenbräune zum Weißen der Wangen mit Make-up. Zu anderen Zeiten, als rosige Wangen im Unterschied zu gebräunten als Zeichen von guter Gesundheit und Lebenskraft galten, wurde die Wangenmitte rot angemalt. Wer von den jungen Damen kein Rouge trug, kniff sich vor einem gesellschaftlichen Auftritt in die Wangen, damit sie besser durchblutet wurden. Auch in der heutigen weiblichen Kosmetik wird Rouge benützt, obwohl die roten Bäckchen kommen und gehen, wie es den Modepäpsten und ihren kommerziellen Interessen paßt. Diese Art des Make-ups übermittelt nicht nur pseudo-gesunde Signale, sondern auch eine Spur unschuldigen Teenager-Errötens, so daß es in sexuellen Zusammenhängen von doppeltem Vorteil ist.

Neben der Farbe ist auch die Form der Wangen wichtig. Grübchenwangen galten in Europa stets als reizend; es hieß, die Grübchen hätte Gott selber mit seinem Finger hineingedrückt. Heute scheinen Grübchen nicht besonders häufig aufzutreten, und wahrscheinlich waren sie immer ziemlich selten, was die ungewöhnlich zahlreichen volkstümlichen und abergläubischen Ansichten erklärt. Es gibt viele alte Reime und Sprüche über sie, zum Beispiel: »Ein Grübchen in den Wangen wird viele Herzen fangen ...« und »Einer mit Grübchen in den Wangen wird nie zum Mörder«.

Bei den alten Griechen war die Form der Wangen entscheidend für Schönheit. Die Griechen hatten eine besondere Geste dafür: den Wangenstrich. Daumen und Zeigefinger einer Hand wurden oben an den Wangen angelegt, der Daumen auf den einen Wangenknochen, der Zeigefinger auf den anderen. Von dieser Ausgangsstellung aus strich die Hand sanft über die Wangen herab zum Kinn und weg. Während dieser Bewegung werden Daumen und Zeigefinger allmählich näher zusammengebracht und deuten dabei eine sich nach unten verjüngende Form des Gesichts an. Dieses eiförmige Gesicht war das Schönheitsideal der Griechen. Die heutigen Griechen interpretieren diese Geste noch genauso. Im übrigen Europa hat sie ganz andere Bedeutungen. Für die meisten Menschen weist sie auf Schmalgesichtigkeit hin und auf Krankheit

154

Ein schönes Gesicht kann durch einen Makel noch unterstrichen werden – der dann »Schönheitsfleck« genannt wird.

Die ideale Gesichtsform der Frau war für die alten Griechen die eines Eis, dessen stumpfes Ende nach oben zeigt. Das heißt, daß die Wangen schmaler zulaufen und das kleinere, weniger ausgeprägte Kinn betonen. Die heutigen Vorlieben haben diese klassische Form auf den Kopf gestellt – wie die »Eierkopf«-Phantasie dieses Fotografen zeigt. Der Grund für diese Verlagerung geht auf die Tendenz zurück, ein Frauenbild mit kindlicherem Gesicht als das moderne Ideal anzusehen. Diese umgekehrte Eiform bewirkt pausbäckigere Wangen und macht das schnurrende erwachsene Katzenwesen zu einem verspielten Sex-Kätzchen.

Ein Makel auf der Wange ist schwer zu verbergen; doch Frauen, die in dieser Gegend Muttermale, Warzen oder Grübchen aufwiesen, fanden schnell eine Lösung dafür. Es wurde verkündet, daß sogar Venus mit einem natürlichen Schönheitsfleck auf der Wange geboren wurde und daß jede modebewußte Dame, die sich entschied, es ihr nachzutun, daher nur an Schönheit gewinnen könne. Ein kleiner Makel wurde daher mit einem schwarzen Pflästerchen bedeckt oder mit einem Schminkstift in einen dekorativen schwarzen Punkt verwandelt. Diese Form der Wangenzierde erfreute sich solcher Beliebtheit, daß selbst Frauen mit vollkommen reiner Haut sie übernahmen und zur bloßen Zierde Gesichtspflästerchen und Schönheitsflecken anbrachten. Im frühen 18. Jahrhundert spielte diese Mode eine so große Rolle, daß die Stelle, an der der Schönheitsfleck angebracht wurde, sogar politische Bedeutung erlangte. Die Damen, die auf seiten der Whigs (rechter Flügel) standen, verzierten ihre rechte Wange, die Damen, die zu den Tories (damals linker Flügel) gehörten, die linke. Die Schönheitsmale waren auch nicht länger bloß Punkte, sondern wurden zu kunstvollen Sternen, Mondsicheln, Kronen, Rauten und Herzchen verfeinert.

DIE WANGEN

oder Magerkeit. Sie hat auch einige rätselhafte Bedeutungen. In Jugoslawien ist sie z. B. ein Zeichen für Erfolg. Auf den ersten Blick läßt sich keine erkennbare Verbindung zwischen dem Streicheln der Wangen und dem Erringen eines Erfolgs herstellen; aber Jugoslawen erklärten mir, mit dieser Bewegung werde nachgeahmt, wie man sich Sahne vom Gesicht abwische. Die symbolische Gleichung lautet: Wer sich mit Sahne vollstopft, ist erfolgreich.

Es gibt noch eine Reihe anderer regional bedeutsamer Wangensignale. Eine beliebte Beleidigung bei den Arabern ist, die Wangen aufzublasen und sie dann mit einem Stoß des Zeigefingers langsam schrumpfen zu lassen, was bedeutet, daß das »aufgeblasene« Opfer wie ein Luftballon angepiekst wurde. Die Geste besagt, daß das Opfer Unsinn redet. In vielen Gegenden dient das Aufblasen der Wangen dazu, anzuzeigen, daß jemand fett ist oder zuviel ißt, aber in diesen Fällen fehlt der piekende Zeigefinger.

Eine weitere, weitgehend auf Italien beschränkte Geste ist die Wangenschraube. Der Zeigefinger wird an die Wange gedrückt und herumgedreht, als schraube man etwas in das Fleisch. Fast jeder kennt sie, von Turin bis nach Sizilien und Sardinien. Sie bedeutet stets: »Gut!« In ihrem Ursprung ist sie ein Kompliment an den Küchenchef und besagt, daß die Spaghetti »al dente« sind oder »Biß haben«. Anders ausgedrückt will diese Geste besagen: Die Teigwaren wurden genau richtig gekocht, nicht zu weich und nicht zu hart, was der auf die Zähne hinter der Wange gerichtete Zeigefinger andeutet. Im Lauf der Zeit wurde diese Geste in immer weiteren Zusammenhängen gebraucht, so daß sie jetzt alles, was gut ist, einschließt. Wenn sie von einem Mädchen ausgeführt wird, entspricht sie ungefähr unserem »Sehr lecker!«.

Im südlichen Spanien hat die gleiche Wangenschraube eine völlig andere Bedeutung. Hier zeigt sie eine eingedellte Wange mit einem Grübchen an und wird als grobe Beleidigung gebraucht, weil derjenige, dem die Beleidigung gilt, als weibisch hingestellt wird. Deswegen dürfte ein Italiener, der im Süden Spaniens Urlaub macht und dem Küchenchef auf diese Weise ein Kompliment macht, nicht die Antwort erhalten, die er erwartet.

In Deutschland erfreut sich diese Geste außerordentlicher Beliebtheit; sie bedeutet dort soviel wie: »Du hast einen Vogel!« Autofahrer beschimpfen sich auf diese Weise. Sie ist eine Abwand-

156

Die Wangenberührung ist ein wesentliches Element vieler Gesten der Zuneigung.

Wenn Liebende einander streicheln, ist die Wange ein vorrangiges Ziel für die zärtliche Berührung. Bei langen, intimen Umarmungen werden sie wiederholt gestreichelt, gehalten, gedrückt und geküßt. Dieses Interesse entstammt dem liebevollen Wangenkontakt, den wir alle als Kinder in den Armen unserer Mutter genossen. Das erklärt auch, warum der Wangenkontakt bei der Begrüßung oder beim Abschied von Menschen, für die man etwas empfindet, so verbreitet ist.

lung des bekannten und weitverbreiteten Sich-an-die-Schläfe-Tippens und wurde aus einem besonderen Grund populär. Die Polizei hatte Autofahrer mit Erfolg wegen Beamtenbeleidigung verklagt, wenn diese sich unmißverständlich an die Schläfe getippt hatten. Nun setzten die Autofahrer den Zeigefinger auf Wangenhöhe an, um die »lockere Schraube« auszuführen; hinterher konnten sie behaupten, sie hätten zu dem Zeitpunkt Zahnschmerzen gehabt.

Die Handflächen zusammenzupressen und eine Wange auf den oberen Handrücken zu legen ist ein weitverbreitetes Zeichen für »Ich bin müde« und beruht auf der Tatsache, daß die typischste Handlung für das Schlafenlegen darin besteht, die Wange auf ein Kissen zu betten und es sich dort bequem zu machen. Es ist interessant, daß müde oder gelangweilte Menschen, die für viele Stunden an einem Schreibtisch oder Tisch sitzen bleiben müssen, gern

Asexuelle Wangenküsse unter Männern.

asexuellen Küssen auf den Mund hingeben. Doch in den meisten modernen Gesellschaften gibt es einen Kompromiß zwischen diesen beiden Extremen, und gerade da taucht die Umarmung, bei der die Wangen aneinandergelegt werden, als die beliebteste Form intensiver Körperberührung zwischen Männern auf.

Es gibt beträchtliche Unterschiede im liebevollen Körperkontakt zwischen erwachsenen Männern. In manchen Kulturen ist er nahezu tabu und wird als homosexuell angesehen. In anderen Kulturen dagegen ist der Körperkontakt völlig ungehemmt, und noch heute kann man sehen, wie sich zwei erwachsene, heterosexuelle Männer in gefühlsbeladenen Momenten der Begrüßung, der Trennung oder bei Gratulationen völlig

eine ruhende Haltung annehmen, bei der eine Hand eine Wange stützt, als wäre ihnen der Kopf schwer. Wenn ein Vortragender oder Lehrer diese Haltung sieht, sollte er sich klarmachen, daß seine Zuhörer von seinem Vortrag offensichtlich nicht sonderlich begeistert sind.

Ein noch offensichtlicheres Zeichen für Langeweile ist das Kräuseln der Wange, bei dem ein scharf zurückgezogener Mundwinkel das Fleisch der Wange hochbauscht. Auch diese, im Grunde sehr sarkastische Geste deutet Ungläubigkeit an.

In einigen Mittelmeerländern bedeutet ein Sich-selbst-in-die-Wange-Kneifen, daß etwas ausgezeichnet oder köstlich ist. Die gleiche Geste, nur an der Wange eines anderen ausgeführt, bedeutet fast überall Zuneigung. Sie findet in dieser Bedeutung seit über

Das Bemalen, Verzieren mit Narben und Durchstechen der Wangen.

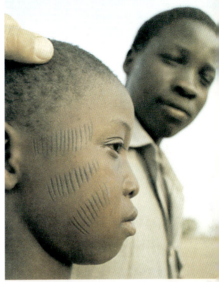

Zwar ist die Wangengegend als Region für kosmetische Behandlung beliebt, aber nicht so häufig durch dauerhafte Narben entstellt oder für rituelle Verstümmelung genutzt. Zum Teil liegt das daran, daß gerade dieser Bereich des Körpers mit besonders zarter Haut in Verbindung gebracht wird, aber auch an der Beweglichkeit dieser Gegend bei vielen sich wandelnden Gesichtsausdrücken. Dennoch kann man in manchen Stammesverbänden auf eine Entstellung der Wangen stoßen; die Quadiri-Derwische im Mittleren Osten beispielsweise bohren sich immer noch Spieße durch die Wangen, und das anscheinend, ohne Schmerz zu empfinden, wenn sie bei ihren religiösen Zeremonien das Stadium der Ekstase erreicht haben.

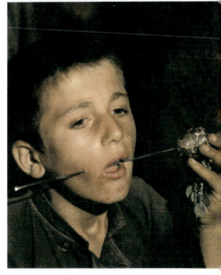

159

DIE WANGEN

2000 Jahren Anwendung und war auch im alten Rom beliebt. Normalerweise wird sie von Erwachsenen bei Kindern angewendet (die das häufig nicht ausstehen können), sie kann aber auch scherzhaft zwischen Erwachsenen ausgeführt werden. Das Tätscheln der Wange mit der Handfläche gilt als eine etwas weniger irritierende Alternative, aber auch diese Geste kann zum Ärgernis werden, wenn sie zu kräftig ausgeführt wird. Bei unaufrichtiger Zuneigung kann dieses Tätscheln leicht zu einer Beinahe-Ohrfeige geraten und versetzt das Opfer in den peinlichen Zustand, in dem es, wohl wissend, daß es beleidigt wurde, nichts unternehmen kann, weil die Handlung der freundlichen Geste so nahekommt.

Der Schlag auf die Wange oder die sogenannte Ohrfeige hat eine doppelte Tradition. Es war die klassische Art, einen Mann zum Duell herauszufordern, und es war auch die typische Reaktion einer Dame auf die unwillkommenen Annäherungen eines Mannes. In beiden Fällen war der Schlag eine Antwort auf eine Beleidigung, aber die Folgen waren sehr unterschiedlich. Der Schlag auf die Wange ist im wesentlichen ein »Pseudo-Schlag«, der viel Lärm macht, aber wenig körperlichen Schaden anrichtet, so daß er keine sofortige Verteidigungs- oder Aggressionshandlung von seiten des Opfers hervorruft. Obwohl er den Empfänger scharf bremst, dringt seine Bedeutung erst später ins Bewußtsein ein.

Am anderen Ende der Gefühlsskala haben wir den Wangenkuß, die Wangenberührung und das sanfte Streicheln und Liebkosen der Wange. Der Wangenkuß ist eine wechselseitig vorgenommene Handlung, die sich nur für zwei Menschen von gleichem Rang geziemt. Er ist ein versetzter, druckloser Mundkuß, der sich in den westlichen Ländern als Teil des Begrüßungs- und Verabschiedungsrituals bei gesellschaftlichen Zusammenkünften eingebürgert hat. Wo Lippenstift getragen wird, ist er oft nur ein Wange-an-Wange-Drücken, kombiniert mit einem Kußlaut, aber ohne einen wirklichen Kontakt von Lippe zu Wange. Es gibt beträchtliche subkulturelle Variationen hinsichtlich seiner Häufigkeit. In Theaterkreisen und in der sogenannten Schickeria wird er beinahe übermäßig häufig praktiziert, in den unteren Einkommensschichten dagegen gewöhnlich sehr selten, außer zwischen engen und vertrauten Familienmitgliedern. Das ist aber von Land zu Land ganz verschieden. In manchen Gegenden Osteuropas ist nach wie vor der

Was es bedeutet, in die Wange gezwickt zu werden, hängt von den näheren Umständen und dem angewandten Druck ab.

Wenn ein Zuhörer seine Wange auf die Hand stützt, dann enthüllt diese Geste deutlich, daß er sich Mühe gibt, sich zu konzentrieren. Das kann bedeuten, daß er verwirrt, müde oder, und das ist am wahrscheinlichsten, gelangweilt ist. Manchmal kneift sich ein Zuhörer geistesabwesend in die Wange, als versuche er, sich selbst wachzuhalten. Wenn jemand einen Vortrag oder eine Vorlesung hält und, wenn er aufblickt, ein Meer von »Wangenstützern« in seinem Publikum entdeckt, dann kann er sicher sein, daß er einige Lektionen in der Kunst des öffentlichen Vortrags nötig hat.

Einen Freund zart in die Wange zu kneifen war als Zeichen der Zuneigung oder als Ausdruck der Gratulation schon im klassischen Altertum üblich; doch wenn dabei zuviel Druck ausgeübt wird, wird diese Geste schnell zu einem unangenehmen Übergriff und ist nicht länger zärtlich liebevoll. Es gibt viele Formen von Körperkontakt, die auf ähnliche Weise eine andere Bedeutung annehmen, wenn sie zu kraftvoll ausgeführt werden, und oft ist die Schwelle zwischen zart und liebevoll auf der einen Seite und kräftig und feindselig auf der anderen nur sehr schmal. Manchmal wird der zarte Kontakt absichtlich als Trick angewandt, um zu einer zunehmend schmerzhafteren und feindseligeren Form überzugehen.

Mund-zu-Mund-Begrüßungskuß, sogar unter erwachsenen Männern, üblich und ist nicht auf die Wange verrutscht. Für westliche Augen wirken solche Praktiken schon beinahe homosexuell, was aber eine völlige Mißdeutung ist.

Entstellungen der Wangen sind nicht besonders populär, weil die Beweglichkeit und die Ausdrucksfähigkeit des Gesichts in so

DIE WANGEN

vielen Situationen notwendig sind. In alten Zeiten gab es jedoch im Mittelmeerraum einen Brauch bei trauernden Frauen, sich als deutlich sichtbares Zeichen ihres Schmerzes die Wangen blutig zu kratzen. John Bulwer berichtet, daß dies zu einem Gesetz führte, das die Verunstaltung der Wangen verbot. Er schreibt: »Die römischen Frauen früherer Zeiten pflegten ihre Wangen vor Kummer so zu zerkratzen, daß der Senat, als er davon Kenntnis erhielt, einen Erlaß herausgab, in dem befohlen wurde, in Zukunft dürfe keine Frau mehr ihre Wangen aus Kummer oder Leid entstellen, denn die Wangen sind der Sitz von Bescheidenheit und Scham.«

Auch die deutschen Studenten pflegten früher ihre Wangen zu entstellen und entstellen zu lassen, um mit Duellnarben angeben zu können, und dieser Brauch hat sich in den sogenannten schlagenden Verbindungen bis heute gehalten. Einige dieser Schmisse stammten tatsächlich von Duellen, andere waren chirurgisch beigebracht, um einen solchen Eindruck zu vermitteln. In Italien, wo sich Straßenbanden mit Rasierklingen bekämpften, wurde eine aufgeschlitzte Wange ebenfalls zum Symbol für Härte sowie für die Mitgliedschaft in einer »Elite«. Von daher hat sich bis heute eine neapolitanische Geste erhalten, bei der ein Mann mit dem Daumennagel einen imaginären Schnitt über seine Wange führt. Er zeigt damit seine Bewunderung für die Schläue, Verschlagenheit oder Härte eines Freundes an oder eines Mannes, den sie beobachten. Die Geste besagt, daß die Person ein »narbentragendes Mitglied der Bande« ist.

Bei Stammesvölkern gibt es viele verschiedene Arten der Wangenverzierung: das Bemalen des Gesichts, das Tätowieren, das Einritzen und Durchlöchern. In der westlichen Welt hingegen gibt es, abgesehen von dem bereits erwähnten Gebrauch von Puder und Rouge, kaum Gesichts-»Verunzierungen« dieser Art, auch wenn sie in den 70er Jahren im Zusammenhang mit der Punkrock-Bewegung kurz in London auftauchten, als man sowohl Männer als auch Frauen mit Sicherheitsnadeln in der Wange sehen konnte, die gewöhnlich dicht am Mund durch das Wangenfleisch gestochen waren. Diese brutalen Entstellungen der frühen Punker wurden allmählich etwas abgemildert, und schließlich gab es Sicherheitsnadeln zu kaufen, die, ohne zu verletzen, so angebracht werden konnten, daß sie wie ins Fleisch gespießt aussahen.

Der Mund

Der menschliche Mund leistet Überstunden. Auch andere Lebewesen gebrauchen ihre Münder sehr viel – zum Beißen, Lecken, Schmecken, Kauen, Schlucken, Husten, Gähnen, Knurren, Schreien und Grunzen –, aber wir haben diese Liste noch verlängert, denn wir gebrauchen den Mund auch zum Sprechen, Pfeifen, Lächeln, Lachen, Küssen und Rauchen. So überrascht es kaum, daß der Mund als »Schlachtfeld des Gesichts« bezeichnet wurde.

Wie jedes Schlachtfeld zeigt er Verschleißerscheinungen. Die Zunge verliert viele ihrer Geschmacksknospen, so daß ältere Menschen ihre Nahrung stärker würzen müssen. Die Zähne nutzen sich ab und müssen ersetzt werden. Die muskulösen Lippen verlieren ihre Elastizität und kräuseln sich zu bleibenden Falten. Der »entspannte« Ausdruck des Mundes bietet bei älteren Menschen einen wichtigen Hinweis auf ihre Persönlichkeit. War ihr Leben ziemlich verdrießlich, hat sich der ständig traurige Mundausdruck festgesetzt, und die Lippen haben eine nach unten gezogene bleibende Form angenommen; haben sie viel gelacht in ihrem Leben, wird sich auch das in der ruhenden Lippenstellung widerspiegeln.

Der Mund ist nicht nur einer der geschäftigsten Teile des Körpers; er ist auch einer der ausdrucksvollsten. Die Stellung der Lippen wird durch Stimmungswechsel auf vier verschiedene Weisen beeinflußt. Auf verschiedene Weise kombiniert, geben uns diese vier Stellungswechsel enorm viele orale Ausdrucksmöglichkeiten. Die Wechsel werden durch ein äußerst kompliziertes Muskelsystem herbeigeführt, das im wesentlichen folgendermaßen funktioniert.

Rund um die Lippen befindet sich ein kräftiger kreisförmiger Muskel, der *orbicularis oris,* der sich zusammenzieht, wenn wir die Lippen schließen. Dieser Muskel leistet harte Arbeit, wenn wir die Lippen schürzen oder einen anderen Ausdruck mit zusammengepreßten Lippen annehmen. Man ist versucht, ihn für einen einfachen Schließmuskel zu halten, aber damit würde man ihn unterschätzen. Wenn sich der ganze Muskel zusammenzieht, werden die Lippen geschlossen; wenn aber seine tiefer liegenden Fasern stärker aktiviert werden, preßt er die geschlossenen Lippen nach hinten gegen die Zähne. Wenn seine äußeren Fasern aktiver werden, schließen sich die Lippen und schieben sich nach vorn. So kann

163

DER MUND

derselbe Muskel, auf unterschiedliche Weise eingesetzt, die sanft gerundeten Lippen der Liebenden bilden, die zu einem Kuß einladen, oder die straff gespannten, zusammengepreßten Lippen eines Boxers, der einen Schlag ins Gesicht erwartet.

Die meisten anderen Mundmuskeln arbeiten genau umgekehrt wie der Mundschließmuskel. Stark vereinfacht, heben die *levator*-Muskeln die Oberlippe, wodurch der Ausdruck von Kummer und Verachtung entsteht. Der *zygomaticus*-Muskel zieht den Mund nach oben und zurück für den glücklichen Ausdruck des Lächelns und Lachens. Der *triangularis*-Muskel zieht nach unten und nach hinten und sorgt für den verdrießlichen Ausdruck von Traurigkeit. Der *depressor*-Muskel zieht die Unterlippe herab und hilft uns, Gesichtsausdrücke wie Abscheu und Ironie zu bilden. Dann gibt es den *levator menti*-Muskel, der beim Ausdruck von Trotz das Kinn anhebt und die Unterlippe vorstehen läßt, sowie den *buccinator*- oder Trompetenmuskel, der die Wangen gegen die Zähne drückt. Diesen Muskel brauchen wir nicht nur, wenn wir ein Blasinstrument spielen, sondern auch beim Kauen der Nahrung. Wenn wir einen starken Schmerz erleiden, verwenden wir noch einen weiteren Muskel, den *platysma* des Halsbereichs, der, während der Hals angespannt ist, weil wir eine körperliche Verletzung erwarten, den Mund nach unten und zur Seite zieht.

Noch komplizierter wird die Sache durch die verschiedenen Lautäußerungen, die unsere Mundausdrücke begleiten. Durch sie wird der Mund bis zu einem gewissen Grad geöffnet oder geschlossen, was ein neues Element in die Feinheiten des Mienenspiels bringt. Nehmen Sie zum Beispiel die gegensätzlichen Gesichter von Zorn und Furcht. Der wesentliche Unterschied besteht darin, wie weit die Mundwinkel zurückgezogen sind. Im Zorn schieben sie sich nach vorn, als bewegten sie sich auf den Feind zu; bei Furcht werden sie zurückgenommen, als zögen sie sich vor dem Angriff zurück. Aber diese entgegengesetzten Bewegungen der Mundwinkel können mit offenem Mund und geräuschvoll oder mit geschlossenem Mund und stumm ausgeführt werden. Bei stillschweigendem Zorn werden die Lippen fest zusammengepreßt und dabei die Mundwinkel vorgeschoben; bei lautstarkem Zorn – Brüllen oder Knurren – ist der Mund geöffnet und zeigt sowohl die unteren als auch die oberen Vorderzähne, aber wieder mit vorge-

DER MUND

Mit dem Älterwerden neigt die Ruhestellung unserer Lippen dazu, das Gefühl und die Stimmung auszudrücken, die in unserem Leben vorherrschend waren.

Je nachdem, ob unser Leben vorwiegend glücklich, traurig, zornig, niedergeschlagen, enthusiastisch oder angespannt war, setzt sich dieser Ausdruck auf unseren Lippen fest. Ein älterer Mensch, dessen langes Leben voller Sorgen und Kümmernisse war, wird es selbst in Momenten des Glücks als schwierig empfinden, seine Mundwinkel zu einem breiten Grinsen hochzuziehen. Die Mundwinkel verharren stur in ihrer heruntergezogenen Position.

DER MUND

So ausdrucksvoll wie der menschliche Mund ist sonst keiner im ganzen Reich der Tiere. Auch die beweglichen Lippen unseres engsten Verwandten, des Schimpansen, können es nicht mit unseren Lippen aufnehmen. Untersuchungen an Kindern, die blind geboren wurden, haben gezeigt, daß wir genetisch programmiert sind, den Mund je nach Stimmung zu einer bestimmten Anzahl von Grundausdrücken zu verziehen; das normale Kind erlernt darüber hinaus beträchtliche Verfeinerungen dieser Ausdrücke. Vier verschiedene Gegensatzpaare – offen und geschlossen, vorgestülpt und zurückgezogen, nach oben und nach unten gezogen, angespannt und schlaff – ermöglichen zahlreiche Kombinationen.

Die Ausdruckskraft des menschlichen Mundes ist unvergleichlich.

Die extreme Beweglichkeit des Mundes.

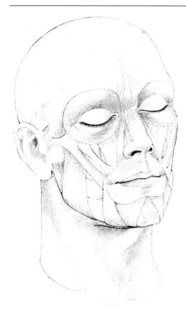

Im Verlauf der Evolution haben sich die komplexen Gesichtsmuskeln des Menschen zunehmend ihrer Rolle als reines Ausdrucksmittel angepaßt. Das ist dadurch möglich geworden, daß ein großer Teil der Schwerarbeit des Beißens und Zerreißens mit den Zähnen und den Kiefern von den Händen übernommen wurde, die scharfe Waffen und Werkzeuge dafür einsetzen.

schobenen Mundwinkeln, so daß eine fast quadratische Mundöffnung entsteht. Bei stummer Angst sind die Lippen straff zurückgezogen, bis sie einen breiten, waagerechten Schlitz bilden, wobei die Mundwinkel, soweit es geht, zurückgezogen werden; bei Angstlauten – Keuchen und Schreien – wird der Mund weit geöffnet, und die Lippen werden gleichzeitig nach oben und hinten gedehnt. Weil bei Furcht die Lippen zurückgenommen werden, ent-

Die ungewöhnliche Auffälligkeit der Lippen.

blößt der schreiende Mensch seine Zähne weitaus weniger als der knurrende.

Auch von glücklichen Gesichtern gibt es Versionen mit geschlossenem und geöffnetem Mund. Während sich die Lippen zurück- und hochziehen, können sie in Kontakt miteinander bleiben, was zu einem breiten, stummen Lächeln führt. Im anderen Fall können sie sich teilen zu einem breiten Grinsen, bei dem die oberen Zähne entblößt werden. Wenn dabei gelacht und der Mund weit geöffnet wird, sind oft auch die unteren Zähne zum Teil zu sehen. Wenn ein lachender Mensch jedoch seine unteren Zähne voll entblößt, darf man an der Echtheit seiner stimmlichen Äußerung zweifeln.

Ein weiteres Merkmal des glücklichen Gesichts sind die Hautfalten, die zwischen den Lippen und den Wangen auftreten. Diese diagonalen Linien, die beim Heben der Mundwinkel entstehen, sind die naso-labialen Falten, und sie variieren von Mensch zu Mensch beträchtlich. Sie tragen dazu bei, daß unser Lächeln und Grinsen eine persönliche Note erhält, die ein wichtiger visueller Faktor bei der Verstärkung freundschaftlicher Bindungen ist.

Es gibt ein widersprüchliches Gesicht, das traurige Lächeln, das

DER MUND

ebenfalls eine der subtilen menschlichen Ausdrucksmöglichkeiten darstellt, nämlich die Fähigkeit, scheinbar unvereinbare Elemente zu vereinen, um komplexe Stimmungen zu übermitteln. Beim traurigen Lächeln nimmt das ganze Gesicht den augenzwinkernden Ausdruck der guten Laune an – bis auf die Mundwinkel, die sich hartnäckig weigern, sich in die entsprechende Stellung zu heben. Statt dessen hängen sie herab, und wir sehen das tapfere Lächeln des gescheiterten Politikers oder das verkrampfte Lächeln des Bankfilialleiters, der einen Kredit verweigert. Es gibt viele andere gemischte oder vermischte Ausdrücke, die, zusammen mit den »eindeutigen«, dem menschlichen Gesicht das reichhaltigste Repertoire an visuellen Signalen in der Tierwelt verleihen.

Bevor wir uns von den Lippen ab- und der Mundhöhle zuwenden und die Zähne sowie die Zunge untersuchen, gibt es noch ein weiteres einzigartiges Charakteristikum zu erwähnen. Die menschlichen Lippen sind, anders als die aller anderen Primatenarten, stark nach außen gestülpt, so daß Teile der Schleimhaut dem Freien ausgesetzt sind. Bei anderen Arten ist diese schleimige Oberfläche auf den inneren Bereich des Mundes beschränkt und unsichtbar, wenn der Mund geschlossen ist. Bei den Menschen sind die sichtbaren schleimigen Lippen glatter und dunkler als die umliegende Gesichtshaut; dieser Kontrast trägt dazu bei, daß feine Veränderungen des Mundausdrucks stärker auffallen.

Eine zweite Funktion unserer entblößten schleimigen Lippen scheint sexueller Natur zu sein. Bei erotischer Erregung schwellen die Lippen an, sie werden röter und quellen stärker hervor. Dies macht sie nicht nur empfindlicher für die Berührung mit der Haut des Partners, sondern auch auffälliger. Die Veränderung, die bei ihnen auftritt, ahmt weitgehend jene nach, die an den weiblichen Schamlippen stattfindet. Die Frau ist also imstande, ihre sexuelle Erregung sowohl mit dem Gesicht als auch mit den Genitalien auszudrücken. Da wir dazu neigen, uns eher Gesicht zu Gesicht zu paaren als, wie andere Primaten, Gesäß zu Gesicht, ergibt das durchaus einen Sinn. Es erklärt auch, warum sich die Frauen seit Jahrtausenden die Lippen rot bemalen, um visuell erregender zu sein. Und es erklärt weiterhin den unbewußt mitspielenden Faktor bei den immer wieder aufflackernden Angriffen von puritanischer Seite gegen das Auftragen von Lippenstift.

DER MUND

Hinter den Lippen befinden sich die Zähne, die bei unserer Spezies fast ausschließlich zum Essen dienen. Wir beißen vielleicht hin und wieder einen Faden durch, aber ihr nicht dem Essen dienender Gebrauch ist viel seltener als bei anderen Arten. Gibt man einem Affen einen fremden Gegenstand, wird er ihn aufnehmen und fast unmittelbar danach zum Mund führen, um ihn zu untersuchen. Er kann ihn dann wohl mit geschickten Händen befühlen und befingern, aber insgesamt ist er auf den Finger- und Mundkontakt angewiesen, wobei der Mundkontakt die wichtigere Rolle spielt. Dies trifft auch auf unsere Kleinkinder zu, weshalb die Eltern ständig aufpassen müssen, daß kein gefährlicher Gegenstand in einen Kindermund gerät. Mit zunehmender Reife verliert der Mund jedoch seine »erforschende Rolle«, die fast ausschließlich von unseren überlegenen Händen übernommen wird. Dies zeigt sich auch beim Kämpfen. Wütende Affen packen ihren Gegner und beißen ihn. Menschen im Zorn schlagen ihre Gegner auf den Kopf, stoßen und treten und ringen mit ihnen. Beißen ist der allerletzte Ausweg. Das gleiche gilt für das Töten der Beute. Auch hier haben die Hände – unter Zuhilfenahme von Waffen – die Aufgabe des tödlichen Bisses übernommen. Durch diese Umstellung vom Mund auf die Hände sind die menschlichen Zähne kleiner geworden und sind, verglichen mit denen anderer Arten, recht bescheiden. Unsere Eckzähne sind keine Reißzähne mehr mit langen scharfen Spitzen. Sie sind nur ein klein wenig länger als die anderen Zähne, und nur noch kleine stumpfe Spitzen erinnern an unsere fernen Vorfahren.

Der erwachsene Mensch hat normalerweise 32 Zähne; 28 davon bekommen wir bis zur Pubertät, indem sie das kleinere Milchgebiß unserer Kindheit allmählich ersetzen. Die letzten vier, die Weisheitszähne am hinteren Ende der Kiefer, bekommen wir als junge Erwachsene. Manchmal bleiben einige oder sogar alle Weisheitszähne aus, so daß sich die Anzahl der Zähne bei Erwachsenen zwischen 28 und 32 bewegen kann.

Aber unsere Zähne dienen uns nicht nur zu den lebensnotwendigen Tätigkeiten Beißen und Kauen, wir beißen sie auch zusammen oder aufeinander, und wir knirschen, mahlen und klappern mit ihnen, wenn uns sehr kalt ist. Das Aufeinander- oder Zusammenbeißen der Zähne tritt in Augenblicken starker körperlicher Anstrengung auf oder wenn wir einen Schmerz erwarten. Man

DER MUND

Das seltsamste Merkmal der menschlichen Lippen ist, daß sie sich im Lauf der Evolution nach außen gekehrt haben. Der Mensch ist die einzige Spezies unter den Primaten, bei der die Lippen auffällig nach außen gestülpt sind. Da die auf diese Weise freigelegte Schleimhaut dunkler ist als die Gesichtshaut, von der sie umgeben ist, wurde die Mundform auffälliger, was die ausdrucksvollen Mundsignale noch intensivierte. Bei dunkelhäutigen Rassen, bei denen der Kontrast zwischen der Farbe der Lippen und der der übrigen Haut geringer ist, haben die exponierten Schleimhäute einen deutlicher markierten Rand – einen markanten Lippensaum –, was die Form der Lippen ebenfalls deutlich unterstreicht.

Bei sexueller Erregung schwellen die Lippen an und nehmen eine rötlichere Färbung an. Jeder Mensch mit Lippen, die von Natur aus oder durch künstliche Mittel weiter als gewöhnlich vorgewölbt sind oder eine dunklere Färbung haben, wird daher automatisch stärkere sexuelle Signale ausstrahlen.

Im westlichen Kulturkreis werden nur perlweiße Zähne als attraktiv angesehen; allerdings haben exzentrische Moden gelegentlich die Verzierung eines einzelnen Zahnes durch eine Art Schmuckstück, gewöhnlich in Form eines Diamanten, zugelassen. In einigen anderen Kulturen werden hingegen geschwärzte oder spitz zugefeilte Zähne als Inbegriff der Schönheit gesehen.

Weibliche Lippen ahmen nicht nur optisch die Schamlippen nach.

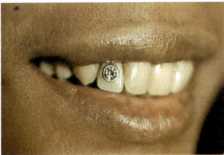

sieht es im Gesicht eines angreifenden Ringers oder eines Kindes, das eine Spritze bekommen soll. Es ist eine urzeitliche Reaktion auf eine mögliche Verletzung. Wenn ein Gesicht mit geöffneten Kiefern einen Schlag erhält, kann es wesentlich mehr Schaden erleiden, weil die Zähne aufeinanderprallen und möglicherweise brechen würden und weil der lockere Unterkiefer ausgerenkt werden könnte.

Mit den Zähnen zu knirschen ist ziemlich das gleiche wie mit ihnen zu mahlen, und es kommt im wirklichen Leben relativ selten vor. Im Schlaf jedoch knirschen anscheinend viele Menschen leise mit den Zähnen, was auf unterdrückten Zorn hinweist. Auch dies ist wieder eine primitive Reaktion, die als eine Art von »muskulärem Träumen« wiedererscheint, wenn der frustrierte Mensch

Unsere Eckzähne sind keine tödlichen Fänge mehr.

seine Feinde in der Geborgenheit des Schlummers symbolisch zermalmt.

Obwohl der Zahnschmelz die härteste Substanz im ganzen menschlichen Körper darstellt, ist Karies heute das häufigste Leiden der Menschen. Die Ursache ist offensichtlich. Ein Mundbakterium mit dem schönen Namen *Lactobacillus acidophilus* liebt Kohlehydrate, und wenn zucker- oder stärkehaltige Speisereste nach dem Essen zwischen den Zähnen oder am Gaumen hängenbleiben, läßt er sie ganz schnell zu Milchsäure vergären. Der Bazillus mag diese Säure nämlich noch lieber und beginnt nun, sie wie wild zu produzieren, indem er den Gärungsprozeß dramatisch steigert, bis der Speichel im Mund ungewöhnlich säurehaltig geworden ist. Die Säure frißt die Oberfläche der Zähne an und bildet kleine Löcher im Zahnschmelz, die sich zu eiternden Höhlen entwickeln. Dies hat sich auf viele Weise bestätigt. Kinder, die zum Beispiel während der Kriegszeit in Europa aufwuchsen, als es sehr wenig raffinierten Zucker oder Stärke gab, hatten weniger Löcher in den Zähnen. Auch Tiere, die stark zuckerhaltiges Futter erhalten, entwickeln Zahnfäule, wenn sie es auf die übliche Weise zu

Unsere neuerworbene Langlebigkeit stellt eine Anforderung an die Haltbarkeit unserer Zähne, die diese nicht erfüllen können.

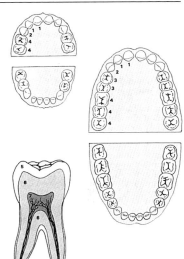

Etwa 20 Prozent aller Erwachsenen in der westlichen Welt haben überhaupt keine echten Zähne mehr im Kiefer. Aus irgendwelchen Gründen ist der Zahnverlust bei Weißen zweimal so groß wie bei den negriden Völkern. Das Hauptproblem, vor dem wir heute stehen, ist, daß sich unsere durchschnittliche Lebenserwartung von 22 Jahren im Neolithikum um etwa ein halbes Jahrhundert erhöht hat und somit eine Haltbarkeit von unseren Zähnen verlangt, die diese nicht erfüllen können. Uns wachsen, wie typischen Säugetieren, nur zweimal Zähne – die Milchzähne der Kindheit (ganz links) und die optimistisch als bleibend bezeichneten Zähne des Erwachsenen (links). Für unsere heutige längere Lebensdauer bräuchten wir dringend ein drittes natürliches Gebiß, müssen uns jedoch mit einem künstlichen begnügen, das wir der modernen Zahnmedizin verdanken. In dieser Hinsicht ist der Mensch dem Hai weit unterlegen, bei dem alte Zähne immer wieder durch neue ersetzt werden. Zum vollständigen Gebiß eines erwachsenen Menschen gehören Schneidezähne (1), Eckzähne (2), Vorderbackenzähne (3) und Backenzähne (4). Unter dem Zahnschmelz (5) eines jeden Zahnes liegt ein Zahnbein (6), und darunter verbirgt sich eine Zahnhöhle mit Zahnpulpa (7), in der die Blutgefäße und die Nerven auslaufen.

sich nehmen, nicht aber, wenn ihnen das Futter mit einem Schlauch eingeführt wird und mit ihren Zähnen nicht in Berührung kommt. Und Schimpansen, die tief im Urwald leben, haben ausgezeichnete Zähne, während jene, die in der Nähe menschlicher Behausungen herumstöbern, schlechte Zähne haben.

Es gibt jedoch einige Rätsel hinsichtlich der Festigkeit der Zähne, für die wir einfach keine Erklärung haben. Manche Menschen zum Beispiel scheinen gegenüber Karies beinahe immun zu sein, selbst wenn sie noch soviel Süßes essen. Andere fallen der Karies zum Opfer trotz größter Sorgfalt hinsichtlich Ernährung und Zahnpflege. Logischerweise müßten die unteren Schneidezähne

DER MUND

aufgrund der Schwerkraft am stärksten mit Speiseresten belastet sein und deshalb am stärksten von der Säure angegriffen werden. Erstaunlicherweise sind sie aber am widerstandsfähigsten von allen. In der westlichen Welt haben fast 90 Prozent der Menschen gesunde, kariesfreie untere Schneidezähne. In scharfem Gegensatz dazu haben über 60 Prozent ihren mittleren Backenzahn oben rechts durch Karies verloren. Trotz großer Fortschritte in der Zahnmedizin haben die Zähne noch ein paar Geheimnisse für sich behalten.

Hinter den Zähnen liegt die Zunge, ebenfalls ein bemerkenswertes menschliches Organ, das schmeckt, zerkleinert, schluckt, den Mund reinigt und durch Gesten und Sprache zur Kommunikation beiträgt. Der rauhe Zungenrücken ist mit Papillen besetzt, die mit neun bis 10 000 Geschmacksknospen besetzt sind (lt. anderen Quellen sind es nur 2000 – Anm. d. Ü.). Sie können vier Geschmacksqualitäten wahrnehmen: süß und salzig an der Zungenspitze; sauer an den Zungenrändern und bitter am Zungenrand. Früher dachte man, daß jeder Geschmack auf dem Zungenrücken wahrgenommen würde, aber heute weiß man, daß das nicht stimmt. Es gibt auch noch an anderen Stellen im Mund Geschmacksknospen für süß und salzig, besonders im oberen Rachenbereich, während die wichtigsten Geschmacksrezeptoren für sauer und bitter am Dach der Mundhöhle an der Stelle sitzen, wo der harte Gaumen auf den weichen Gaumen trifft.

Man glaubt, daß wir diese besonderen Geschmacksreaktionen haben, weil es für unsere Vorfahren wichtig war, den Reifegrad – und die Süße – der Früchte festzustellen; weil sie imstande sein mußten, den Salzhaushalt des Körpers richtig auszugleichen und gefährliche Nahrungsmittel zu meiden, die sehr bitter oder sauer (säurehaltig) schmeckten.

Die Zunge reagiert aber nicht nur auf Geschmack, sondern auch auf die Nahrungsbeschaffenheit, auf Hitze und Schmerz. Beim Kauen wälzt sie die Nahrung immer wieder im Mund herum und sucht sie nach harten Brocken ab. Wenn sie feststellt, daß alle scharfkantigen Stücke zerkleinert oder verschmäht wurden, nimmt sie am wichtigen Schluckakt teil. Dabei preßt sie die Spitze gegen den oberen Gaumen, dann krümmt sich ihr rückwärtiger Teil, der Zungengrund, zu einem Buckel und katapultiert den speichel-

DER MUND

durchtränkten Nahrungskloß in den Schlund und auf seinen Weg in den Magen. Diese außerordentlich komplexe Muskeltätigkeit ist etwas, das wir für völlig selbstverständlich halten, weil sie so automatisch vor sich geht. Sie ist tatsächlich so grundlegend, daß wir sie schon ausführen konnten, lange bevor eine Notwendigkeit dazu bestand – nämlich bereits im Mutterleib.

Nach der Mahlzeit betätigt sich die Zunge wie ein übergroßer Zahnstocher und bewegt sich rasch hierhin und dorthin, um störende Speisereste zwischen den Zähnen herauszulösen. Vielleicht sind die unteren Schneidezähne deshalb die saubersten und widerstandsfähigsten, weil sie näher an der Zungenspitze liegen.

Die Zunge ist außerdem ein visuelles Kommunikationsorgan – wie auf den Seiten 178 f. zu sehen ist – und spielt eine wesentliche Rolle bei dem komplexen Vorgang des Sprechens. Wir glauben, für das Sprechen sei vor allem der Kehlkopf zuständig, und übersehen leicht, wie stark die Zunge daran beteiligt ist. Dieser Irrtum ist leicht zu korrigieren, wenn man die Zunge auf dem Mundhöhlenboden hält und zu sprechen versucht. Jeder, der einmal beim Zahnarzt war, wird dies bemerkt haben.

Die drei wichtigsten Bestandteile des Mundes – Lippen, Zähne und Zunge – werden durch die Absonderungen von drei Speicheldrüsenpaaren feucht gehalten. Das in die Wangen eingebettete Ohrspeicheldrüsenpaar produziert ungefähr ein Viertel des Speichels; die Drüsen unter dem Unterkiefer und den Backenzähnen – die Unterkieferdrüsen – sind die produktivsten und liefern ungefähr 70 Prozent des Speichels, und die unter der Zunge – die Unterzungendrüsen – steuern die restlichen fünf Prozent bei. Die tägliche Speichelmenge eines Menschen kann stark variieren zwischen einem halben und anderthalb Litern. Mehr Nahrung bedeutet mehr Speichel. Furcht und große Aufregung bedeuten weniger Speichel.

Wenn der Speichel die Kanäle der Speicheldrüsen verläßt, ist er völlig frei von Bakterien; aber sobald er einige Male im Mund herumgeschwenkt wurde, hat er zwischen zehn Millionen und einer Milliarde Bakterien pro Kubikzentimeter aufgenommen. Sie stammen von den winzigen »nassen Schuppen«, die sich ständig in unserem Mund befinden, weil die Hautoberfläche immer wieder ihre alten Schichten abstößt und sie durch neues Gewebe ersetzt.

DER MUND

Die wichtigsten optischen Botschaften der Zunge gehen auf zwei frühkindliche Mundbewegungen zurück.

Neben der Aufgabe des Schmeckens, der Nahrungszufuhr und des Sprechens dient die menschliche Zunge auch der Übermittlung visueller Signale. Diese gehen vorwiegend auf zwei frühkindliche Mundbewegungen zurück – die steif herausgestreckte Zunge, die die Brustwarze von sich weist, wenn das Baby satt ist, und die gebogene, forschende Zunge, mit der das Baby die Brustwarze sucht. Mit anderen Worten: Es gibt die zurückweisende und die genußsuchende Zunge, und das spiegelt sich auch in der Art und Weise wider, auf die Erwachsene diesen ansonsten verborgenen Körperteil zeigen. Menschen, die sich konzentriert mit einem bestimmten Problem befassen und nicht gestört werden wollen, strecken ihre Zungen heraus wie Schilder, auf denen steht: »Bin beschäftigt. Bleibt mir vom Leibe.« Menschen, die brüskieren wollen, strecken ebenfalls als unmißverständliche Geste der Abweisung die Zunge heraus. Im Gegensatz dazu setzen Menschen, die sinnliche Gelüste verspüren und ihr Verlangen nach einem sexuellen Abenteuer signalisieren wollen – bei dem es durchaus vorkommen kann, daß sich die Körper buchstäblich mit den Zungen erforschen –, die gewundenen, eingerollten Bewegungen der suchenden, forschenden Zunge des Kleinkindes ein.

Hinzu kommt, daß es einen beträchtlichen Körpersymbolismus gibt, der in der Zunge ein Echo des männlichen Penis sieht. Obszöne Mundbewegungen spielen oft mit der Zunge als einem symbolischen Penis und den Lippen als einer symboli-

schen Vagina. Eine übliche einladende Geste von seiten einer Prostituierten besteht beispielsweise in dem langsamen Vorschieben der Zunge durch geöffnete Lippen, das mehrfach wiederholt wird, um die Kopulation zu simulieren, und in Südamerika gibt es eine Aufforderung zur Sexualität von seiten eines Mannes, zu der ein langsames Bewegen der Zunge zwischen halb geöffneten Lippen von einer Seite zur anderen gehört.

DER MUND

Der Speichel hat zahlreiche Funktionen. Er feuchtet die Nahrung an, wenn sie in den Mund gelangt, löst die Geschmacksstoffe, denn trockene Nahrung können wir nicht schmecken; er macht die gekaute Nahrung gleitfähig, bevor sie geschluckt wird, so daß sie leichter durch die Speiseröhre rutscht. Seine Eigenschaft als Gleitmittel wird durch den proteinhaltigen Schleimstoff Mucin verbessert. Während die Nahrung gekaut wird, beginnt ein Enzym im Speichel, das Ptyalin, die Stärke in Maltose aufzuspalten. Das Ptyalin tötet zudem, ebenso wie andere Lysozyme, die Hefebakterien im Mund und trägt zur Reinhaltung von Mund und Zähnen bei. Der Speichel enthält auch alkalische Substanzen, die der Säure im Mund entgegenwirken, damit der Zahnschmelz weniger stark angegriffen wird. Und schließlich verbessert die Schmierwirkung des Speichels die Stimmqualität, wie jeder, der mit trockenem Mund zu krächzen versuchte, bestätigen wird.

Eine der merkwürdigsten Tätigkeiten, die wir mit dem Mund ausführen, ist das Gähnen. Wenn wir gelangweilt oder müde sind, können wir oft nicht anders, als unsere Kiefer so weit aufzureißen, wie es nur geht, und dabei tief einzuatmen. Jeder, der uns dabei beobachtet, wird feststellen, daß Gähnen ansteckend ist und daß eine ganze Gruppe von Menschen im Handumdrehen zum Gähnen gebracht werden kann. Was bedeutet das? Die Wahrheit ist, daß es niemand wirklich weiß, obwohl es einige kluge Vermutungen dazu gibt. Daß es mit dem Luftholen zusammenhängen könnte, entfällt, denn auch Fische im Wasser gähnen. Könnte es eine besondere Streckbewegung sein, an der die Brust- und Gesichtsmuskeln beteiligt sind? Häufig wird das Gähnen auch von Streckbewegungen der Beine und Arme sowie des Rumpfs begleitet, und das Ergebnis ist eine leichte Beschleunigung des Herzschlags, was bei dem Versuch des Körpers, mehr Blut ins Gehirn zu pumpen, mitspielen könnte. Eine andere Möglichkeit wäre, daß es eine »das Ruhen synchronisierende« Haltung ist, ähnlich bestimmten Handlungen, die Vögel ausführen, bevor sie sich zum Schlafen niederhocken. So gesehen ist das Gähnen eher ein visuelles Signal dafür, daß der Gähnende im Begriff ist, sich zur Ruhe zu begeben. Die ansteckende Wirkung auf andere würde dann recht sinnvoll erscheinen. Aber auch allein lebende Tiere gähnen leider, so daß das Gähnen vorerst ein faszinierendes Geheimnis bleibt.

Zu der Frage, warum wir eigentlich gähnen, werden immer wieder neue Spekulationen angestellt.

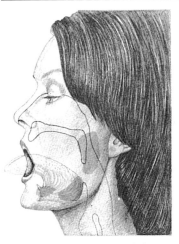

Das Mundinnere wird durch Sekrete aus drei Paaren von Speicheldrüsen (getönte Bereiche) feucht gehalten.

Das Gähnen ist ein seltsamer Vorgang, bei dem wir unsere Kiefer- und Brustmuskulatur auf übertriebene Weise strecken. Oft wird es auch vom Strecken anderer Körperteile begleitet, und das Ergebnis ist ein leichter Anstieg des Herzschlags und vielleicht auch eine leichte Kreislaufverbesserung, die zu einem Anstieg der Blutzufuhr zum Gehirn führt.

Weniger geheimnisvoll ist der Grund, warum Menschen beim Gähnen die Hand vor den Mund halten. Gemeinhin sieht man darin nur eine höfliche Geste, die das Innere des Mundes verbergen soll und aus der Zeit stammt, als der Bader noch Zahnarzt war und viele Erwachsene schwarze, faulende Zahnstümpfe im Mund hatten. Diese Erklärung ist plausibel, aber sie stimmt nicht. Der wahre Grund liegt viel weiter zurück, in einer Zeit, als man noch glaubte, daß ein Mensch seine Seele aushauchen könnte, wenn er den Mund nur weit genug öffnete. Die Hand vor dem Mund sollte je-

DER MUND

doch nicht nur das Entweichen der Seele verhindern, sondern auch das Eindringen böser Geister durch den weit geöffneten Mund. Einige religiöse Sekten glaubten, das Gähnen sei eine List des Teufels, und statt ihren Mund mit der Hand zu bedecken, schnippten sie so laut sie konnten mit den Fingern, um das böse Wesen zu verscheuchen. Und in manchen Teilen Südeuropas bekreuzigen sich Christen noch heute, wenn sie gähnen.

Andere den Mund bedeckende Gesten haben andere Ursprünge. Während einer Unterhaltung kann eine Person die Hand heben, um den Mund teilweise zu bedecken; manchmal läßt sie sie sogar während des Sprechens dort. Dies ist eine »Tarnung« im buchstäblichen und symbolischen Sinn und kommt vor, wenn jemand etwas vor seinen Mitmenschen zu verbergen versucht. Es ist ein Zeichen für Heimlichkeit, ausweichendes Verhalten oder bewußte Täuschung. Die Hand wird vor den Mund gehalten, als sollte sie verhindern, daß die Worte über die Lippen kommen. Es wäre jedoch falsch, anzunehmen, eine solche Person sei einem nicht wohlgesonnen. Möglicherweise versucht sie nur, eine peinliche Wahrheit vor Ihnen zu verbergen, die Sie verletzen könnte.

Eine allgemein beliebte Tätigkeit des Mundes ist das Küssen. Der Kuß wird heute als freundliche Begrüßung und zur sexuellen Stimulation zwischen Liebenden gebraucht. Beim Begrüßungskuß werden die Lippen auf jeweils verschiedene Körperteile des anderen gelegt, je nachdem, in welcher Beziehung der Küssende und der Geküßte zueinander stehen. Küssen sich Menschen von gleichem Rang, tauschen sie die gleichen Küsse aus, auf die Lippen oder die Wangen. Begrüßt ein rangniedrigerer Mensch einen ranghöheren mit einem Kuß, küßt er dessen Hand, Knie, Fuß oder Gewandsaum. In extremen Fällen wird ihm sogar nur gestattet, den Staub vor den Füßen des Höhergestellten zu küssen.

Der Zungenkuß zwischen Liebenden kommt den urzeitlichen Ursprüngen des Küssens wesentlich näher. Es gab ihn schon vor sehr langer Zeit, und zwar weder als Begrüßungskuß noch zum sexuellen Anreiz, sondern als Entwöhnungsverhalten junger Mütter gegenüber ihren Kleinkindern. Als es noch keine praktische Babynahrung gab, mußte die Mutter ihrem Säugling, wenn sie ihn vom Stillen auf feste Kost umstellen wollte, Brösel vorkauen und ihm diese vorsichtig von Mund zu Mund eingeben. Diese Hand-

Das Sich-wieder-Beschaffen der oralen Genüsse der Kindheit.

Eine übliche Form des Mundkontaktes bei kleinen Kindern ist das Daumenlutschen. Es handelt sich dabei um einen Versuch, sich das Behagen des oralen Kontaktes mit der Brust wieder zu beschaffen, bei dem eine durch den Mund eintretende Wärme Nahrung und Liebe und Geborgenheit bedeutete. Bei Kindern wächst sich diese Gewohnheit im allgemeinen nach ein paar Jahren aus, aber wir finden sie im Nägelkauen wieder, im Nippen an süßen Getränken, im Einatmen von warmem Zigarren- und Zigarettenrauch und in dem versonnenen Nuckeln am Pfeifenstiel, das bei älteren Männern zu beobachten ist. In allen diesen Fällen durchleben wir wieder die köstlichen Momente der Kindheit, als wir an den Brustwarzen unserer Mutter oder an der Saugvorrichtung einer Milchflasche genuckelt haben. Der Umstand, daß solche »oralen Tröstungen« dazu dienen, die Anspannung bei gestreßten Erwachsenen zu vermindern, wird oft ignoriert, wenn das Rauchen aus medizinischer Sicht kritisiert wird.

Es gibt jetzt nur noch einen Bereich (außerhalb der Zahnarztpraxis), in dem das Spucken geduldet ist: wenn um die Wette gespuckt wird – und zwar meist Tabak, Obstkerne oder Bier. Die Entfernungen, die dabei erreicht werden, sind im Guinness-Buch der Rekorde getreulich verzeichnet. Der Rekord im Weitspucken von Tabak steht bei 13$^1/_2$ Metern. Melonen- und Kirschkerne etwa sind sogar jeweils an die 20 Meter weit gespuckt worden.

Durch das Entwöhnungsverhalten ist es zum Küssen gekommen.

Das Küssen hat seinen Ursprung in einem mütterlichen Verhalten, bei dem die Mutter während des Entwöhnungsprozesses vorgekaute Nahrung an ihr Kleinkind weitergab. Wie beim Saugen an der Brust verband sich dieser Mund-zu-Mund-Kontakt untrennbar mit kindlichem Behagen und Sicherheit. Daraus folgt, daß das Küssen wie auch das Saugen im Erwachsenenalter als ein mit liebevollen Beziehungen assoziierter Akt genüßlichen Intimkontakts weiterbesteht. Verhaltenere Beziehungen drücken sich in zurückhaltenderen Küssen aus – auf die Wange oder auf die Hand. In früheren Zeiten wurden unterwürfige Küsse durch einen Lippenkontakt ausgedrückt, bei dem gleichzeitig der Körper demütig geneigt wurde. Das führte so weit, daß man jemandem den Saum eines Kleidungsstückes, den Fuß oder gar den Boden neben seinem Fuß küßte. Solche übertriebenen Demutsbezeigungen sind heute selten geworden; eine der wenigen Ausnahmen bildet das päpstliche Küssen der Rollbahn, wenn der Papst in einem neuen Land eintrifft; mit dieser Geste will er ein

Gegengewicht zu dem Prunk und der Macht seines offiziellen Status schaffen.

lung, die in den entlegeneren Gebieten Europas und bei sehr abgeschieden lebenden Stammesgesellschaften noch heute zu beobachten ist, schuf eine frühe Verbindung zwischen der Lippenberührung und der Belohnung, von der Mutter gefüttert zu werden. Geküßt zu werden bedeutete, geliebt zu werden, und einen Kuß anzubieten bedeutete, Liebe zu geben. Diese Verbindung hat sich erhalten, obwohl der Entwöhnungsvorgang inzwischen raffinierter abläuft.

Orale Genitalkontakte – die, wie wir jetzt wissen, nicht die Erfindung einer dekadenten westlichen Gesellschaft sind, sondern

DER MUND

Das Entstellen und Verstecken weiblicher Lippen.

Bei einer ganzen Anzahl von Stammesverbänden wurden Lippenscheiben getragen, die die Gesichter völlig entstellen und einen normalen Gesichtsausdruck fast unmöglich machen. Man beginnt mit kleinen Scheiben, die die Größe einer Münze haben, und ersetzt sie von Zeit zu Zeit durch jeweils etwas größere Scheiben.

In manchen arabischen Kulturen, in denen Männer eifersüchtig über ihre Frauen wachen und sie vor den neugierigen Blicken Fremder abschirmen, wird der Mund mit einem Schleier bedeckt, der jede Möglichkeit der Kommunikation durch den Ausdruck des Gesichts nimmt. Auch die erotischen Signale weiblicher Lippen werden damit verborgen, ebenso jegliche Schönheit des Gesichtes, die die verschleierte Frau besitzen könnte. Manche Schleier bedecken nur den Mund und das Kinn, andere verbergen das ganze Gesicht und lassen für die Augen nur einen Schlitz frei, und manche Schleier bedecken sogar die Augen und sind nur an zwei kleinen Stellen mit Gaze durchzogen, damit die Trägerin sieht, wohin sie ihre Füße stellt. Wem das extrem erscheint, der sollte sich in Erinnerung rufen, daß in manchen Gegenden des Mittelmeerraumes eine Frau noch bis vor gar nicht langer Zeit nur wenige Male in ihrem ganzen Leben das Haus verlassen durfte – manchmal nur zweimal, nämlich zur eigenen Hochzeit und zum eigenen Begräbnis. Für solche Frauen war der Schleier ein gewaltiger Fortschritt.

DER MUND

seit Jahrtausenden bei den sexuellen Aktivitäten vieler Kulturen eine wichtige Rolle gespielt haben – gehen stark auf kindliche orale Lustgewinne an der Mutterbrust zurück. Wenn Liebende die Klitoris oder den Penis ihres Partners küssen, erinnern ihre Mundbewegungen stark an jene, die sie ausführten, als sie gestillt wurden. Der Eindruck, den das orale Stadium des Lebens hinterläßt, bleibt in irgendeiner Form während eines großen Teils unseres Erwachsenenlebens erhalten.

Ergänzend dazu sollte gesagt werden, daß aus der Sicht von Freud der orale Lustgewinn aus Lutschen und Saugen beim Erwachsenen eine frühkindliche *Saugenttäuschung* widerspiegelt. Damit ist gemeint, daß jene Kinder, denen die normalen oralen Befriedigungen durch die Mutter verweigert werden, den Rest ihres Lebens versuchen würden, diesen Verlust zu kompensieren. In extremen Fällen kann dies durchaus so sein, aber Freud hat übersehen, daß auch die Freuden, die wir auf einer bestimmten Stufe unseres Lebens erfahren, leicht zu künftigen Verhaltensmustern führen. Ein Mensch, der es als Baby genoß, an der Mutterbrust zu saugen, was auf die meisten zutrifft, wird wahrscheinlich kaum darauf verzichten, sich erwachsene Spielarten dieses Vergnügens zu beschaffen – nur weil es *keine* Saugenttäuschung für ihn gegeben hat. Freuds negative Einstellung gegenüber Erwachsenen, die gern küssen, rauchen, naschen und süße Heißgetränke schlürfen, ist vielleicht zu verstehen, denn sein eigener Mund bereitete ihm endlose Schmerzen. Er litt an Mundkrebs; der größte Teil seines Gaumens mußte in 33 Operationen entfernt werden, und insofern kann man ihm seine Einstellung gegenüber Erwachsenen vergeben, die er oral blockiert, brustfixiert und infantil nannte, nur weil sie im Gegensatz zu ihm orale Erwachsenenfreuden genießen konnten.

Eine ganz andere Art oraler Betätigung ist das Spucken. In alten Zeiten sah man darin eine Möglichkeit, den Göttern zu opfern. Weil die Spucke aus dem Mund kam, glaubte man, daß sie einen kleinen Teil der Seele des Spuckenden enthielt. Opferte ein Mensch dieses wertvolle Teilchen seinen übernatürlichen Beschützern, konnte er sie als Helfer für sich gewinnen. Das Gefährliche dabei war, daß seine Widersacher, so es ihnen gelang, etwas von der Spucke aufzulesen, ihn mit einem feindlichen Zauber belegen und verhexen konnten. Aus diesem Grund beschäftigten

DER MUND

Stammeshäuptlinge einen Spuckegräber, der dem Häuptling mit einem tragbaren Spucknapf überallhin folgen und den Inhalt täglich an einem geheimen Ort vergraben mußte.

Der Glaube an die magische Kraft der Spucke war weit verbreitet. Man gebrauchte Spucke, wenn man Eide ablegte oder Verträge schloß, und das Spucken in die Handflächen nach einem guten Geschäftsabschluß hat sich in einigen Ländern bis heute erhalten. Daß Boxer sich vor einem Kampf in die Hände spucken, geht ebenfalls auf diese Frühformen schützenden Zaubers zurück, auch wenn man die Handlung schon seit langem rational als »Befeuchten der Handflächen, um den Gegner besser in den Griff zu bekommen« zu erklären suchte. In den Mittelmeerländern, wo man an den bösen Blick glaubt, galt Spucken als Schutz gegen den bösen Blick. Ging jemand, der mit dem bösen Blick behaftet war, an einem vorüber, spuckten die Leute zum Schutz gegen ihn auf den Boden. Auf diese Weise wurde aus einem heiligen Akt eine grobe Beleidigung. Und jemanden anzuspucken wurde schließlich ein symbolischer Akt für starke Ablehnung.

Von allen Hervorbringungen unseres Mundes erreichen Töne die größten Weiten. Die männliche Stimme ist normalerweise auf eine Entfernung von über 200 m zu verstehen; die größte Weite, die man festgestellt hat, betrug 16,8 km über ein sehr ruhiges Gewässer in einer stillen Nacht. In bestimmten Bergregionen der Welt haben sich Pfeifsprachen entwickelt, mit denen sich die Menschen über die Täler hinweg verständigen konnten. Auf La Gomera, einer der Kanarischen Inseln, gibt es eine Pfeifsprache, *silbo,* die eigentlich ein gepfiffenes Spanisch ist, wobei die Ton- und Klangvariationen der Pfiffe die Vibrationen der Stimmbänder ersetzen. An guten Tagen sind diese gepfiffenen Botschaften über Entfernungen bis zu 8 km zu verstehen.

Weil der Mund so im Mittelpunkt des Interesses steht, wenn sich Menschen begegnen, hat man ihn, von Kultur zu Kultur verschieden, auf unzählige Arten abzuwandeln und zu verbessern versucht. Den Lippenstift habe ich bereits erwähnt, aber in verschiedenen Stammesgesellschaften hat man die Lippen auch tätowiert und Scheiben in die Lippen eingesetzt, um den Gesichtsausdruck drastisch zu verändern.

Das Einsetzen von hölzernen Lippenscheiben, die einen Durch-

189

DER MUND

messer von der Größe einer Münze bis zu der eines Tellers haben konnten, war früher in Stammesgesellschaften weit verbreitet. Diese merkwürdige Verschönerung kommt in weit voneinander entfernten Gebieten vor, im tropischen Afrika und in den Wäldern im Norden von Südamerika. In Afrika war sie am häufigsten bei den Stämmen anzutreffen, die die Hauptbezugsquelle für Sklavinnen waren, und man hat das häufig damit erklärt, daß die Frauen des Stammes dadurch für die arabischen Sklavenhändler unattraktiv aussahen. Diese Scheiben wurden auch als Zeichen von hohem Stand interpretiert und als eine Möglichkeit, Frauen zu entstellen, um Eifersüchteleien zu vermeiden. Aber welchem Zweck diese Lippenscheiben auch wirklich dienen mochten, in jedem Fall zerstörten sie sämtliche Formen des Mundausdrucks.

Eine weniger drastische Methode, die Möglichkeiten des Gesichtsausdrucks einzuschränken und weibliche Schönheit vor der Öffentlichkeit zu verbergen, war in Nordafrika und in Teilen des Mittleren Ostens die Verschleierung der Frauen. In der extremsten Form bedeckte der Schleier das ganze Gesicht und ließ nur kleine runde Löcher für die Augen frei. In allen seinen Erscheinungsformen verringerte er die visuelle Kommunikation zwischen verheirateten Frauen und Fremden.

Für westliche Augen waren gesunde, strahlend weiße Zähne immer ein besonderes Schönheitsmerkmal, aber in vielen Kulturen ist man anderer Ansicht. In Afrika, Asien und Nordamerika entfernte man die mittleren Schneidezähne, um die spitzen Eckzähne hervorzuheben, was den Mund drohender und raubtierhaft aussehen ließ – fast wie ein Draculagesicht.

Auch spitz zugefeilte Zähne dienten dazu, das Gesicht gefährlich aussehen zu lassen. Diese Methode hat sich weit verbreitet, von Afrika bis Südostasien und auf dem gesamten amerikanischen Kontinent. Manchmal wurden wertvolle Steine oder Metalle in die Zähne eingelegt als Statussymbole für Ranghöhere. Viele dieser Zahnoperationen und -entstellungen wurden in bestimmten Lebensphasen der Stammesangehörigen ausgeführt, besonders in der Pubertät und bei Heiratsfähigkeit, weil die Münder symbolisch als »versetzte« Genitalien galten.

In manchen Gegenden wurde die Wirkung der Zähne eher verringert als übertrieben. In Bali zum Beispiel mußten sich junge Er-

---

Das Verziehen des Mundes ist zwar weit verbreitet, aber nicht in allen Kulturen.

Es gibt zahllose regional verschiedene Mundgesten, die ganz spezielle Bedeutungen haben. Manche haben nur einen ganz beschränkten Geltungsbereich wie zum Beispiel eine kleine Insel; andere sind über ganze Kontinente verbreitet. Das Herunterziehen der Mundwinkel, das hier nur allzu beredt von einem Franzosen dargestellt wird, ist so weit verbreitet, daß wir dazu neigen, es für eine universelle Geste der Gattung Mensch zu halten. Doch das ist ein Irrtum. Im Orient existiert das Verziehen des Mundes so gut wie gar nicht, wie sich kürzlich anhand der Beobachtung herausstellte, daß die gebildeteren, jungen, westlich orientierten Japaner das Herunterziehen der Mundwinkel gerade erst übernommen haben. Selbst im Westen gibt es zwischen den einzelnen Kulturen beträchtliche Unterschiede im Gebrauch dieser Geste, wobei sich die ausgeprägteste Version weitgehend auf romanische Länder beschränkt.

wachsene unter großen Schmerzen die Eckzähne flach abfeilen lassen. In bestimmten anderen östlichen Kulturen schwärzten die Frauen ihre Zähne oder färbten sie dunkelrot; dadurch bekamen sie einen kindlichen Ausdruck, als wären sie zu dem zahnlosen Zustand ihrer Säuglingszeit zurückgekehrt, und erschienen gegenüber ihren Männern noch untergeordneter.

Es gibt viele regional begrenzt verbreitete Gebärden, die den Mund miteinbeziehen. Manchmal wird die gleiche Botschaft durch Gesten übermittelt, die von Land zu Land leicht variieren. Das Zeichen für »Ruhe!« zum Beispiel besteht gewöhnlich darin, daß der gehobene Zeigefinger vor die geschlossenen Lippen gehalten wird. Aber in Spanien und Mexiko drückt man dabei meistens die Lippen mit Daumen und Zeigefinger zusammen.

Das Zeichen für essen ist in der ganzen Welt ziemlich gleich. Dabei wird mit geschlossenen Fingern nachgeahmt, wie man etwas zu essen in den Mund schiebt. Das Zeichen für trinken hat zumindest

DER MUND

zwei Formen. In den meisten Ländern ist es einfach die mimische Darstellung, wie der Inhalt eines imaginären Glases in den offenen Mund gekippt wird. In Spanien herrscht eine andere Version vor, denn hier gibt es den Brauch, aus einem weichen Lederbeutel zu trinken, der so hoch gehalten wird, daß sich ein Strahl der Flüssigkeit in den Mund ergießt. Um das Trinken anzudeuten, ahmt der Spanier diese Handlung nach, indem er die Hand mit gestrecktem Daumen und gestrecktem kleinen Finger hoch in die Luft hält. Die anderen Finger sind gekrümmt, und in dieser Fingerstellung stößt der Daumen auf die offenen Lippen nieder. Ein »Abkömmling« dieser Geste, der in Hawaii vorkommt, ist ein Erbe der frühen spanischen Seefahrer, die den Pazifik besuchten. Die Hawaiianer verwenden die gleiche Handhaltung zur freundlichen Begrüßung. Sie zielen damit nicht mehr auf den Mund, sondern winken ihren Freunden zu. Die meisten haben keine Ahnung vom ursprünglichen Sinn dieser Geste, die sie täglich ausführen.

Bei einer Mundgebärde, die in den Mittelmeerländern zu Hause ist und Zorn andeutet, wird ein Daumennagel hinter die oberen Schneidezähne gelegt und dann mit einem schnellen kräftigen Ruck nach vorne in Richtung auf das Opfer bewegt. Aus irgendeinem Grund wird diese Geste immer seltener ausgeübt. Bis ins 17. Jahrhundert war sie in Nordeuropa, einschließlich der Britischen Inseln, eine allgemein übliche Beleidigung, aber dort ist sie inzwischen ausgestorben. Ihre heutige Hochburg ist Griechenland, aber auch in Italien, Spanien und Südfrankreich ist sie sehr geläufig. Auch bei einigen Arabern ist sie populär; andere zeigen ihren Zorn lieber, indem sie sich auf die Unterlippe beißen und gleichzeitig den Kopf von einer Seite zur anderen schütteln, womit sie einen Hund nachahmen, der eine Ratte tötet.

Anerkennung wird häufig dadurch zum Ausdruck gebracht, daß die Fingerspitzen auf die Lippen gelegt und in Richtung auf den gepriesenen Gegenstand geküßt werden. Das Lippenschmatzen war ursprünglich nur als Lob für gutes Essen gedacht, wird aber heute oft als Zeichen der Wertschätzung für eine weibliche Person, die »zum Anbeißen« ist, gebraucht. Die Lippen beim Ausatmen geräuschvoll vibrieren zu lassen bedeutete früher, daß etwas »heiß« ist; heute wird es auch als Gefallensäußerung gegenüber einer »tollen« Frau gebraucht.

Der Bart

Der Bart ist das auffälligste sekundäre Geschlechtsmerkmal des Menschen, denn er ist, gleichgültig ob jemand bekleidet oder unbekleidet ist, schon von weitem zu sehen. Der Mensch ist zwar nicht die einzige Primatenart, die stolz einen Bart trägt, aber gewiß die mit dem eindrucksvollsten Schmuck dieser Art. Die Weltrekordlänge für einen Bart beträgt über 5 m; die größte Spannweite eines Schnurrbarts 2,5 m. Obwohl diese Zahlen seltene Extreme darstellen, würde jeder normale erwachsene Mann, der sich Bart und Schnurrbart zehn Jahre lang nicht schneiden würde, alle übrigen Primatenarten mit seiner ehrfurchtgebietenden Gesichtsbehaarung ohne weiteres ausstechen. Mit seinem buschigen Gesichtshaar und dem herabhängenden Kopfhaar muß der prähistorische Mann ein erstaunlicher Anblick und etwas ganz Neues in der Tierwelt gewesen sein.

Das menschliche Gesichtshaar entwickelt sich unter dem Einfluß männlicher Hormone bei beginnender Geschlechtsreife. Bei der typischen erwachsenen Frau wächst nie mehr als ein Flaum, der nur aus der Nähe und bei genauem Hinsehen zu entdecken ist. Beim erwachsenen Mann dagegen wachsen um den Mund, auf der gesamten unteren Gesichtshälfte, auf Kinnbacken, Kinn und am oberen Hals lange Haare. Sie wachsen täglich bis zu einem halben Millimeter. Würde sich ein Mann gut zwei Jahre lang nicht rasieren, könnte er der stolze Besitzer eines etwa 30 cm langen Bartes sein, der einen großen Teil seiner Brustpartie bedecken würde, und kein anderes biologisches Merkmal würde ihn stärker von der erwachsenen Frau unterscheiden.

Seit Jahrhunderten wird heiß debattiert, welchem Zweck der männliche Bart in erster Linie diente. Viele sahen in ihm einen natürlichen »Schal«, der die empfindliche Halspartie schützen und wärmen sollte. Weil der Mann bei Wind und Wetter auf die Jagd gehen mußte, während Frauen und Kinder gemütlich im Schutz der Höhle bleiben konnten, soll die Natur die tapferen Männer des Stammes mit einem exklusiven Schutz ausgestattet haben. Aber diese Theorie enthält zwei entscheidende Fehler. Erstens: Wenn sich die bärtigen Männer irgendwie bekleidet hätten – zum Beispiel mit Tierhäuten – um den Rest ihres (praktisch unbehaarten) Körpers zu schützen, hätten sie auch leicht etwas Schützendes für den Hals finden können, wenn ihnen so viel daran lag. Wenn man

DER BART

hingegen davon ausgeht, daß sich der Bart vor der Efindung der Kleidung entwickelt hat, dann ergibt es natürlich keinen Sinn, daß der Körper zum größten Teil nackt blieb und nur der Hals geschützt war. Wenn die robusten jagenden Männer an einem kalten eiszeitlichen Morgen eine isolierende Behaarung nötig gehabt hätten, hätte ihnen die Natur sicherlich ihren körperbedeckenden Haarpelz wiedergegeben. Zweitens weisen jene menschlichen Rassen, die sich an die kälteren Regionen der Welt hervorragend angepaßt haben – die fettgepolsterten Eskimos zum Beispiel – den spärlichsten Bartwuchs auf. Wenn Bärte Halswärmer gewesen wären, hätten sie bei diesen Menschen am üppigsten gedeihen müssen. Die alternative Theorie sieht im männlichen Bart nur ein Zeichen für männliche Reife, ein einfaches Geschlechtsmerkmal.

Der Bart hat als Signal für Männlichkeit, als eine Art männliche Flagge, vor allem eine stark visuelle Wirkung, aber er scheint auch als Geruchsträger zu wirken. Im Gesichtsbereich gibt es eine Anzahl von Duftdrüsen, und ihre Produkte halten sich besser auf einem behaarten Gesicht. Wenn diese Drüsen während der Adoleszenz zum erstenmal aktiv werden, kann ein Überschuß an Hormonen zu Hautunreinheiten führen, die wir als Akne bezeichnen. Es ist eine Laune der Natur, daß ausgerechnet die Jugendlichen mit dem meisten »Sex« die schlimmsten Akneausschläge haben.

Als optisches Signal eines dominanten erwachsenen Mannes unterstreicht der Bart zudem die aggressive Kinnhaltung. Wenn wir zornig sind, recken wir das Kinn vor; wenn wir unterwürfig sind, weicht es zurück. Männer haben kräftigere Kiefer und ein stärker vorspringendes Kinn als Frauen, was ihnen einen aggressiveren Gesichtsausdruck verleiht, selbst in Augenblicken völliger Entspannung. Ein Bart betont noch die feindselige Wirkung des vorspringenden Kinns, zumal das Barthaar ja steifer und krauser ist als das Kopfhaar und dadurch fülliger und stärker vom Gesicht absteht.

Aufgrund dieses Unterschieds werden Heldengestalten immer mit kräftigem Kiefer und einem eindrucksvollen stolzen Kinn porträtiert. Männer, die das Pech haben, ein fliehendes Kinn zu besitzen, werden beleidigend als »kinnlos« bezeichnet und als weibische Schwächlinge angesehen. Umgekehrt gelten Frauen mit kräftigen Kiefern automatisch als harte, strenge Persönlichkeiten. An diesen

DER BART

Bei einem Durchschnittsmann dauert es rund zwei Jahre, bis ihm ein Bart von 30 Zentimetern Länge gewachsen ist. Üppige und beeindruckende Bärte wie der hier sind daher das Ergebnis fünf- oder sechsjährigen Wachstums und viel sorgsamer Pflege. Keine andere Tierart kann sich mit einem so langen Kinn-»Fortsatz« brüsten. Auch das rasierte männliche Kinn kann imponierend sein, insbesondere wenn es mit einer selbstsicheren Pose einhergeht.
Der aggressive Mann drückt sein Kinn nach vorn, und es ist kein Zufall, daß bei unserer Spezies Männer ein ausgeprägteres Kinn haben als Frauen.

Reaktionen halten wir hartnäckig fest, ungeachtet gegenteiliger Beweise über den wahren Charakter eines uns bekannten Menschen, weil wir im Unterbewußtsein einfach nicht anders auf diese alten biologischen Geschlechtsmerkmale reagieren können.

Angesichts der Bedeutung des Barts als maskulines Signal erscheint das tägliche Rasieren absonderlich und widernatürlich. Warum wollen so viele erwachsene Männer in so vielen Kulturen auf ihr auffälligstes Geschlechtsmerkmal verzichten? Zumal das Rasieren Zeit und Mühe kostet. Ein 60jähriger Mann, der seit seinem 18. Lebensjahr, sagen wir mal, täglich zehn Minuten für das

DER BART

Wie viele seiner Verwandten unter den Primaten hat auch der Menschenmann Haarbüschel im Gesicht, die als Geschlechtsmerkmale fungieren. Ungestutzt wächst der Bart des Mannes zu dramatischen Proportionen heran und trägt dazu bei, die aggressive Pose des vorgestreckten Kinnes des selbstsicheren, wetteifernden Männchens zu betonen. Ein gewaltiger Bart läßt einen Mann automatisch weniger freundlich, also bedrohlicher wirken, was heute der Hauptgrund für das Entfernen des Bartes durch Rasur ist.

*Der Bart ist nicht nur das männliche Geschlechtsbanner –
er ist auch ein sexueller Geruchsträger.*

DER BART

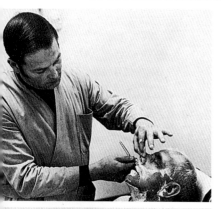

Primaten verbringen viel Zeit damit, einander die Haare zu pflegen, und die Menschen bilden keine Ausnahme von dieser Regel. Noch bis vor kurzem war es üblich, sich beim Barbier rasieren zu lassen, doch mit dem Aufkommen des ersten Sicherheitsrasierers und dann des elektrischen Rasierapparates ist diese spezielle Form der öffentlichen Pflege enorm zurückgegangen, und das Rasieren ist zunehmend zu einer privaten und persönlichen Prozedur geworden.

Viele Jahre lang war die Dame mit Bart eine der Hauptattraktionen in Jahrmarkt-Schaubuden; doch wegen des veränderten Publikumsgeschmacks und des allmählichen Rückgangs der Zurschaustellung von Abnormitäten sind bärtige Frauen zu einer großen Seltenheit geworden. Mit Hilfe neuer Enthaarungsmethoden ist es für eine Frau mit behaartem Kinn ein leichtes, das anstößige Haar zu entfernen, und es hat wenig Sinn, es dort zu lassen, wenn damit nicht mehr Karriere gemacht werden kann. Das biologisch Seltsame an bärtigen Frauen ist, daß sie nicht am ganzen Körper stärker behaart zu sein scheinen. Von den berühmtesten Damen dieser Art aus viktorianischen Zeiten berichtete man, sie hätten, abgesehen von ihrem Kinn, eine »glatte und schöne Haut«. Der genetische Faktor, der bewirkt, daß einer Frau ein richtiger Bart sprießt, scheint von ganz besonderer Art zu sein.

Junge Männer opferten ihre Bärte den Göttern.

Da ein ängstlicher Mann sein Kinn einzieht und ein aggressiver Mann es herausstreckt, liegt es auf der Hand, daß es einem Menschen mit einem von Natur aus fliehenden Kinn schwerfallen wird, sich zu behaupten, und man wird ihn verletzend als »kinnloses Wunder« bezeichnen. Dem Mann mit dem größeren Kinn wird bewundernd ein kantiges Gesicht attestiert. Diese anatomischen Abweichungen haben wenig mit der wahren Durchsetzungskraft zu tun. Mancher Mann mit einem schwach ausgeprägten Kinn – wie beispielsweise Friedrich der Große – hat bewiesen, daß er sich in Wirklichkeit sehr wohl behaupten kann. Bei Männern mit einem ungewöhnlich vorspringenden Kinn finden wir häufig einen Spalt oder ein Grübchen mitten im Kinn, ein Merkmal, das sehr häufig als ansprechend maskulin angesehen wird.

Der Umstand, daß ein rasierter Mann weiblicher aussieht, hat manchmal den Spott der Bärtigen wachgerufen. John Bulwer, der im 17. Jahrhundert schrieb, tobte und wütete gegen das nackte Kinn: »Welch größeren Augenschein der Weibischkeit kann man sich denken, als sich den äußeren Anschein einer Frau zu geben und sich mit der glatten Haut einer Frau sehen zu lassen, eine schandbare Metamorphose ... Wieviel schimpflicher noch ist es, in der Glattheit des Gesichtes jenem schwachen Geschlecht zu ähneln?« Das Rasieren, so wetterte er, sei »eine lächerliche Mode, die man nur mit höhnischen und niederträchtigen Be-

merkungen bedenken kann ... Der Bart ist eine einzigartige Gabe Gottes, und jener, der ihn abrasiert, hat es auf nichts anderes abgesehen, als weniger Mann zu sein. Ein Vorgehen, das nicht nur anstößig ist, sondern auch ein Akt der Ungerechtigkeit und Undankbarkeit gegen Gott und die Natur, der mit der Heiligen Schrift unvereinbar ist ...« In diesem Sinne fährt er über weitere 24 Seiten fort.

DER BART

Entfernen seiner Bartstoppeln aufgewendet hat, wird nicht weniger als 2555 Stunden – oder 106 Tage – auf diese merkwürdige Betätigung verschwendet haben. Warum?

In alter Zeit galt der Bart als männliches Symbol für Macht, Stärke und Virilität. Der Verlust des Bartes war eine schreckliche Tragödie. Es war eine Strafe, die besiegten Feinden, Gefangenen und Sklaven zugemessen wurde. Glatt rasiert zu sein war eine Schande. Die Männer schworen bei ihrem Bart. Bärte waren heilig. Gott trug einen langen Bart. Eine rasierte Gottheit war undenkbar. Die Pharaonen des alten Ägypten trugen bei feierlichen Anlässen falsche Bärte, um ihren hohen Rang und ihre männliche Weisheit zu demonstrieren. Sogar die Pharaonenkönigin Hatshepsut trug einen falschen Bart, um zu zeigen, wie mächtig sie war.

Heute treten bärtige Damen zwar nur noch im Zirkus auf, doch die alten mythischen Muttergottheiten wurden mit Bart dargestellt, da sie so bedeutender wirkten. Sogar die christliche Kirche konnte sich einer bärtigen Märtyrerin rühmen, der heiligen Wilgefortis, einer Jungfrau, die den Kreuzestod starb.

Weil Bärte so wichtig waren, wendeten die Herrscher der frühen Zivilisationen – Perser, Sumerer, Assyrer und Babylonier – ungeheuer viel Zeit für die Bartpflege auf. Sie behandelten sie mit Zangen, Brennscheren, Färbemitteln und Parfüms. Ihre Bärte wurden gefärbt, geölt, parfümiert, gefältelt, gelockt, gekräuselt oder gestärkt und zu besonderen Gelegenheiten mit Goldstaub bepudert und mit Goldfäden durchwirkt.

Die frühesten Beispiele für freiwilliges Rasieren scheinen mit dem Wunsch verbunden gewesen zu sein zu zeigen, daß man sich einem Gott als Sklave unterwirft. Junge Männer opferten ihre Bärte den Göttern zum Zeichen treuer Ergebenheit. Priester nahmen ihre Bärte ab als Symbol der Erniedrigung. Auf einer bleibenden und breiteren Basis wurde das Rasieren anscheinend als ein militärischer Brauch im alten Griechenland und in Rom eingeführt. Angeblich hat Alexander der Große seinen Soldaten befohlen, sich die Bärte abzunehmen, um ihre Chancen im Nahkampf zu verbessern. Lange Bärte konnten dem Feind nützen, da er einen daran festhalten konnte – was man noch heute manchmal bei Profi-Ringkämpfen sehen kann. Die römischen Soldaten mußten ihre Bärte abnehmen, da sie so besser zu erkennen waren. Mit rasierten

DER BART

Wangen ließen sie sich im Kampf leichter von den behaarten Barbaren unterscheiden. Außerdem war es auch eine Frage der Hygiene, obwohl man nicht genau weiß, wieweit sie dabei eine Rolle spielte.

Nachdem die beiden alternativen Moderichtungen – rasiert oder unrasiert – sich erst einmal etabliert hatten, konnte jede soziale Gruppe oder Kultur durch die Art, wie die Männer ihre Bärte trugen, Untergebenentreue oder Rebellion ausdrücken. Manchmal schwang das Pendel nur wegen der Barttracht eines Führers um. Ein französischer König hatte auf seinem Kinn eine häßliche Narbe und ließ sich einen Bart wachsen, um sie zu verdecken. Aus Respekt vor ihrem König trugen dann fast alle Franzosen einen Bart. Einem spanischen König wuchs kein Bart, und so gingen ihm zur Ehre alle seine spanischen Untertanen glatt rasiert.

Manchmal trug ein bestimmter Teil der Gesellschaft Bärte, während sich andere rasierten. So bekamen wir den »bärtigen Krieger«, den »bärtigen Seemann«, den »bärtigen Künstler« und den »bärtigen Hippie« als besondere Typen innerhalb einer vorwiegend glatt rasierten Bevölkerung. In diesen Fällen waren die buschigen Ausnahmen von der allgemeinen Regel gewöhnlich entweder aggressiv dominierende Männer oder ungezähmte Wirrköpfe. Die aggressiven militärischen Bärte waren auf typische Weise gestutzt und zugespitzt und zeigten an, daß ihre Besitzer sowohl herrisch auftraten als auch gut organisiert waren. Das zottige Barthaar der sozialen Rebellen, der Maler, Dichter und Hippies, war eher ungebärdig und widerspenstig und spiegelte den mangelnden Respekt ihrer Besitzer vor gesellschaftlichen Konventionen und Reglements wider.

Trotz dieser besonderen Kategorien ist der gewöhnliche Durchschnittsmann in den vergangenen Jahrhunderten fast immer glatt rasiert gewesen. Manchmal wurde dies der Bevölkerung vorgeschrieben, wie im England der elisabethanischen Ära, als Bartträger eine Steuer zahlen mußten, wobei die niedrigste Quote die damals beträchtliche Summe von drei Shilling und vier Pennies pro Jahr betrug. Dadurch war der Bart den oberen Klassen vorbehalten und wurde zu einem gesellschaftlichen Statussymbol. In anderen Fällen war das Schicksal des Bärtigen die gesellschaftliche Ächtung, die nur die Standhaftesten und Mutigsten ertragen konn-

DER BART

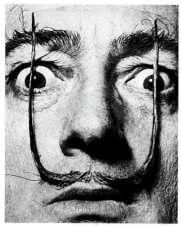

Ein Symbol obsessiver, aber gehemmter Sexualität.

Der Schnurrbart ist oft als ein Symbol obsessiver, dennoch verklemmter Sexualität und Männlichkeit angesehen worden. Der Grund für Bemerkungen dieser Art ist ganz einfach. Das Tragen eines Schnurrbarts spiegelt das Bedürfnis wider, das maskuline Geschlecht herauszustreichen, aber die Beschränkung der Gesichtsbehaarung auf diese kleine, sorgsam gepflegte Stelle über der Oberlippe weist auf Zurückhaltung und starke Selbstbeherrschung hin. In dieser Deutung liegt ein Funke Wahrheit, doch wenn man sie verallgemeinert, wird sie nichtssagend. Für viele Männer ist der Entschluß, einen Schnurrbart zu tragen, keine persönliche Entscheidung, sondern eine Reaktion auf die vorherrschende Mode in ihrer näheren Umgebung.

DER BART

Die Geste, sich über das Kinn zu streichen, ist ein Relikt, das auf Zeiten zurückgeht, in denen der Bart ein traditionelles Symbol der Weisheit war, und eine Hand, die sich durch einen Bart bewegte, darauf hinweisen sollte, daß man in Gedanken vertieft war. Den Bart als Symbol langsamen Wachstums und des Vergehens der Zeit machten sich viele regionale Gesten zunutze. In Deutschland und Österreich beispielsweise streicht man sich manchmal mit dem Daumen und dem Zeigefinger einer Hand seitlich an einem tatsächlich vorhandenen oder imaginären Bart entlang, und diese Geste bedeutet: »Der Witz, den du mir erzählst, ist so alt, daß er schon so einen Bart hat.« In Frankreich und in Norditalien kann der Handrücken an der Unterseite des Kinns nach vorn geschnellt werden, als reibe man die Hand am Bart. Diese Geste drückt Langeweile aus und besagt: »Sieh mal, wie lang mir schon der Bart gewachsen ist, während ich das über mich ergehen lassen mußte.« Diese schnellende Geste mit der Hand am Kinn kann jedoch, wenn sie aggressiv ausgeführt wird, auch eine dritte dem Bart zugeordnete Eigenschaft nutzen. Dann heißt sie: »Dir werde ich zeigen, was für ein Mann ich bin!« Sie kommt als Beleidigung zum Einsatz, wenn man jemanden für einen Lügner hält oder einem jemand lästig wird. Das Bedrohliche, das der Bart des Mannes in früheren Zeiten symbolisierte, wird hier zu einer Geste neuerer Art abgewandelt.

ten. Im Jahr 1830 wurden einem bärtigen Mann in einer Stadt in Massachusetts die Fenster eingeschlagen, Kinder warfen mit Steinen nach ihm, und der Pfarrer verweigerte ihm die Kommunion. Schließlich wurde er von vier Männern überfallen, die ihn gewaltsam zu rasieren versuchten. Als er sich wehrte, wurde er festgenommen und wegen tätlichen Angriffs zu einem Jahr Gefängnis verurteilt.

Doch gewöhnlich waren so harte Maßnahmen ganz unnötig, denn die Mehrzahl der Männer war glücklich, sich rasieren zu dür-

Die Symbolik im Berühren des Kinnes und im Streichen über das Kinn.

fen. Nur in Kulturen, die vorübergehend von einer feindlichen Macht beherrscht wurden oder von einem aufgeblasenen Patriarchentum (wie in der spätviktorianischen Gesellschaft), war der Bart wirklich weit verbreitet und erfreute sich als »gesellschaftliche Norm« einer kurzen Blütezeit. Damit haben wir vielleicht einen Anhaltspunkt, um eine Antwort auf die oben gestellte Frage zu finden: Warum verschwenden die Männer jeden Morgen soviel

Gesten, bei denen das Kinn eines anderen Menschen berührt wird, sind relativ selten.

Eine Frau kann von Zeit zu Zeit zärtlich über den Bart eines geliebten Mannes streichen, aber diese Geste bewegt sich im Rahmen allgemeinerer Zärtlichkeiten. Die einzige spezifische Form der Berührung des Kinnes ist das »Kinntätscheln«, bei dem ein Mann seinen Zeigefinger seitlich unter das Kinn einer Frau legt und das Kinn hochzieht. Das soll heißen: »Kopf hoch!« oder »Nur nicht hängenlassen!«, doch die zudringliche Intimität dieser Geste macht sie zu einer leicht herablassenden Forderung, selbst wenn die Geste liebevoll gemeint ist.

Dem Mann dient diese Geste auch dazu, sich durch die Hautberührung mit seinem Finger die weibliche Zartheit der Gesichtshaut der Frau in Erinnerung zu bringen.

DER BART

Zeit, um sich die Bartstoppeln vom Kinn zu schaben? Wenn Bärte männliche Feindseligkeit und Dominanz zur Schau stellen, dann muß das freiwillige und regelmäßige Entfernen des Bartes den Wunsch der Männer anzeigen, ihre urzeitliche Aggressivität zu unterdrücken. Mit anderen Worten: Der Glattrasierte gibt eine optisch demonstrative Erklärung ab, daß er um mehr Mit- als Gegeneinander ersucht. Seine Botschaft an die Mitmenschen ist: »Ich nehme meine Männlichkeit etwas zurück in der Hoffnung, daß du das gleiche tun wirst. Auf diese Weise können wir zusammenarbeiten und wettstreiten, ohne unsere alte Kampfeslust übermäßig zu reizen.«

Aus dieser Sicht wird das Rasieren zu einem weltweit anerkannten Beruhigungssignal. Und es hat einige günstige Nebenwirkungen. Da Kinder keine Bärte haben, wirkt der rasierte Mann aufgrund unbewußter Assoziationen jünger, als er ist. Außerdem ist sein Gesichtsausdruck besser zu erkennen, weshalb der rasierte Mann kommunikativer erscheint. Ein Vollbart neigt dazu, einen freundlichen Gesichtsausdruck zu verdüstern, was gut zu einem tyrannischen Mann paßt, aber nicht zu einem jungenhaften. Das Rasieren läßt auch automatisch auf Gepflegtheit und Reinlichkeit schließen. Ein bärtiger Esser ist von Natur aus kein so sauberer Esser wie ein »sauber rasierter«.

Das Rasieren läßt also einen erwachsenen Mann jugendlicher, freundlicher und sauberer wirken. Aber es läßt ihn auch femininer aussehen, was ihn manchmal dem Spott der überzeugten Bartträger ausgesetzt hat. Obwohl die meisten Leute diesen Effekt des Rasierens ignorieren, gibt es einige, die insgeheim das Gefühl haben, behaarter zu sein sei mehr »macho«. Aber sie haben ein Problem. Sie wollen jung aussehen, ein ausdrucksvolles Gesicht haben und »sauber« wirken, aber sie würden auch gern etwas maskulines Barthaar zeigen, um ihr Geschlecht auf bescheidene Weise zur Schau zu stellen. Die Lösung ist jener berühmte Kompromiß, der Schnurrbart. Wenn sie nur den Teil des Bartes tragen, der den Hautstreifen zwischen Nase und Oberlippe bedeckt, schlagen sie zwei Fliegen mit einer Klappe. Ein Mensch mit Schnurrbart ist eindeutig nicht weiblich; trotzdem bleiben Ausdruckskraft und Sauberkeit des rasierten Gesichts erhalten. Und auf der Jugendlichkeitsskala rangiert er als reifer, aber nicht alter Mann.

DER BART

Der Macho-Schnurrbart war bei Soldaten sehr beliebt, die ihn gewachst, gefärbt, zurechtgebogen und gezwirbelt haben, so daß er oft zum Brennpunkt ihrer Männlichkeit wurde. Jede Zeit hatte ihren eigenen besonderen Schnurrbartstil, von der »Lenkstange« der englischen Bomberpiloten während des Krieges bis zu dem schmalen Oberlippenbärtchen der ersten Filmstars. Symbolisch besagt der Schnurrbart: »Ich möchte, daß man mich für freundlich hält (deshalb habe ich mein Kinn rasiert), aber ich halte mich für außergewöhnlich maskulin (deshalb habe ich ein Überbleibsel meines großen männlichen Bartes stehen lassen).«

Manchmal verändert sich ganz plötzlich die gesellschaftliche Bedeutung des Schnurrbarts. Ein typisches Beispiel dafür war das, was vor gar nicht langer Zeit in New York und San Francisco geschah, als die Macho-Männer die Signalwirkung ihrer Schnurrbärte an die Homosexuellen verloren. Als die homosexuellen Männer in den 70er Jahren anfingen, Schnurrbärte zu tragen, liefen den heterosexuellen Schnurrbartträgern alten Stils plötzlich die homosexuellen Möchte-gern-Partner nach. Entsetzt schabten sie ihre Ex-Macho-Abzeichen ab, und in diesen Städten brach eine neue Phase der Schnurrbartsignale an.

Schließlich gibt es zwei Schnurrbartgesten – das Schnurrbartwischen und das Zwirbeln der Schnurrbartenden –, die beide das gleiche bedeuten. Es sind Handlungen des Sich-Zurechtmachens, auch Vorbereitungen, um jemandem den Hof zu machen; sie dienen auch zur Übermittlung von Gefühlsregungen, etwa wenn ein Italiener eine attraktive Frau sieht und seine Empfindungen für sie seinen Freunden mitteilen will. Das Zwirbeln stammt aus der Zeit der gewachsten Schnurrbärte, und es hat sie überlebt. Heute zwirbeln glatt rasierte Männer imaginäre Schnurrbartspitzen, und ihre Kameraden verstehen die Geste noch immer, auch wenn sie vielleicht nie in ihrem Leben einen gewachsten Schnurrbart gesehen haben.

Der Hals

Man hat den Hals als den subtilsten Teil des menschlichen Körpers bezeichnet. Abgesehen davon, daß er die lebenswichtigen Verbindungen zwischen Mund und Magen, Nase und Lunge, Gehirn und Rückgrat enthält, beherbergt er auch die wichtigen Blutgefäße zwischen Herz und Gehirn. Rings um diese Verbindungskanäle befinden sich komplexe Muskelgruppen, die es uns ermöglichen, den Kopf zu senken und mit ihm zu nicken, ihn zu schütteln und zu drehen, zu wenden und zu werfen und eine ganze Reihe von Bewegungen auszuführen, die im sozialen Wechselspiel wichtige Botschaften übermitteln.

Normalerweise verbindet man eine ausgesprochen männliche Figur mit einem »Stiernacken«, während die ausgesprochen weibliche Figur einen anmutigen »Schwanenhals« aufweist. Diese Unterschiede entsprechen durchaus der Wirklichkeit. Der männliche Hals ist kürzer und stämmiger, der weibliche länger, schlanker und mehr konisch geformt. Das liegt zum Teil an der kräftigeren Muskulatur des Mannes und an dem etwas kürzeren Brustkorb der Frau. Bei ihr liegt die Spitze des Brustbeins im Verhältnis zum Rückgrat tiefer als beim Mann. Dieser Geschlechtsunterschied entwickelte sich zweifellos in der langen Jagdphase der menschlichen Evolution, als es für Männer besser war, stärkere, weniger zerbrechliche Hälse zu haben.

Ein weiteres geschlechtsspezifisches Merkmal des Halses ist der Adamsapfel. Er ist bei den Frauen viel weniger auffällig und kleiner, weil sie wegen ihrer höheren Stimme kürzere Stimmbänder haben und folglich einen kleineren Stimmapparat brauchen. Die männlichen Stimmbänder sind ungefähr 18 mm lang, die weiblichen nur 13 mm. Der männliche Kehlkopf ist ungefähr um ein Drittel größer als der einer Frau. Er sitzt auch etwas tiefer am Hals, wodurch er noch stärker vorsteht. Dieser laryngale Geschlechtsunterschied erscheint erst mit der Pubertät, wenn die männliche Stimme durch den Stimmbruch tiefer wird. Die Stimme der erwachsenen Frau und der weibliche Kehlkopf sind wesentlich kindlicher als die des Mannes. Die Tonhöhe der Frauenstimme liegt bei Schwingungszahlen zwischen 230 und 255 Hertz, während die männliche Stimme auf ungefähr 130 bis 145 Hertz sinkt. Aus einem unerklärlichen Grund ist die Stimme von erwachsenen Männern, die in kleinen Stammesgesellschaften leben, höher und schriller als die von

DER HALS

Männern in modernen urbanen Gesellschaften. Ebenso verblüffend ist die Beobachtung, daß professionelle Dirnen einen größeren Kehlkopf und eine tiefere Stimme haben als andere Frauen. Warum sie durch ihr Gewerbe stimmlich maskuliner werden, steht nicht fest, obwohl man schließen könnte, daß durch ihr ungewöhnliches Sexualleben das hormonelle Gleichgewicht gestört sein könnte.

Der Ursprung des Ausdrucks »Adamsapfel« ist nicht schwer zu erraten. Im Volksmund heißt es schon seit sehr langer Zeit, daß die Verdickung im Hals des Mannes an Adams Ursünde erinnern soll. Als er von dem Apfel aß, den Eva ihm reichte, soll ihm ein Stück der verbotenen Frucht im Hals steckengeblieben sein. Tatsächlich kommt das Wort »Apfel« in der biblischen Geschichte vom Sündenfall gar nicht vor. Diese Geschichte ist eine spätere Erfindung, trotzdem hat der »Adamsapfel« trotzig überlebt.

Weil der weibliche Hals schlanker ist als der männliche, haben die Künstler dieses Merkmal oft übertrieben, um Frauen superfeminin darzustellen. Karikaturisten zeichnen attraktive Frauen mit noch schmaleren und längeren Hälsen, als es die normale Anatomie erlaubt. Und Mannequin-Agenturen wählen stets Mädchen aus, deren Hälse überdurchschnittlich dünn und lang sind. In einer Kultur führte dieser Wunsch nach langhalsigen Frauen zu merkwürdigen Extremen. Die Padaung vom Volksstamm der Karen im Hochland Birmas rühmten sich ihrer langhalsigen Frauen, die in Europa als »Giraffenhalsfrauen« bekannt wurden. Das Wort »padaung« bedeutet »Messingträger«, und die Frauen dieser Volksgruppe mußten in sehr jungen Jahren Messinghalsringe tragen. Zunächst wurden ihnen fünf Ringe um den Hals gelegt, dann kamen jedes Jahr neue Ringe hinzu, bis es schließlich 22, in manchen Fällen sogar 24 Ringe waren. Auch an ihren Armen und Beinen wurden Messingringe angebracht, so daß eine erwachsene Frau ständig zwischen 50 und 60 Pfund Messing mit sich herumtragen mußte. Trotzdem erwartete man von ihr, daß sie lange Entfernungen zu Fuß zurücklegte und auf den Feldern arbeitete.

Das Erstaunliche an diesem Brauch war, bis zu welchem Ausmaß die Hälse der Frauen künstlich gestreckt wurden. Man berichtete von einer Rekordlänge von fast 40 cm. Die Halswirbel waren dann auf eine völlig anormale Weise auseinandergezogen. Es

DER HALS

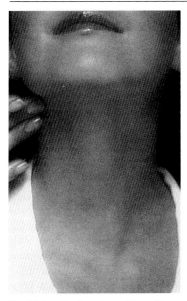
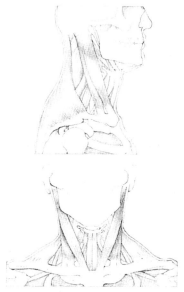

Der Hals mit seinen komplexen Muskelsträngen ist nicht nur für das gesamte Repertoire an Signalen zuständig, die der menschliche Kopf aussendet, sondern auch für die gesamte Körperhaltung.

hieß, wenn man einer solchen Frau ihre schweren Messingringe abnehmen würde, könne ihr Hals den Kopf nicht mehr tragen. Die Europäer waren von dieser schrecklichen kulturbedingten Entstellung des menschlichen Körpers fasziniert und führten die langhalsigen Frauen in Schaubuden und im Zirkus vor, bis man es nicht mehr für angebracht hielt, menschlich Groteskes den gleichgültigen Gaffern auszusetzen.

In den Kreisen der Okkultisten ist der Hals immer eine besonders bedeutungsvolle Körperzone gewesen. Die Anhänger einiger Kulte wie des Voodoo-Kults in Haiti glaubten, daß die menschliche Seele im Genick wohnt. Die okkulte Bedeutung des Halses führte in früheren Tagen zu der weitverbreiteten Verwendung von Halsketten, die mehr als nur Dekoration waren. Sie hatten die besondere Aufgabe, diesen wichtigen Teil des menschlichen Körpers vor schädlichen Einflüssen wie dem »bösen Blick« zu bewahren.

DER HALS

Der Hals war auch Mittelpunkt gewisser okkulter Rituale. Man hatte entdeckt, daß man einen Menschen schwindlig und völlig verwirrt machen kann, wenn man die großen Halsschlagadern, die das Blut zum Gehirn transportieren, zudrückt, und daß er dann leicht zu beeinflussen ist. In Wirklichkeit geschah nichts anderes, als daß das Gehirn des Opfers nicht genug Sauerstoff bekam; aber mittels des Hokuspokus der religiösen Riten konnte sein Zustand bequem dem Übernatürlichen zugeschrieben werden.

Eine wesentlich gesündere Form der Halsbehandlung wurde von Matthias Alexander entwickelt. Diese Alexander-Therapie beruhte auf der Vorstellung, daß man nicht nur bestimmte körperliche Symptome, sondern auch eine Reihe psychologischer Störungen heilen könne, wenn man die Grundstellung des Halses auf den Schultern modifizierte. Kritiker fanden, dieses Konzept gebe dem Hals eine fast mystische Macht über den Körper, aber es gibt eine einfachere Erklärung. Der urbane Mensch verbringt so viel Zeit über einen Tisch oder Schreibtisch gebeugt oder krumm in einem Sessel sitzend, daß sein Hals allmählich die natürliche vertikale Haltung verliert. Wenn diese Haltung durch das Alexander-Training wieder normalisiert werden kann, paßt sich der übrige Körper automatisch an und findet sein richtiges Gleichgewicht wieder. Damit hat der Körper die Möglichkeit, seinen gesunden Tonus wiederzuerlangen, was in der Folge auch zu einer gesünderen geistigen Verfassung führen kann. Diese Behandlung ist wirklich nicht geheimnisvoller als das Haltungstraining der Ballettänzer. In beiden Fällen scheint die Halshaltung der Schlüssel für eine gute Körperhaltung zu sein.

Wenn wir uns den Gesten zuwenden, so gibt es vergleichsweise wenige, die sich auf den Hals konzentrieren. Am verbreitetsten ist die Nachahmung des Halsabschneidens, wobei die Hand in einer mehr oder weniger ernst gemeinten Drohgebärde wie ein Messer quer über die Kehle gezogen wird. Diese Geste hat drei engverwandte Bedeutungen. Im Zorn kann sie anzeigen, was derjenige, der die Geste ausführt, gern einem anderen antun würde. Als entschuldigende Geste zeigt sie, was man sich am liebsten selbst antun würde. In einem Fernsehstudio ist sie eine stumme Geste des Studioleiters an den Moderator einer Sendung, daß die Sendezeit abgelaufen ist. Die drei Gesten bedeuten jeweils: »Du wirst sterben«,

DER HALS

Der Hals der Frau ist länger und schlanker als der des Mannes. Selbst männliche Ballettänzer, die ihre vertikalen Haltungen bis ins Extrem entwickeln, können es, was die Länge des Halses angeht, nicht mit den Frauen aufnehmen. Das liegt teils daran, daß in der Länge des Thorax ein anatomischer Unterschied besteht; bei Frauen ist der Thorax kürzer. Viele Männer ziehen aber auch mit dem Älterwerden die Schultern hoch, wodurch der Hals dick und gedrungen wirkt, so daß der Geschlechtsunterschied noch verstärkt wird.

Die Haltung und die Präsentation des Halses.

Dieser um 1630 übliche Halsschmuck, der treffend als »Mühlstein um den Hals« beschrieben wurde, hatte nicht nur zur Folge, daß die Trägerinnen der Halskrausen außer Gefecht gesetzt waren, sondern ließ sie zudem noch enthauptet wirken.

Diese japanische Geisha schminkt sich traditionell den Nacken, um ihre Schönheit herauszustreichen.

»Ich könnte mir die Kehle durchschneiden« und »Wenn du jetzt nicht Schluß machst, wird abgebrochen«. Eine ebensoweit verbreitete Geste ist der nachgeahmte Würgegriff; die Hand oder die Hände werden an die eigene Kehle gelegt, als wollte man sich selbst erdrosseln. Die Geste bedeutet entweder »Ich möchte dich erwürgen« oder »Ich könnte mich selbst erwürgen«.

Eine weitere beliebte Geste ist das »Ich-habe-es-bis-obenhinsatt«-Zeichen, wobei die Zeigefingerkante der nach unten gewandten Hand einige Male leicht gegen den Adamsapfel schlägt. Sie besagt, daß man mit etwas so vollgestopft ist, daß nichts, aber auch gar nichts mehr hineingeht.

Wichtiger als diese regional üblichen Gesten sind die zahlrei-

Die Symbolik des Nickens und des Verbeugens.

Jahrtausendelang haben Frauen dazu geneigt, bei besonderen Anlässen Halsschmuck in irgendeiner Form zu tragen, und das läßt den nackten Hals dieser jungen Frau – bei einer Party zu ihrer Einführung in die Gesellschaft – ungewöhnlich erscheinen. Das Fehlen einer Halskette trägt dazu bei, die Aufmerksamkeit auf die Schönheit des sehr weiblichen, sich verjüngenden Halses zu lenken.

chen Halsbewegungen, die Kopfbewegungen oder -haltungen nach sich ziehen. Man unterscheidet zwei Arten: Erstens die Bewegungen, die den Kopf auf die Umgebung ausrichten, wenn wir ihn drehen, um etwas anzusehen, wenn wir den Kopf schief halten, um zu horchen, wenn wir ihn heben, um etwas zu riechen, oder ihn senken, um Nahrung in den Mund zu schaufeln. Und zweitens gibt es etwa 20 Bewegungen, deren einzige Aufgabe darin besteht, unseren Mitmenschen visuelle Signale zu übermitteln:

1. *Das Kopfnicken.* Der Hals bewegt den Kopf einmal oder mehrere Male senkrecht auf und ab, wobei die Aufwärts- und Abwärtsbewegungen ungefähr gleich stark sind oder die Abwärtsbewegungen etwas kräftiger ausfallen. Dies ist die häufigste und ver-

Die Länge des Halses wurde auf Kosten der Beweglichkeit und der Ausdruckskraft übertrieben betont.

Da Frauen längere Hälse haben als Männer, schließt man, daß eine Überbetonung dieses Unterschiedes durch ein Strecken des Halses dazu dient, die Weiblichkeit des betreffenden Individuums zu betonen. Das bizarrste Beispiel für diesen Trend findet sich bei den »Giraffenhals«-Frauen in Birma. Man bringt ihnen von klein auf immer mehr Messingreifen um den Hals an, bis sich die Halswirbel auseinanderziehen. Sie können sich zwar noch bewegen und sogar Feldarbeit verrichten, aber wenn man ihnen die Reifen jemals abnehmen würde, wäre das vermutlich ihr Tod, da der Hals nicht mehr in der Lage wäre, das Gewicht des Kopfes zu tragen.

Dieses Mädchen aus Kenia hat zwar eine große Anzahl schwerer, leuchtendbunter Halsketten um den Hals, die ihren Kopf nach oben zu drücken und ihren Hals ernstlich zu strecken scheinen, aber sie leidet nicht an einer Überdehnung des Halses wie die Frauen Birmas. Wenn die Halsketten entfernt werden, kann ihr Hals seine normalen Funktionen erfüllen, aber solange sie diese trägt, zwingen sie sie, eine weibliche Haltung mit langem Hals einzunehmen.

breiteteste Bewegung für Einwilligung oder Übereinstimmung. Obwohl es in einigen Kulturen andere bejahende Bewegungen gibt, signalisiert diese Geste immer Zustimmung: Ein Kopfnicken bedeutet immer »ja«.

Das Kopfnicken ist auf der ganzen Welt verbreitet. Frühe Reisende fanden es in entlegenen Stammesgesellschaften, die nie vom Westen beeinflußt waren. In Kulturen, wo ein anderes Signal für »ja« gebraucht wurde, war das gewöhnlich eher eine Alternative als ein Ersatz für das Kopfnicken. In Teilen von Sri Lanka wird mit dem Kopf genickt als Antwort auf eine direkte Frage; als Zustimmung zu einem Vorschlag wird der Kopf jedoch gewiegt. Beide Be-

DER HALS

wegungen sagen »ja«, aber sie sind eine unterschiedliche Form von Ja. Manche Gesellschaften machen feine Unterschiede zwischen dieser oder jener Art von Bestätigung, während andere für alle Situationen, die Einwilligung verlangen, einfach ein allgemeines Kopfnicken haben. Eines ist klar: Wenn zwei Beobachter in Sri Lanka zwei leicht unterschiedlich formulierte Fragen stellen würden, könnten sie hinsichtlich des dort üblichen Bestätigungssignals zu widersprüchlichen Ansichten gelangen. Das kam früher häufiger vor.

Über den Ursprung des Kopfnickens gibt es zwei Theorien. Einmal geht man davon aus, daß es eine abgewandelte Form der Verbeugung ist, und legt es als stark abgekürzte ergebene Körperverneigung aus. Wenn man »ja« sagt, unterwirft man sich in gewissem Sinn für einen Augenblick der anderen Person. So gesehen könnte das Kopfnicken als ein schnell abgebremster »einprozentiger Fußfall« beschrieben werden. Der zweite Vorschlag bringt das Kopfnicken mit dem Saugen an der Mutterbrust in Verbindung. Die nickende Bewegung wird als Teil des Bewegungsmusters in bezug auf das Annehmen der Brust gesehen. Lehnt der Säugling die Brust ab, wirft er den Kopf zur Seite oder nach oben – und daher rührt, heißt es, die seitliche oder nach oben gerichtete Kopfbewegung als verneinendes Kopfsignal des erwachsenen Menschen. Wie wir sehen werden, ist etwas Wahres daran.

2. *Das Neigen des Kopfes.* Der Kopf wird nach vorne und nach unten geneigt und wieder gehoben. Diese Bewegung unterscheidet sich vom Kopfnicken in mehreren Einzelheiten. Anders als beim Nicken ist sie immer nur eine einzige Abwärts- und Aufwärtsbewegung, und die Bewegungen sind steifer und bewußter. Für eine stark betonte Kopfverneigung kann der Kopf kurz in der Unten-Stellung gehalten werden, bevor er in die neutrale Stellung zurückkehrt, was beim Kopfnicken niemals vorkommt. Und schließlich wird der Kopf nicht über die neutrale Linie emporgehoben, wie das bei den Aufwärtsbewegungen des typischen Nickens geschieht. Die Kopfverneigung scheint ein nahezu weltweit verbreitetes Begrüßungssignal zu sein. Ursprünglich ist sie eine abgeschwächte Form einer körperlichen Demutshaltung. Aber obwohl die übermittelte Botschaft grundlegend bedeutet: »Ich erniedrige mich vor dir«, ist diese Geste nicht auf Untergebene beschränkt. Wird sie

DER HALS

von Gleichrangigen oder Höhergestellten ausgeführt, lautet die Botschaft »Ich werde mich nicht vordrängen«, was zu einem allgemeinen »Ich bin freundlich eingestellt« wird. Die Stärke der Bewegung variiert zwischen einem kaum angedeuteten Neigen des Kopfes und einem dramatisch übertriebenen »Knicken« des Halses. Der wichtigste kulturelle Unterschied scheint in der Schärfe der Bewegung zu liegen; so ist zum Beispiel die orientalische Kopfverneigung viel weicher als die »germanische«. Neben ihrer wichtigsten Funktion als Begrüßungssignal gibt es die Kopfverneigung auch als Verabschiedungssignal und um Dankbarkeit auszudrücken.

3. *Das ruckartige kurze Kopfsenken.* Der Hals stößt den Kopf kräftig nach unten und bringt ihn dann in eine neutrale Stellung zurück. Diese Bewegung ist dem Neigen des Kopfes ähnlich, aber die Abwärtsbewegung ist viel nachdrücklicher, oder, um genauer zu sein, der Unterschied zwischen der Stärke des Abwärtselements und der des Aufwärtselements ist viel größer. Dieses Senken des Kopfes dient zur Betonung des ausgesprochenen Worts. Bei Unterhaltungen, in denen es gilt, einen Standpunkt zu vertreten, führen die Sprechenden wiederholt diese Kopfbewegung aus. Sie wirkt fast so, als schlügen sie bei jedem erneuten Kopfsenken symbolisch mit der Faust auf den Tisch. Während der Kopf nach unten zuckt, kommt es zu einer leichten Vorwärtsbewegung, wodurch die Geste einen attackierenden Charakter erhält. Dieses Senken des Kopfes kommt gelegentlich auch als ein unausgesprochenes »Da hast du es!« vor.

4. *Das Hochwerfen des Kopfes.* Der Kopf kippt scharf nach hinten und kehrt in seine neutrale Stellung zurück. Diese Bewegung ist das Gegenteil der Kopfverneigung; der Kopf wird gehoben statt gesenkt. Am häufigsten kommt sie als freundliche Begrüßung aus einer gewissen Entfernung vor. Sie wird ganz zu Anfang der Begegnung ausgeführt, bevor ein engerer Austausch stattgefunden hat. Die Botschaft lautet: »Ich bin angenehm überrascht, dich zu sehen.« Der Schlüsselfaktor ist hier die Überraschung, denn das Hochwerfen des Kopfes stellt ein stark abgewandeltes und vermindertes Element der Schreckreaktion dar. Daß sowohl das Hochwerfen des Kopfes als auch das Gegenteil, das Neigen des Kopfes, als Begrüßungsgesten gebraucht werden können, erklärt

219

An einer Unterhaltung ist mehr dran als nur das Gerede.

Den Hals in die Richtung eines anderen zu verdrehen, ist eine ganz und gar menschliche Weise, interessierte Aufmerksamkeit und bereitwilliges Zuhören zu demonstrieren. Das Unterlassen dieser Bewegung, während man mit einem anderen redet, ist ein grober Ausdruck von Distanz und Desinteresse. Menschen, die ihre Umgebung bewußt ignorieren, drücken diese Einstellung oft durch steife Hälse und die Weigerung, ihren Mitmenschen den Kopf zuzuwenden, aus.

die Tatsache, daß das Hochwerfen aus der Entfernung und das Neigen aus nächster Nähe geschieht. Außerdem ist das Hochwerfen eine Geste der Vertrautheit, die Verneigung eine Formalität.

Das Hochwerfen des Kopfes dient zweitens als Signal für Verstehen.

In dieser Rolle tritt es während einer Unterhaltung auf, wenn jemand plötzlich den Witz einer Sache versteht und ausruft: »Ach ja, natürlich!« Auch hier haben wir wieder das Überraschungsmoment – es ist, als wäre der Betroffene plötzlich aufgesprungen und zurückgeprallt. Die Überraschung verfliegt schnell, und der Kopf kehrt in seine neutrale Stellung zurück; nur das rasche Hochwerfen des Kopfes bleibt.

Eine dritte Anwendungsart borgt sich vom eben erwähnten Beispiel das »Ach ja«-Element und macht aus dem hochgeworfenen

Ein Hals kann noch mehr als sich schaulustig verrenken.

Kopf ein »Ja«. Diese Geste findet sich nur in einigen Winkeln der Erde wie in Äthiopien, auf den Philippinen und in einigen Gegenden Borneos. Sie ist nicht allgemein üblich, vermutlich weil sie mit dem Ja des Kopfnickens kollidiert.

Eine vierte Version signalisiert genau das Gegenteil: »Nein!« Sie ist in Griechenland und den Nachbarländern populär, aber wiederum nicht sehr verbreitet, weil sie hier mit einem beliebteren verneinenden Signal, dem Kopfschütteln, kollidiert. Das sogenannte griechische Nein verwirrt viele Besucher des östlichen Mittelmeerraums, wenn sie das erste Mal damit konfrontiert werden. Wenn sie als Antwort auf eine höfliche Frage nur ein jähes Hochwerfen des Kopfes zu sehen bekommen, glauben sie, sie hätten den Angesprochenen aus irgendeinem Grund verärgert. In anderen Teilen Europas gibt es nämlich eine allgemein übliche »Verärgerungsreaktion«, die fast jeder kennt und bei der der Kopf nach

Die komplexe Muskulatur des menschlichen Halses verleiht unseren Köpfen eine beträchtliche Beweglichkeit.
Wir können den Hals biegen, strecken, verrenken, verdrehen und neigen, und das auf so viele Arten, daß wir in fast jede Richtung blicken können, ohne unbedingt den übrigen Körper bewegen zu müssen.

221

DER HALS

oben schnellt, die Augen nach oben blicken und mit der Zunge geschnalzt wird. Diese Geste besagt: »Wie blöd!« Und das griechische Nein ist dieser Geste so ähnlich, daß es einem Besucher wie eine Kritik an seiner Frage erscheint. Aber für die Griechen bedeutet die Geste einfach »nein« und ist keineswegs unhöflich.

Das griechische verneinende Hochwerfen des Kopfes scheint sich direkt von der Reaktion des Säuglings, der die Brust ablehnt, herzuleiten. Versuchen Eltern, ein kleines Kind, das nicht hungrig ist, mit dem Löffel zu füttern, kann dies zu einem ähnlichen Hochwerfen des Kopfes führen, und es ist leicht zu erkennen, wie sich daraus eine verneinende Geste bei den Erwachsenen entwickeln konnte.

5. *Das Kopfschütteln.* Der Hals wendet den Kopf von einer Seite zur anderen mit dem gleichen Nachdruck auf rechts und links. Auch diese Bewegung hat ihren Ursprung in der Nahrungsablehnung des gestillten oder mit dem Löffel gefütterten Kleinkinds. In bestimmten Ländern soll das Kopfschütteln »ja« bedeuten, aber diese Behauptung beruht auf schlechter Beobachtung. Die seitliche Kopfbewegung, die manchmal Bestätigung anzeigt, ist anders und wird weiter unten als Wiegen des Kopfes behandelt.

6. *Die Drehung des Kopfes.* Der Hals zieht den Kopf scharf auf eine Seite und wieder in die neutrale Stellung zurück. Es ist ein einseitiges Kopfschütteln und gleicht der Nahrung ablehnenden Be-

Viele Halsbewegungen führen zu Kopfhaltungen, die spezifische Mitteilungen über die jeweilige Stimmung in sich tragen. Der gesenkte Kopf ist die typische Haltung der Niederlage oder der Niedergeschlagenheit, die oft an Sportlern zu beobachten ist, die gerade einen entscheidenden Wettkampf verloren haben. Durch das Senken des Kopfes wird nicht nur die Körpergröße des niedergeschlagenen Individuums verringert, sondern es lassen sich auch wirksam Reize, die von außen kommen, abblocken, Reize aus einer Welt, die reizlos geworden ist.

Das Beugen des Kopfes ist, wie der gesenkte Kopf, ein Eingeständnis von der eigenen Unterlegenheit, unterscheidet sich aber durch die Kürze der Verneigung von der anderen Haltung.
Diese Geste kann noch durch eine kauernde Körperhaltung verstärkt werden, wie es bei dieser Geisha aus Kyoto der Fall ist. Sie betritt einen Raum, in dem sie von einem männlichen Besucher erwartet wird, und gibt ihm bewußt ein Gefühl von Überlegenheit, indem sie eine unterlegene Haltung mit gesenktem Kopf einnimmt.

Der gesenkte Kopf kann auch ein vorübergehendes Zurückziehen aus der rauhen Realität signalisieren.

wegung des Kindes sogar noch stärker. Es ist eine seltene Variante des Kopfschüttelns, die zum Beispiel in Äthiopien vorkommt.

7. *Das seitliche Zurückwerfen des Kopfes.* Der Kopf beschreibt eine halbe Drehung und kippt etwas zur Seite; beide Bewegungen werden gleichzeitig ausgeführt. Diese kleine, aber komplexe Bewegung ist schwer zu beschreiben, aber man könnte sie als »Augenwink ohne zu zwinkern« bezeichnen. Wer einen deutlichen Wink mit den Augen ausführt, verstärkt das augenschließende Element meistens mit einer begleitenden Kopfbewegung. Diese Übersteigerung hat sich von ihrem ursprünglichen Bewegungsmuster getrennt und selbständig gemacht. Das seitliche Zurückwerfen des Kopfes wird zu einer freundlichen pseudo-verschwörerischen Begrüßung. Sie wird auf ziemlich kurze Entfernung gebraucht. In der Fernsehwerbung ist sie manchmal mehr Kommentar als Begrüßung. Der Darsteller, der seinen Drink schlürft, grinst und wirft den Kopf seitlich zurück, womit er sagt: »Ganz unter uns, das ist ziemlich gut.« Verschwörerisch verrät er uns etwas Gutes.

8. *Das Winken mit dem Kopf.* Der Hals zieht den Kopf von unserem Gegenüber weg und wirft ihn in einer leicht gekippten Stellung zurück. Diese Geste besagt »Komm mit« oder »Komm her« und ist ein Ersatz für das Heranwinken mit der Hand oder dem Zeigefinger. Sie kommt meistens dann vor, wenn der Betreffende die Hände voll hat oder ein möglichst unauffälliges Zeichen geben will. Heute wird sie auch als scherzhafte sexuelle Einladung verwendet, was zweifellos auf ihren heimlichen Charakter zurückgeht. Steht sein Gegenüber unmittelbar vor dem Winkenden, fügt der letztere interessanterweise dem Zurückwerfen des Kopfes noch eine leichte seitliche Neigung hinzu. Auf diese Weise unterscheidet sich die Botschaft ganz eindeutig von der des Kopfhochwerfens.

9. *Das Kopfwackeln.* Der Hals bewegt den Kopf von einer Seite zur anderen wie beim Kopfschütteln, aber mit viel kleineren, kürzeren, schnelleren Bewegungen. Infolge dieser Bewegung, die gewöhnlich bei älteren Männern zu beobachten ist, beben die Wangen und schlottern hin und her. Es ist eine wunderliche Bewegung, die im allgemeinen bei dominierenden Männern in maßgeblichen Positionen zu sehen ist – bei Politikern, Generälen, hohen Verwaltungsbeamten. Sie tritt beim Sprechen auf und kann sich mit

Der Hals als Brennpunkt sexueller Vorspiele.

Der Hals spielt eine bedeutende Rolle als erogene Zone. In manchen Kulturen – beispielsweise in Amerika und in Japan – ist eine spezielle Art von erotischen »Bissen« in den Hals beliebt. Die Bedeutung besteht darin, daß kleine rote Male auf dem Hals zurückbleiben, die mehrere Tage brauchen, um zu verblassen, und daher als verräterisches Anzeichen für sexuelle Aktivität fungieren. In Wirklichkeit entstehen die Knutschflecke nicht durch echtes Beißen, sondern durch ein längeres Saugen, bei dem der Partner seine Lippen auf die zarte Haut des Halses preßt und dann etliche Sekunden lang fest daran saugt, ehe er sie wieder losläßt.

positiven oder negativen Wortbetonungen decken. Das Kopfwackeln setzt häufig dann ein, wenn der Sprechende zu Sätzen anhebt wie »Es besteht alle Hoffnung« oder »Es besteht keine Hoffnung«. Im zweiten Fall ist es verständlich, warum der Sprecher ein unterdrücktes Kopfschütteln ausführen möchte; schwerer zu verstehen ist, warum das Kopfwackeln auch bei positiven Erklärungen auftritt. Möglicherweise lügt der Redner und versucht, ein ehrliches negatives Kopfschütteln zu unterdrücken, was ihm jedoch mißlingt, so daß das Kopfwackeln als verräterischer Hinweis übrigbleibt.

10. *Das Wiegen des Kopfes.* Der Hals neigt den Kopf von einer Seite zur anderen, während das Gesicht nach vorne gerichtet bleibt. Viele Menschen drücken mit dieser Geste ihren Zweifel aus, aber am bekanntesten ist sie als das jüdische Signal für »gemischte Gefühle« oder als »Vielleicht ja, vielleicht Nein«-Signal. Es ist im wesentlichen eine ambivalente Bewegung, die besagt, daß jemand zuerst in diese, dann in jene Richtung neigt und unfähig ist, sich zu entscheiden. In manchen Teilen der Welt hat sie jedoch eine andere Bedeutung. In Bulgarien und in einigen Gegenden des indischen Subkontinents bedeutet sie ein eindeutiges »Ja«, ebenso in manchen Gebieten zwischen Indien und Bulgarien; diese Spu-

ren lassen vermuten, daß das Wiegen des Kopfes früher vielleicht weiter verbreitet war als heute. Wie die Geste ihre doppelwertige Bedeutung verlor und zu einer positiven Bestätigung wie das Kopfnicken wurde, ist schwer zu sagen; aber eines ist gewiß: Frühere Reisende, die sie beobachtet haben und berichteten, daß es ein Kopfschütteln sei mit der Bedeutung »ja«, haben sich geirrt. Sie ließen sich von den Seitwärtselementen verwirren; aber diese beiden Bewegungen sind ganz verschieden.

11. *Das Zeigen mit dem Kopf.* Der Hals lenkt den Kopf in eine Richtung und läßt ihn in Richtung der Person oder des Gegenstands des Interesses vorschnellen. Der Mensch ist für das genaue Zeigen gut ausgerüstet mit Zeigefinger und Hand. Aber gelegentlich sind die Hände beschäftigt, oder die Regel verbietet das Zeigen mit der Hand. Dann übernimmt der Kopf diese Rolle.

12. *Das Beuteln des Kopfes.* Der Kopf führt eine einzige, kurze, jähe Schüttelbewegung aus. Dieses Beuteln des Kopfes diente ursprünglich dazu, einen klaren Kopf zu bekommen; heute wird es oft als Signal gebraucht, um gespielte Überraschung oder Unverständnis anzudeuten.

13. *Das Erstarren des Kopfes.* Der Kopf wird starr in seiner neutralen Stellung gehalten. Dies ist eine Nicht-Geste, die dadurch zur Geste wird, daß sie unangebracht ist. Wenn zum Beispiel jemand eine Vase nimmt und sie zerbricht, drehen sich alle Anwesenden um, um zu sehen, was passiert ist, bis auf einen, dessen Kopf erstarrt, der sich nicht umdreht und sich auf keine Weise bewegt. Dies sagt viel über seine Reaktion aus. Die absichtliche Unbeweglichkeit zu einem Zeitpunkt, in dem Reaktion zu zeigen angemessen wäre, läßt vermuten, daß er entweder so dominierend und furchtlos ist, daß es ihn nicht kümmert, wenn in seiner nächsten Nähe etwas zerbricht, oder daß es ihn langweilt, weil er dergleichen schon früher erlebt hat und er es unter seiner Würde findet, es noch einmal mitanzusehen.

14. *Das langsame Drehen des Kopfes.* Der Hals dreht den Kopf sehr langsam zur Seite in Richtung der interessanten Stelle. Wenn die Bewegung sehr langsam abläuft und der Reiz sehr stark ist, vermittelt sie eine ähnliche Botschaft wie die erstarrende Kopfhaltung. Sie ist unangemessen ruhig und bedeutet deshalb wieder Dominanz oder Langeweile oder beides zusammen.

DER HALS

15. *Das Abwenden des Kopfes.* Der Hals dreht den Kopf zur Seite und vom Gegenstand des Interesses weg. Dies ist im Grunde eine schützende Bewegung, die entweder das Gesicht von der körperlichen Bedrohung wegdreht oder die Sinnesorgane von unangenehmen Anblicken oder Gerüchen. In besonderen Fällen findet sie Anwendung, um das Gesicht zu verbergen, damit es nicht erkannt wird. Aber als spezifische absichtliche Geste wird sie als »Schneiden« oder Zurückweisung gebraucht. In dieser Form ist sie eine stumme Beleidigung, die zu verstehen gibt, daß Sie den sozialen Kontakt mit Ihrem Gegenüber ablehnen. Wird die Bewegung jedoch nicht gut ausgeführt, kann es geschehen, daß die geflissentliche Beleidigung als scheues Verbergen des Gesichts mißverstanden wird. Die beleidigende Geste muß kühn und übertrieben ausgeführt werden, leider wirkt sie dadurch etwas pompös, so daß sie in unserer nüchternen Zeit nicht mehr so häufig vorkommt wie im vergangenen Jahrhundert, als sie äußerst beliebt war. Damals diente sie hauptsächlich dazu, die Neureichen in ihre Schranken zu weisen. Durch die industrielle Revolution war der Mittelstand plötzlich zu Geld gekommen, und es war der größte Wunsch dieser Leute, auch auf der gesellschaftlichen Leiter emporzuklettern. Dem schoben die höheren Klassen einen Riegel vor, indem sie das »Schneiden« einführten. In Büchern über gute Umgangsformen wird die Technik beschrieben: »Der Person sollte gestattet werden zu erkennen, daß ihr Näherkommen bemerkt wurde, woraufhin Sie Ihren Kopf abwenden.« Obwohl es heute höchst selten zu einer solchen formellen Grußverweigerung kommt, ist sie bei Familienstreitigkeiten in Augenblicken starker Gereiztheit noch üblich.

16. *Das Vorstrecken des Kopfes.* Der Hals schiebt den Kopf nach vorn und auf den Gegenstand des Interesses zu. Dies kann liebevoll und haßerfüllt geschehen. Liebende strecken ihren Hals vor, um sich zärtlich in die Augen zu blicken. Haßerfüllte Gegner stoßen ihren Kopf nach vorn, um ihre Furchtlosigkeit zu zeigen und einander in die Augen zu starren. Diese Bewegung kann auch vorkommen, wenn jemand unbedingt Ihre volle Aufmerksamkeit beanspruchen will; er schiebt sein Gesicht unmittelbar vor das Ihre, um zu verhindern, daß Sie irgend etwas anderes sehen, das Sie ablenken könnte.

17. *Das Zurückziehen des Kopfes.* Der Kopf wird vom Gegen-

DER HALS

stand des Interesses zurückgezogen. Dies ist eigentlich eine einfache Ausweichbewegung, aber sie kann auch als absichtliches Signal gebraucht werden. Als Antwort auf eine Bemerkung besagt sie: »Ich möchte mich von dieser Bemerkung distanzieren«, und die symbolische Handlung besteht in einem leichten Zurückziehen des Kopfes.

18. *Das Beugen des Kopfes.* Der Hals beugt den Kopf vornüber aus der neutralen Haltung und läßt ihn in dieser herabhängenden Stellung. Wie das Abwenden des Kopfes ist auch dies eine Möglichkeit, die Umwelt auszuschließen. Weil sie aber auch eine generelle Verringerung der Körpergröße mit sich bringt, wirkt sie deprimiert und unterwürfig. Der schwungvoll zur Seite gewandte Kopf kann hochmütig sein, nie jedoch der gebeugte Kopf. Er wirkt gewöhnlich ausgesprochen niedergeschlagen; bei manchen Gelegenheiten kann er jedoch auch »Ich bin nachdenklich« signalisieren. Ein plötzliches Beugen des Kopfes, um das Gesicht zu verbergen, kann auch Bescheidenheit und Schüchternheit anzeigen. In einer feindlichen Situation kann das Herunterbeugen des Kopfes einen drohenden Angriff mit dem Kopf signalisieren. In einem solchen Fall besteht der entscheidende Unterschied darin, daß die Augen geradeaus blicken und den Feind anfunkeln, statt nach unten zu blicken.

19. *Das Heben des Kopfes.* Der Hals hebt den Kopf aus seiner gesenkten in die neutrale Stellung. Die Hebung des Kopfes dient dem Zweck, Interesse und Bereitschaft anzuzeigen. Ein Untergebener betritt einen Raum und steht vor einem Schreibtisch, an dem eine übergeordnete Person mit gesenktem Kopf sitzt und arbeitet. Schüchtert ihn die starke Persönlichkeit des anderen genug ein, wird er einfach stumm dastehen, bis die Gestalt am Schreibtisch den Kopf hebt und aufschaut. Diese einfache Bewegung kann genügen, um den Untergeordneten zum Sprechen zu veranlassen. Der Übergeordnete braucht kein Wort zu sagen – er braucht nur den Kopf zu heben.

20. *Das Zurückbeugen des Kopfes.* Der Hals läßt den Kopf aus seiner neutralen Stellung nach hinten kippen und hält ihn in dieser Stellung. Dies ist die Haltung der hochgetragenen Nase des Snobs und des ungewöhnlich selbstbewußten Menschen. Sie ist das Gegenteil des unglücklichen, unterwürfigen Kopfsenkens. Die Ge-

Eine beliebte Stelle zum Umklammern und Zupacken.

In vielerlei Hinsicht ist der Hals der »haltbarste« Körperteil – eine beliebte Stelle zum Umklammern oder Zupacken, in Momenten sowohl der Liebe als auch der Aggression. Paare, die sich küssen, ziehen oft den Hals des Partners an sich, um den Druck der Lippen zu verstärken und gleichzeitig den Wunsch auszudrücken, den engen Körperkontakt über einen längeren Zeitraum bestehen zu lassen. Wird dieses Umklammern des Halses überstrapaziert, so kann daraus oft Überdruß und ein Gefühl der Bedrängung entstehen, so daß der Partner das Gefühl bekommt, in einer Falle zu sitzen.

fühle eines Menschen, der seinen Kopf so hoch trägt, bewegen sich zwischen Selbstgefälligkeit und Hochmut und Überheblichkeit und Trotz. Sie ist eher die Haltung der »herausgeforderten Überlegenheit« als der ruhigen. Der Erfolg dieser Bewegung hängt davon ab, daß die Augenhöhe etwas hinaufrutscht, was die Illusion von mehr Körpergröße vermittelt. Kleine Männer, die beim Sprechen zu ihrem Gegenüber aufschauen müssen, wirken oft wichtigtuerisch, obwohl sie es gar nicht sind. Sie müssen aus rein körperlichen Gründen diese Haltung annehmen.

Wenn die Augen den Mitmenschen dabei nicht ansehen, sondern ebenfalls nach oben gerichtet sind oder vielleicht geschlossen, lautet die Botschaft anders. Köpfe, die auf diese Weise zurückge-

DER HALS

beugt sind, gehören Menschen, die heftige Schmerzen durchstehen oder ekstatische Freuden erleben. Sie leiden an einer plötzlichen Überreizung und reagieren darauf, indem sie sich von der Welt ringsum lösen.

21. *Der zur Seite geneigte Kopf.* Der Hals neigt den Kopf auf eine Seite und hält ihn dort. Diese Geste wird in kurzer Entfernung vor dem Mitmenschen ausgeführt. Sie ist ursprünglich eine trostsuchende Bewegung, die wir als Kind ausführten, wenn wir den Kopf an den Körper unserer Eltern schmiegten. Wenn ein Erwachsener (gewöhnlich eine Frau) den Kopf auf eine Seite neigt, wirkt diese Bewegung, als lehnte sie ihn gegen einen jetzt imaginären Beschützer. Diese »kindliche« Handlung steht im Widerspruch zu den reifen sexuellen Signalen des Erwachsenenkörpers, der die Geste ausführt, wodurch das Schiefstellen des Kopfes ein schüchternes Element erhält. Wird es beim Flirten gebraucht, wird es zur pseudo-unschuldigen oder koketten Pose. Es besagt: »Ich bin nur ein Kind in deinen Händen und würde gern meinen Kopf an deine Schulter lehnen.« Soll die Geste Ergebenheit anzeigen, besagt sie: »Ich bin wie ein Kind in deiner Gegenwart und bin jetzt von dir genauso abhängig wie damals von meinen Eltern, als ich meinen Kopf gegen ihren Körper lehnte.« Es ist jedoch kein aufdringliches, sondern nur schüchternes, anspielendes Signal. In dieser ergebenen Form ist das Schiefhalten des Kopfes bei altmodischen Verkäufern und servilen Oberkellnern beliebt, die bei ihren Kunden das Gefühl der Überlegenheit steigern möchten.

22. *Das Baumeln des Kopfes.* Der Hals erlaubt dem Kopf, vornüber und seitlich herabzuhängen. Es ist ein scherzhaftes Signal für »Einschlafen«, das große Langeweile anzeigt.

Viele weitere Kopfbewegungen und Kopfhaltungen, die von den Halsmuskeln ausgehen, übermitteln besondere soziale Signale, aber diese Aufzählung reicht hier aus. Jeder, der einmal einen steifen Hals hatte oder nach einer Halsverletzung eine steife Halsmanschette tragen mußte, wird wissen, wie gehemmt man sich fühlt, wenn man sich nicht mit diesem Körperteil ausdrücken kann.

Bibliographie

Ableman, P. 1969. *Mouth and Oral Sex.* Running Man Press, London. **Allen**, M.R. 1967. *Male Cults and Secret Initiations in Melanesia.* Melbourne University Press, Melbourne. **Ambrose**, J.A. 1960. *The Smiling and Related Responses in Early Human Infancy.* University of London. PhD Thesis. **Amphlett**, H. 1974. *Hats: A History of Fashion in Headwear.* Sadler, Chalfont St Giles, Buckinghamshire. **Angeloglou**, M. 1970. *A History of Make-up.* Macmillan, London. **Argyle**, M. 1967. *The Psychology of Interpersonal Behaviour.* Penguin, Harmondsworth, Middlesex. – 1969. *Social Interaction.* Methuen, London. (Hrsg.) 1973. *Social Encounters. Readings in Social Interaction.* Penguin Books, Harmondsworth, Middlesex. – 1975. *Bodily Communication.* Methuen, London. – und Cook M. 1976. *Gaze and Mutual Gaze.* Cambridge University Press, Cambridge. **Austin**, G. 1806. *Chironomia; or, a treatise on rhetorical delivery.* London. **Ayalah**, D. and I.J. Weinstock. 1979. *Breasts.* Hutchinson, London.

Barakat, R.A. 1973. »Arabic gestures.« *J. Popular Culture* S. 749–787. **Barnard**, C. 1981. *The Body Machine.* Hamlyn, London. **Barsley**, M. 1966. *The Left-handed Book.* Souvenir Press, London. – 1970. *Left-handed Man in a Rhight-handed World.* Pitman, London. **Bauml**, B.J. und F.H. Bauml. 1975. *A Dictionary of Gestures.* Scacrecrow Press, Metuchen, N.J. **Beck**, S.B. 1979. »Women's somatic preferences«. In: *Love and Attraction* (Hrsg.: Cook, M. und G. Wilson). Pergamon, Oxford. **Bell**, C. 1806. *Essays on the Anatomy and Philosophy of Expression.* London. – 1833. *The Hand – its Mechanism and vital Endowments as invincing Design.* Pickering, London. **Benthall**, J. und T. Polhemus. 1975. *The Body as a Medium of Expression.* Allen Lane, London. **Berg**, C. 1951. *The Unconscious Significance of Hair.* Allen and Unwin, London. **Bettelheim**, B. 1982. *Die symbolischen Wunden.* Fischer Verlag, Frankfurt a. M. **Birdwhistell**, R.L. 1952. *Introduction to Kinesics.* University of Louisville, Kentucky. **Broby-Johansen**, R. 1968. *Body and Clothes.* Faber and Faber, London. **Brooks**, J.E. 1953. *The Mighty Leaf: the Story of Tobacco.* Alvin Redman, London. **Brophy**, J. 1945. *The Human Face.* Harrap, London. – 1962. *The Human Face Reconsidered.* Harrap, London. **Brownmiller**, S. 1984. *Weiblichkeit.* Fischer Verlag, Frankfurt a. M. **Brun**, T. 1969. *The International Dictionary of Sign Language.* Wolfe, London. **Bulwer**, J. 1644. *Chirologia; or the Naturall Language of the Hand. Whereunto is ad ded Chironomia: or; the Art of Manual Rhetoricke.* London. – 1648. *Philocophus; the Deafe and Dumbe Man's Friend.* London. – 1649. *Pathomyotomia; or a Dissection of the Significative Muscles of the Affections of the Minde.* London. – 1650. *Anthropometamorphosis; Man Transform'd; or the Artifical Changeling.* London. (Neuauflage 1654 als: *A View of the People of the Whole World.*). **Burr**, T. 1965. *Bisba.* Hercules. Trenton, New Jersey. **Campbell**, B. 1967. *Human Evolution.* Heinemann, London. **Cannon**, W.B. 1929. *Bodily Changes in Pain, Hunger, Fear and Rage.* Appleton-Century, New York. **Chan**, P. 1981. *Ear Acupressure.* Thorsons, Wellingborough, Northants. **Chetwynd**, T. 1982. *A Dictionary of Symbols.* Granada, London. **Cohen**, H. 1979. *The Complete Encyclopedia of Exercises.* Paddington Press, London. **Coleman**, V. and M. Coleman. 1981. *Face Values.* Pan Books, London. **Comfort**, A. 1976. *Joy of Sex. Freude am Sex.* Ullstein Verlag, Berlin. **Coon**, C.S: 1966. *The Living Races of Man.* Cape, London. **Cooper**, J.C. 1978. *An Illustrated Encyclopedia of Traditional Symbols.* Thames and Hudson, London. **Cooper**, W. 1971. *Hair: Sex. Society, Symbolism.* Aldus Books, London. – 1967. *Fashions in Eyeglasses.* Peter Owen, London. **Corti**, C. 1931. *A History of Smoking.* Harrap, London. **Coss**, R. 1965. *Mood-provoking Visual Stimuli.* University of California. **Critchley**, M. 1939. *The Language of Gesture.* Arnold, London. – 1975. *Silent Language.* Butterworths, London.

Darwin, C. 1964. *Der Ausdruck der Gefühle bei Mensch und Tier.* Rau, Düsseldorf. **D'Angelou**, L. 1969. *How to be an Italian.* Price, Sterne, Sloane. Los Angeles. **Devine**, E. 1982. *Appearances. A Complete Guide to Cosmetic Surgery.* Piatkus, Loughton, Essex. **Dickinson**, R.L. 1949. *Human Sex Anatomy.* Williams and Wilkins, Baltimore. **Dingwall**, E.J. 1931. *The Girdle of Chastity.* Routledge, London.

Ebensten, H. 1953. *Pierced Hearts and True Love. The History of Tattooing.* Verschoyle, London. **Ebin**, V. 1979. *The Body Decorated.* Thames and Hudson, London. **Eden**, J. 1978. *The Eye Book.* David and Charles, Newton Abbott, Devon. **Efron**, D. 1972.

Gesture, Race and Culture. Mouton, Den Haag. (First published in 1941 as: *Gesture and Environment.* King's Crown Press, New York.) **Eibl-Eibesfeldt**, I. 1984. *Die Biologie des menschlichen Verhaltens.* Piper Verlag, München. – 1985. *Liebe und Haß. Zur Naturgeschichte elementarer Verhaltensweisen.* Piper Verlag, München. **Ekman**, P. 1967. »Origins, usage and coding of nonverbal behavior.« Centro des Investigaciones Sociales, Buenos Aires, Argentinien. – 1969. »The repertoire of nonverbal behavior.« *Semiotica* 1 (1), S. 49–98. – 1970. »Universal facial expressions of emotion.« *California Mental Health Research Digest* 8 (4), S. 151–158. – 1971. »Universal and cultural differences in facial expressions of emotion.« *Nebraska Symp. on Motivation 1972.* – 1973. *Darwin and Facial Expression.* Academic Press, New York. – 1976 »Movements with precise meanings.« *J. Communication* 26 (3), S. 14–26. – 1980. *The Face of Man.* Garland, New York. – et al. 1972. »Facial expressions of emotion while watching televised violence and predictors of subsequent action.« *Television and Social Behavior* 5. S. 22–58. U.S. Government Printing Office, Washington D.C. – und W.V. Friesen (N.D.) »Constants across cultures in the face and emotion. *J. Personality and Soc. Psych.* – und W.V. Friesen. 1968. »Nonverbal behavior in psychotherapy research.« *Research in Psychotherapy* 3. S. 179–216. – und W.V. Friesen. 1969. »The repertoire of nonverbal behavior: categories, origins, usage and coding.« *Semiotica* 1 (1), S. 49–98. – und W.V. Friesen. 1969. »Nonverbal leakage and clues to deception.« *Psychiatry* 31 (1), S. 88–106. – und W.V. Friesen. 1972. »Hand movements.« *J. Communication* 22, S. 353–374. – und W.V. Friesen. 1974. »Nonverbal behavior and psychopathology.« In: *The Psychology of Depression: Contemporary Theory and Research.* Winston and Sons, Washington, D.C. S. 203–232. – and W.V. Frie sen. 1974. »Detecting deception from the body or face.« *J. Personality and Soc. Psych.* 29 (3), S. 288–298. – und W.V. Friesen. 1975. *Unmasking the Face.* Prentice-Hall, New Jersey. – und W.V. Friesen. 1976. »Measuring facial movement.« *Envir. Psychol. and Nonverbal Behav.* 1 (1), S. 56–75. – W.V. Friesen und P. Ellsworth. 1972. *Emotion in the Human Face.* Pergamon Press, New York. – W.V. Friesen und K.R. Scherer, 1976. »Body movement and voice pitch in deceptive interaction.« *Semiotica* 16: 1, S. 23–27. – W.V.

Friesen und S.S. Tomkins. 1971. »Facial affect scoring technique: a first validity study.« *Semiotica* 3 (1) S. 37–58. **Elias**, N. 1976. *Über den Prozeß der Zivilisation.* Suhrkamp Verlag, Frankfurt a. M. **Elsworthy**, F.T. 1895. *The Evil Eye.* John Murray, London.

Fast, J. 1979. *Körpersprache.* Rowohlt Verlag, Reinbek bei Hamburg. **Fisher**, J. 1979. *Body Magic.* Hodder and Stoughton, London. **Fisher**, R.B. 1983. *A Dictionary of Body Chemistry.* Granada, London. **Fryer**, P. *Mrs Grundy. Studies in English Prudery.* Dobson, London.

Gabor, M. 1972. *The Pin-up, a Modest History.* Pan, London. **Gardiner**, L.E. 1959. *Faces, Figures and Feelings. A Cosmetic Plastic Surgeon Speaks.* Burstock Courtenay Press, Brighton. **Garfield**, S. 1971. *Teeth, teeth, teeth.* Arlington Books, London. **Gettings**, F. 1965. *The Book of the Hand.* Hamlyn, London. **Givens**, D.B. 1983. *Love Signals.* Crown, New York. **Glynn**, P. 1982. *Skin to Skin.* Allen and Unwin, London. **Gomez**, J. 1967. *A Dictionary of Symptoms.* Centaur Press, London. **Grigson**, G. 1976. *The Goddess of Love.* Constable, London. **Guletz**, S. (ohne Jahresangabe). *Hula!* South Sea Sales, Honolulu, Hawaii. **Guthrie**, R.D. 1976. *Body Hot Spots.* Van Nostrand Reinhold, New York.

Hall, E.T. 1959. *The Silent Language.* Doubleday, New York. **Harrison**, G.A. et al. 1964. *Human Biology.* Clarendon Press, Oxford. **Hendrickson**, R. 1976. *The Great American Chewing Gum Book.* Chilton Books, Radnor, Pennsylvania. **Henley**, N.M. 1977. *Body Politics.* Prentice-Hall, New Jersey. **Hennessy**, V. 1978. *In the Gutter.* Quartet Books, London. **Hess**, E. 1975. *The Telltale Eye.* New York. **Hess**, T.B. and L. Nochlin. 1973. *Woman as Sex Object.* Allen Lane, London. **Hewes**, G. 1983. »The communication function of palmar pigmentation in man.« *J. Human Evolution* 12, S. 297–303. **Hirschfield**, M. 1940. *Sexual Pathology.* Emerson Books, New York. **Hobin**, T. 1982. *Belly Dancing for Health and Relaxation.* Duckworth, London. **Hopson**, J.L. 1979. *Scent Signals.* Morrow, New York. **Huber**, E. 1931. *Evolution of Facial Musculature and Facial Expression.* The Johns Hopkins Press, Baltimore.

Inglis, B. 1978. *The Book of the Back.* Ebury Press, London. **Izard**, C.E. 1971. *The Face of Emotion.* Meredith, New York. **Jenkins**, C. 1980. *A Woman Looks at Men's Bums.* Piatkus, Loughton, Essex.

Keogh, B. und S. Ebbs. 1984. *Normal Surface Anatomy.* Heinemann, London. **Kinsey**, A.C. et al. 1954. *Das sexuelle Verhalten der Frau.* Fischer Verlag, Berlin, Frankfurt a. M. – 1955. *Das sexuelle Verhalten des Mannes.* Fischer Verlag, Berlin, Frankfurt a. M. **Kunzle**, D. 1973. »The corsets as erotic alchemy.« In: *Woman as Sex Object.* (Hrsg. Hess, T.B. and L. Nochlin.) Allen Lane, London.
Lamb, W. 1965. *Posture and Gesture.* Duckworth, London. **Lang**, T. 1971. *The Difference Between a Man and a Woman.* Michael Joseph, London. **Lavater**, J.C. 1775. *Physiognomische Fragmente zur Beförderung der Menschenkenntnis.* Weidmann und Reich, Leipzig. **Lawther**, G. 1981. *The Healthy Body. A Maintenance Manual.* Muller, London. **Lee**, L. und J. Charlton. 1980. *The Hand Book.* Prentice Hall, Englewood Cliffs, New Jersey. **Lenihan**, J. 1974. *Human Engineering. The Body Re-examined.* Weidenfeld and Nicolson, London. **Levy**, H.S. (ohne Jahresangabe). *Chinese Footbinding.* Spearman, London. **Levy**, M. 1962. *The Moons of Paradise.* Arthur Barker, London. **Liggett**, J. 1974. *The Human Face.* Constable, London. **Lockhart**, R.D. 1979. *Living Anatomy.* Faber und Faber, London. **Lurie**, A. 1981. *The Language of Clothes.* Random House, New York.
Macintyre, M. 1981. *The Shogun Inheritance.* Collins, London. **Maclay**, G. und H. Knipe. 1972. *The Dominant Man.* Delacorte Press, New York. **Malinowski**, B. 1983. *Das Geschlechtsleben der Wilden in Nordwest-Melanesien.* Europäische Verlagsanstalt, Stuttgart. **Mallery**, G. 1891. »Greeting by gesture«. *Pop. Sci. Monthly*, Febr. & März. **Maloney**, C. 1976. *The Evil Eye.* Columbia University Press, New York. **Mann**, I. und A. Pirie. 1946. *The Science of Seeing.* Penguin Books, Harmondsworth, Middlesex. **Mantegazza**, P. 1904. *Physiognomy and Expression.* Scott, London. **Mar**, T.T. *Face Reading.* Dodd, Mead, New York. **Masters**, W.H. und V.E. Johnson. 1966. *Human Sexual Response.* Churchill, London. **McGarey**, W.A. 1974. *Acupuncture and Body Energies.* Gabriel Press, Phoenix, Arizona. **Meerloo**, J.A.M. 1971. *Intuition and the Evil Eye.* Servire, Wassenaar. **Meredith**, B. 1977. *Vogue Body and Beauty Book.* Allen Lane, London. **Mitchell**, M.E. 1968. *How to Read the Language of the Face.* Macmillan, New York. **Morris**, D. 1979. *Gestures.* Cape, London. – 1972. *Liebe geht durch die Haut.* Droemer Knaur, München/Zürich. –

1978. *Der Mensch, mit dem wir leben.* Droemer Knaur, München/Zürich. – 1972. *Der Menschen-Zoo.* Droemer Knaur, München/ Zürich. – 1967. *Der nackte Affe.* Droemer Knaur, München/Zürich. – 1970 *Patterns of Reproductive Behaviour.* Cape, London. – 1981. *Das Spiel.* Droemer Knaur, München/ Zürich. **Munari**, B. 1963. *Supplemento al Dizionario Italiano.* Muggiani, Milan.
Napier, J. 1980. *Hands.* Allen and Unwin, London. **Neumann**, E. 1956. *Die große Mutter.* Rhein-Verlag, Zürich. **Nicholson**, B. 1984. »Does kissing aid human bonding by semiochemical addiction?« *Brit. J. Dermatology* III, S. 623–277.
Papas, W. 1972. *Instant Greek.* Papas, Athens. **Parry**, A. 1971. *Tattoo. Secrets of a Strange Art.* Collier Books, New York. **Pease**, A. 1981. *Body Language.* Sheldon Press, London. **Penry**, J. 1971. *Looking at Faces and Remembering Them.* Elel, London. **Perella**, N.J. 1969. *The Kiss Sacred and Profane.* University of California Press. **Polhemus**, T. 1978. *Social Aspects of the Human Body.* Penguin Books, Harmondsworth. **Polhemus**, T. und L. Proctor. 1978. *Fashion and Antifashion.* Thames und Hudson, London.
Reyburn, W. 1971. *Bust-up.* Macdonald, London. **Reynolds**, R. 1950. *Beards.* Allen and Unwin, London. **Rosebury**, T. 1969. *Life on Man.* Secker and Warburg, London. **Rudofsky**, B. 1974. *The Unfashionable Human Body.* Doubleday, New York.
Saitz, R.L. and E.C. Cervenka. 1972. *Handbook of Gestures: Colombia and the United States.* Mouton, Den Haag. **Scheflen**, A.E. 1972. *Body Language and the Social Order.* Prentice-Hall, Englewood Cliffs, N.J. **Scheinfeld**, A. 1947. *Women and Men.* Chatto and Windus, London. **Sheldon**, W.H. 1954. *Atlas of Men.* Gramercy, New York. **Shen**, P. 1982. *Face Fortunes.* Perigree Books, New York. **Sherzer**, J. 1972. »The pointed lip gesture among the San Blas Cuna.« In: *Language and Society.* **Smith**, A. 1968. *The Body.* Allen and Unwin, London. **Sorell**, W. 1967. *The Story of the Human Hand.* Weidenfeld and Nicolson, London.
Taylor, J. 1956. »The Shanghai gesture«. *F. F. Communications* No. 166. S. 1–76. **Taylor**, R. 1970. *Noise.* Penguin, Harmondsworth, Middlesex. **Taylor**, W.P. 1983. *Bald Is Beautiful.* Macmillan, London. **Thompson**, P. und P. Davenport. 1980. *The Dictionary of Visual Language.* Bergstrom and Boyle, London. **Tosches**, N. 1981. *Rear View.* Delilah Books, New York.

Ucko, P. 1968. *Anthropomorphic Figurines.* Szmidla, London.
Walker, B. *Body Magic.* Routledge and Kegan Paul, London. **Walls**, G.L. 1967. *The Vertebrate Eye.* Hafner, New York. **Whiteside**, R.L. 1974. *Face Language.* Fell, New York. **Wildeblood**, J. 1973. *The Polite World.* David-Poynter, London. **Williams**, N. 1957. *Powder and Paint.* Longmans, London. **Wil-**
son, G. und D. Nias. 1976. *Love's Mysteries.* Open Books, London. **Winter**, R. 1976. *The Smell Book.* Lippincott, New York. **Woodforde**, J. 1968. *The Strange Story of False Teeth.* Routledge and Kegan Paul, London. – 1971. *The Strange Story of False Hair.* Routledge and Kegan Paul, London. **Wood-Jones**, F. 1929. *Man's Place Among the Mammals.* Edward Arnold, London.

Bildnachweis

Linda Poley
Bildrecherche
Linda Proud
Bildrecherche Koordination, Bildnachweis
Michael Desebrock
Redaktion, Bildauswahl
Andrea Newman
Zeichnungen S. 133 (obere), 168, 211

Francis Scholes
Zeichnungen S. 29, 32, 60, 82, 87, 111, 118, 133 (untere), 137, 139, 175, 181
Schlüssel zum Bildnachweis
Die Schlüsselinitialen der Fotografen sind alphabetisch nach deren Nachnamen geordnet. Im Bildnachweis sind die Schlüsselinitialen in Klammern gesetzt.

Ab	Abbas	HCB	Henri Cartier-Bresson	FG	Felix Greene
dA	A. de Andrade			HG	Helmut Gritscher
DA	Daniel Angeli	JC	Jan Cobb	JG	Jean Gaumy
DAk	Danny Allmark	LeC	LeCuziot	JGl	Jenny Goodall
EA	Eve Arnbold	PC	Peter Carmichael	LDG	Larry Dale Gordon
J-LA	Jean-Louis Atlan	RC	Robert Capa	PG	Philip Gottop
NA	Nitsuo Ambe	AD	Alan Davidson	RG	Ray Green, Manchester
RA	Robert Azzi	BD	Bryan Duff		
AB	Arnaud Borrel	D	Delano	RSG	Richard and Shally, Grennhill, London
BB	Bruno Barbey	FD	François Duhamel		
CB	Cecil Beaton	JD	John Doidge	TG	Tim Graham, London
DB	Des Bartlett	JPD	Jean-Paul Dousset		
GB	G. Bevilacqua	RD	Raymond Depardon	H	Hatani
GeB	George Butler	SD	Shabbir Dossaji	DH	David Hurn
GvB	Gert von Bassewitz	SDe	Sergio Duarte	DWH	David W. Hamilton
GBo	Gio Barto	TD	Tony Duffy	EH	Ernst Haas
HB	H. Benson	EE	Elliot Erwitt	FH	Frank Herdholt
IB	Ian Berry	SE	Sarah Errington	GH	G. Harrison
JB	Jane Bown	F	Fedorenko	LH	L. Hestenberger
J/DB	Jan and Des Bartlett	LF	Leonard Freed	PH	Philippe Halsman
MB	Mark Boulton	L-F	Louis-Frederic	SH/JK	Stephane Huzsain/John Kacere
MBe	Marcus Brooke	MF	Martine Franck		
MBs	Michael Boys	MFl	Michael Friedel	TH	Thomas Höpker
MBu	Michael Busselle	PF	Pepita Fairfax	RJ	Rob Judges, Oxford
NB	N. Brown	PFo	Paul Fusco	J	Jürgen
RB	René Burri	RPF	Richard Phelps Frieman	GK	G. Konig
RBd	R. Bond			KK	Kaku Kurita
RBr	Renaud Bachoffner	AG	Alan Grisbrook, Cheadle	MK	Mark Kaufman
WB	Werner Bischof			RK	Richard Kalvar
WBn	W. Behnken	AGe	Ashvin Gatha	WK	W. Klein
AC	Angelo Cozzi	BG	Ben Gibson	AL	Andrew Lawson, Charlbury, Oxon
ACy	Anthony Crickmay	BGg	Bob Gelberg		
BC	Bill Carter	BGl	Burt Glinn	Aln	Andy Levin
C	Ciccione	CvG	Cees van Gelderen, Amsterdam	Alz	Annie Leibovitz
Chim	David Seymour			BL	Barry Lewis
GC	G. Chapman	EG	Ekkheart Gurlitt	BLt	Bertrand Laforet

GL	Guy Leygnac
HL	Hank Londoner
JL	J. Alex Langley
RL	R. Ian Lloyd
ReL	René Leveque
RoL	Robin Laurance
SL	Sam Levin
SLa	Sandra Lousada
AM	Alain Mingham
BM	Benn Mitchell
BMn	Butch Martin
CM	Constantine Manos
DM	David Montgomery
EM	Erling Mandelmann
GM	Chislaine Morel
LM	Laurent Maous
MM	Michael MacIntyre
PM	Peter Marlow
PMd	Pierre Michaud
RM	Robert Mapplethorpe, NY
RMc	Robert McFarlane
AN	Alain-Patrick Neyrat
ANt	Albane Navizet
BN	Bob Nardell
JN	J. Nance
MN	Marvin Newman
RN	Robert Nicod
O	Obemski
MO	Margaret Olah
AP	Adrian Paul
CSP	Chris Steele-Perkins
GP	Gilles Peress
JP	Jesco von Puttkamer
JEP	J. E. Pasquier
JPP	J. P. Paireault
PP	Pierre Perrin
SP	Steve Powell
AR	Alon Reininger
DR	David Rubinger
JR	J. Reditt
LR	Leni Riefenstahl, München
MR	Mervyn Rees
GQ	Guy Le Querrec
S	Snowdon, London
AS	Art Seitz
BS	Brian Seed
DS	Dennis Stock
ES	Eric Schwab
HS	Heinz Stucke
HSs	Homer Sykes, London
JS	John Swannell
JSk	Jan Saudek, Prag
JSv	Jan Svab
RSf	R. St. Frank

SdeS	Serge de Sazo
SS	Sebastiao Salgardo Jr.
US	Ulli Seer
T	Tatiner
Tr	Trippett
PT	Pete Turner
ST	Steve Templeman
BU	Burk Uzzle
HU	H. R. Uthoff
AV	Avakadeo Vergani
FV	F. Vuich
JV	J. P. Vidal
AW	Adam Woolfit
BW	Bryan Wharton, London
CW	Chris Wroblenski
DW	David H. Wells
D'LW	D'Lynn Waldron
EW	Eric L. Wheater
JW	John Wright
LW	Leslie Woodhead
MW	Margaret Watkins
PW	Patrick Ward
RW	Rod Williams
TW	Tony Ward, St. Albans
IY	Ian Yeomans
JY	John Yates
RY	Richard Young
LZ	L. Zatecky

Bildquellen-Schlüssel

A	Alpha, London
AP	Associated Press, London
APL	Aspect Picture Library, London
AS	Allsport, Morden, Surrey
BBC HPL	Hulton Picture Library, BBC, London
BBC RT	BBC Radio Times, London
BC	Bruce Coleman Ltd., Uxbridge, Middx
C	Colorific!, London
CH	Camerapix Hutchison, London
CP	Camera Press, London
CS	Colorsport, London
DT	Daily Telegraph, London
F	Fotofolio (Rex Features), London

FI	Foto International (Rex Features), London
FSP	Frank Spooner Pictures, London
IB	Image Bank, London
JM	Joseph Mulholland, Glasgow
LC	Library of Congress, Washington
LE	London Express and News Service
M	Magnum Archive, Paris
MC	Mansell Collection, London
MEPL	Mary Evans Picture Library, London
N	Network, London
NFA	National Film Archive, London
NPG	National Portrait Gallery, London
P	Popperfoto, London
PA	Press Association, London
PP	Palace Pictures, London
PS	Photo Source, London
R	Rapho, Paris
REP	Reading Evening Post
RF	Rex Features, London
S	Sotheby's, London
SAPL	San Antonio Public Library
ST	Sunday Times Colour Magazine, London
SGA	Susan Griggs Agency, London
SF	Scope Features, London
SI	Syndication International, London
SPL	Science Photo Library, London
T	Transworld Features
UBN	UPI/Bettman Newsphotos
Z	Zefa, London

Verzeichnis der Abbildungen
Seitenzahlen **fett** *gedruckt*

2 Brautwerbungstanz der Nuba, Sudan (LR). **3** Der Boxer Marvin Hagler (PP) FSP U S olympische Schwimmer (GB) FSP. **4** Die erste weibliche Weltmeisterin im Bodybuilding, Lisa Lyon (RM). **5** Daly Thompson beim Weitsprung FSP. **6** Buschmann auf der Jagd, Namibia (BS) A. **8** Heimkehr von der Jagd, Äthiopia CH. **9** Australische Eingeborene am Lagerfeuer CH. **10** Dinka-Mutter wäscht ihren kleinen Sohn (SE) CH. Vater, der sein Kind auf einer Hand hält (HCB) M. Alte Frau und junges Mädchen, Spanien (GQ) M. **14** Aktmodelle, London (DM) ST. **16** Großer Mann, Paris (PMd) R. **17** Zwergenhochzeit (Wells-Skyline) RF. Dustin Hoffman und seine Frau (J-PD/DA/Rizzoli Press. **18** Kleine Ballerinas IB. **19** Lady Tyger Trimiar, Weltmeisterin im Boxen (TD) AS. Der tschechische Leichtathlet Jarmila Kratochvilova AS. **20** Eineiige Zwillinge, die mit eineiigen Zwillingen verheiratet sind (RG). **21** Eltern und Kind (LZ) Z. **22** Tänzer, die bei den vorehelichen rituellen Tänzen Sonne und Mond darstellen, Papua-Neuguinea M. **23** Japanische Militärparade (KK) FSP.

DAS HAAR
28 Langhaarige Frauen, Massillou Museum, Ohio. **29** Theda Bara in Sin, 1915 F. **30** Bunter Mann, Los Angeles FSP. Phantasiefrisur (PT) IB. **31** Mädchen mit Afrohaar (DAk) SGA. Hüftlanges blondes Haar (NB) IB. Tanzgymnastik (JC) IB. **32** Die britischen Komödianten Morecombe und Wise (ST) REP. **33** Lionel, der Löwenmensch MC. Chinesische Akrobaten SAPL. **38/39** Kinder, Südafrika CH. **39** Mädchen aus Nigeria (JR) CH. Junge auf einem walisischen Friedhof M. Mann mit weißem Bart FSP. **40** Junge, der Mädchen an den Haaren zieht PS. Demonstrant gegen Vietnam wird an den Haaren festgehalten (BU) M. **41** Eine Nazi-Kollaborateurin muß 1944 nach der Befreiung Frankreichs in den Straßen von Chartres Spießruten laufen M. **46** Kahlköpfiger alter Mann (BM) IB. Boy George mit langem Haar (MO) RF. Boy George mit kurzem Haar (HSs). **47/48** Afrikanerin mit Bierdosen als Lockenwicklern (MFl) IB. Punker mit Stachelfrisur (BG) RF. Punker läßt sich die Haare fönen (RSG). **49** Der englische Football-Spieler Bobby Charlton auf dem Massagetisch (GR).

»Vier Arten, eine Glatze zu verbergen« (Künstler Peter Till) BBC RT. **51** Englischer Verwaltungsbeamter beim Zurechtrücken seiner Perücke SGA. Japanische Schauspielerin beim Aufsetzen ihrer Perücke CH. **52** Duncan Goodhew und Freundin RF. Olympia-Schwimmer Duncan Goodhew – dessen Glatze nicht rasiert ist RF. **53** Yul Brynner RF. Telly Savalas RF. Buddhistischer Mönch (FG) CH. **57** Mann, der sich den Hinterkopf kratzt (BL) N. Die britische Premierministerin Margaret Thatcher RF.

DIE STIRN
60 Mönch beim Gebet IB. Schimpanse (DB) BC. **62** Thai-Mädchen (EW) IB. **63** Der britische Schauspieler Robert Morley (RG). Der englische Fernsehmoderator Bruce Forsythe RF. Mädchen, das sich den Bauch hält (DR) IB. Spanischer Bauer mit runzliger Stirn (GQ) M. **64** Marc Chagall (PH) Sammlung der Albright-Knox Art Gallery, Buffalo, New York, Schenkung von Seymour H. Knox, 1976 F. **65** Der Fußballspieler Ian Bowyer bekommt Spritzen (RG). **68** Schilluckenkönig mit perlenförmiger Stirnverstümmelung, Sudan CH. Afrikaner mit eingekerbter Stirn CH. Afrikanerin mit geschmückter Stirn (PC). Ein Initiationszeremoniell der Dinka, Sudan (SE) CH. **70** Hochgezogene Augenbraue (RJ). **71** Das Hochziehen der Stirn, Via del Corso, Rom (RK) M. **72** Jonathan Routh (GH) DT. Jean Harlow NFA. **73** Brooke Shields (T) RF. Brooke Shields in Männerkleidung RF. Werwolf aus »Company of Wolves« PP. **77** Alte Frau mit der Hand auf der Stirn (LF) R. Indisches Kind in der Kopfpresse, ca. 1860, MEPL.

DIE AUGEN
82 Jacky Coogan NFA (»The Kid« Charles Chaplin Estate). **80** Traditionelle Maske aus Gold und Perlen, Saudi-Arabien APL. **83** Schwarzer Brüllaffe (RW) BC. Mädchen mit Musselinschleier (DWH) IB. Mädchen von den Diredawa-Apaken CH. **85** Chinesischer Junge (DA) M. **87** Weinender Junge (WB) M. **88** Braunes Auge Z. Blaues Auge Z. **89** Krabbelndes Baby (EA) M. David Bowie RF. **92** Frau in einer Sterbeklinik, Ivry, Frankreich (MF) M. **92/93** Salvadore Dali FSP. Papst Johannes Paul II. (ReL) (©) SPADEM. **94** Grubenarbeiter, Tynewydd, Wales (JW) APL. Barry Humphries als Edna Everidge RF. **95** Elton John mit roter Mütze RF. Mädchen mit rotem Helm

(RSf) IB. Mädchen mit bunter Brille (IM)
IB. Rituelle Kopfbedeckung, Napende-
Initiation, Zaire (SE) CH. **98/99** Paar, das
einander in die Augen sieht (GP) M. Feind-
selige Blicke (JK) M. **99** Prostituierte, die
von einem Augen-Mobile »beschützt« wird
(MN) SGA. **102** Die indische Tänzerin
Shanta Dhananjayan (PF) SGA. Steve
McQueen mit zusammengekniffenen Augen
RF. Benny Hill und Corinne Russell RF.
103 Marty Feldman in Priesterkutte RF.
Zwinkerndes Mädchen (WK) IB. **105**
Geschminktes Punker-Auge (SRG). Türke
mit geschwärzten Augenlidern (Zeichnung
aus Bulwer, 1650), Sammlung des Autors.

DIE NASE
111 Der amerikanische Senator Sam Ray-
burn mit Freund AP. **112/113** Der Boxer
Marvin Hagler FSP. Chinese PS. Australischer Eingeborener (HS) FSP. Franzö-
sische Akademiker (MF) M. **108** Mann aus
Rajasthan mit rotem Turban (JPP) FSP.
114/115 Steve McQueen und Ali McGraw
RF. Sophia Loren, die den Wunsch nicht
unterdrücken kann, einem Kind an die Nase
zu fassen (FV) FSP. **115** Picasso und sein
Sohn Claude (RC) M. Italienischer Vater
mit seinem Sohn (RK) M. **118** Karikatur
von Yvette Guilbert, gezeichnet von
Leandre MEPL. Mädchen mit Blumen-
schleife im Haar (HL) IB. Mutter und Kind
(SLa) SGA. **119** Michael Jackson, wie er
einmal war RF. Michael Jackson, wie er
heute aussieht – nach einer Nasenoperation
RF. **122** Cartoon »Die Nase« (von Peter
Till) BBC RT. Verfilmung von Cyrano de
Bergerac NFA (Universal Pictures). Le
Palace, Diskothek, Paris (GQ) M. **123** Mar-
lon Brando NFA. **125/126** Krankenschwe-
ster und Patient beim Nasenreiben, Ruß-
land (F) FSP. Inderin mit Nasenring (JL)
APL. Äthiopierin mit Nasenschmuck CH.
125/127 Die Prinzessin von Wales in Neu-
seeland (TG). Nambicuara-Junge mit Nasenring (DS) M. **128** Kinder, die auf Tränengas reagieren, Londonderry (GP) M.
Kind, das die Nase rümpft (Chim) M.

DIE OHREN
133 Der große liegende Buddha, Rangun
(BB) M. **134** Verdun-Veteran (MF) M.
Ohrenknabbern (AP). **135** Leonard Nimoy
als Dr. Spock in »Star Trek« FI. General de
Gaulle FSP. **137** Eine laute Maschine,
Frankreich (HCB) M. **139** John Paul Getty
II (Wheeler-Sipa) RF. **141** Ohr einer Frau
aus Kenia mit abgetrenntem Ohrläppchen

(PT) IB. Frau aus Mali mit riesigen Ohr-
ringen CH. Punker mit mehrfach durch-
stochenem Ohr (JW) CH. **143** William
Shakespeare, von einem unbekannten
Künstler NPG. **145** Präsident Reagan zeigt
jemandem Eselsohren UBN. Richard
Ingram flüstert Nigel Dempster etwas ins
Ohr (AG).

DIE WANGEN
151 Oboenspieler, Tschad CH. Das Man-
nequin Jerry Hall mit ihrer Tochter (H)
RF. **152** Baby mit rosigen Wangen (AW)
SGA. Mädchen mit Blumen, Peru (LDG)
IB. Mädchen mit sonnengebräunten Wangen (GL) IB. **153** Skinheads mit geröteten
Wangen (GP) M. John Wayne FI. **155** Eier-
kopf SD. Marilyn Monroe (EE) M. **157**
Frank Sinatra wird von einem Fan geküßt,
1944 P. **158** Sir Matt Busby und Bobby
Charlton feiern einen Football-Sieg (RG).
Franzosen begrüßen sich mit einem Kuß
(RK) M. **159** Yap-Frau mit bemalten Wan-
gen CH. Nigerianischer Junge mit vernarb-
ten Wangen (HS) FSP. Derwisch-Junge mit
durchstochenen Wangen CH. **161** J. K. Gal-
braith bei einer UNESCO-Tagung (DA)
M. Zur Gratulation in die Backe kneifen,
Portugal (JG) M.

DER MUND
165 Cleo Rocas (AD) A. Vietnamesin (MF)
M. Ältere Amerikanerin (HCB) M. **166**
Gesichtsausdrücke der Schimpansen (MK)
C (©) Time Life Inc. Die Anklage,
Deutschland, 1945 (HCB) M. **167** Königin
Elizabeth II. und Präsident Reagan
(Walker) FSP. Irisch-republikanischer Ju-
gendlicher, der Mißstände anprangert (PM)
M. General de Gaulle FSP. **168/169** Drei
Mundhaltungen (EH) M. Gurner beim
Gurnen SI. **168** Clowns, Sevilla (JK) M. **172**
Lippen unter einem Hut, Haiti (MFL) R.
Mick Jagger (ALz) C. Blonde Locken und
rote Lippen (SDe) IB. **173** Ein Biß in die
Kirsche (O) IB. Zahn mit eingesetztem
Edelstein (MN) SGA. Akho-Frau mit ge-
schwärzten Zähnen (RL) CH. **174** Bäuerin
(GvB) SGA. **174** Gebißreinigung, Portugal
(SS) M. **178** Twiggy auf einem Barhocker
(BGl) M. Kind beim Malen (SS) M. Van
Halen (LH) FSP. Kali-Anhänger, Indien
(MM) CH. Mi-Careme-Nacht in der Disko-
thek Le Palace, Paris (GQ) M. **179** Messe
im Freien (RC) M. Paar bei der Henley-
Regatta (RoL) SGA. **181** Gähnender Geist-
licher, Polen (JSv) CP. **183** Jack Nicholson
mit Zigarre T. Wettbewerber beim Bier-

237

spucken (JGl) REP. **184/185** Die Sprache der Küsse MEPL. Papst Johannes Paul II. küßt den Boden (IB) M. Mutter, die ihr Kind von Mund zu Mund füttert (AV) IB. **186/187** Äthiopierin mit Tellern, die in den Ohrmuscheln und den Lippen getragen werden (LW) Granada/CH. Eingesetzter Lippenteller (LW) Granada/CH. Arabische Frau mit Schleier, Abu Dhabi (RA) SGA. **191** Heruntergezogene Mundwinkel (C) R.

DER BART
195 Mann mit langem Bart MEPL. Äthiopier beim Speerwerfen CH. **196** Bärtige amerikanische Folk-Sänger RF. De-Brazzas-Affe (RW) BC. Flecknasenaffe (JDB) BC. Drei englische Adlige: Sir Charles Napier (oben), der Erste Baron Padget (Mitte) und Sir Thomas Roe (unten) NPG. **197** Bärtiger Araber CH. Melpa-Stammesangehöriger mit bemaltem Gesicht (MM) CH. Bärtiger Chinese (RSG). Schwarzer mit dürftigem Bartwuchs (RSG). **198** Barbier in Amsterdam (ES) M. Bärtige Frau – Miß Annie Jones-Elliot, die »Esau-Dame«, vor 1865 in Virginia; vom Alter von zwei Jahren an wurde sie öffentlich zur Schau gestellt MC. **199** Sophia Loren und Cary Grant (EH) M. Männerkinne in einer Reihe (HCB) M. **202** Errol Flynn NFA. Salvadore Dali (PH) M. Hitler 1923 BBC HPL. Olympia-Zuschauer (FD) FSP. **202/203** Cowboy mit Backenbart (D'LW) IB. Groucho Marx NFA (»Duck Soup«, Paramount Pictures). Eingerollter Schnurrbart eines Sikh, Rajasthan CH. **204/205** Italienischer Bauer (HCB) M. James Cagney beim Kinnanheben NFA (»Yankee Doodle Dandy«, United Artists).

DER HALS
211 Frauenhals (GBo) IB. **208** Nackte im Profil (JS). **213** Alfred Hitchcock, 1962 (PH) M. Noveau Ballet von Maurice Béjart (Versele) FSP. **214/215** Halstracht für Frauen, Deutschland, ca. 1630 MEPL. Halsschmuck einer Geisha, Japan M. **215** Paul Getty mit Freundin P. **216** Giraffenfrau, Thailand (Lidl). **217** Kunstvoller Halsschmuck, Kenia (HS) FSP. **220** Unterhaltung um eine Säule herum (RK) M. **221** Verrenkte Hälse in einer Ausstellung (HCB) M. **223** Gesenkte Köpfe nach einer Niederlage (RG). Sich verbeugende Geisha (MM) CH. **225** Paar, bei dem er mit ihrem Hals spielt (RMc) SGA. **229** Vater und Sohn beim Ringen (JG) M. Halsumklammerung (JK) M.

238

Register

Achselzucken 70
Albinos 42
Alexander, Matthias 212
Alexander-Behandlung 212
AUGEN 81–107
– Aberglaube 96ff, 100
– Anatomie 81
– Aufschlagen der Augen 100
– Augenausdruck 100, 103
– Augenlider 85, 105
– Augenschließen 107
– Augensignale 105
– Blinzeln 106
– Brille 91–95
– Evolution 85
– Farbe 84, 89
– Gefühlsreaktion 84, 101
– Geschlechtsunterschiede 87
– Iris 82, 84
– Kontaktlinsen 91
– Körpersprache 96
– Make-up 92, 103, 105
– Pupille 81
– Pupillenerweiterung 84
– Schlitzaugen 85
– Sehen, schlechtes 90f
– Seitenblicke 101
– Starren 93, 96f, 100
– Tränen 85, 87, 106
– Tränendrüse 85f, 90
– Tränenproduktion 104, 106
– Weinen 104, 106
– Wimpern 86
– Zusammenkneifen der Augen 101
– Zwinkern 85, 103, 106f

Bacon, Roger 91
BART 193–207
– bärtige Frauen 198, 200
– Bartsteuer 201
– Geruchsträger 194
– Geschlechtsmerkmal 193, 195
– gesellschaftliche Ächtung 201
– Gesten 204f
– Länge 193
– Pflege 195, 200
– Rasieren 195, 198, 200, 206
– Schnurrbart 193, 206f
– Schnurrbartgesten 207
– sexueller Geruchsträger 197
– Statussymbol 201
– Symbolik 203
– Virilität 200
– Wachstum 193ff
Bergerac, Cyrano de 122f
Buschmänner 8, 112

Darwin, Charles 133
Daumenlutschen 183

Epikanthische Falte 85f
Evolution 19

Fingerabdruck 139
Flachkopf 79

Gänsehaut 37
Geburt, Mehrlingsgeburt 21
Gesichtsausdruck 25
Gewicht 11
Gilgamesch 45
Grübchen 199

HAAR 27–58
– Aberglauben 55
– Achselhöhlenhaar 45
– Berührung 56
– Beschaffenheit 50
– Enthaarung 33
– Farbe 29, 34, 38, 42
– Form 29, 34, 43
– Frisur 47, 57
– Gänsehaut 37
– Geschlechtssignal 27, 44
– Geschlechtsunterschied 48f
– Gesichtsbehaarung 33
– Haarbalg 34, 42
– Haarschmuck 55
– Haartypen 44
– Kahlköpfigkeit 32, 36f, 49f, 54
– Kahlscheren, zwangsweises 40, 53
– Kraushaar 38
– Länge 29, 44, 50
– Lebensdauer 35
– magische Kräfte 56
– Mode 47
– Perücke 34, 51, 54
– Reißfestigkeit 33
– Schamhaar 45, 55
– Scheren 45, 53
– Stärke des Menschenhaars 33, 42
– Symbolismus 44, 47
– Virilität 37, 44f, 51, 54
– Wachstum 34f
– Zerreißspannung 42
– Zölibatssymbol 45
HALS 209–230
– Aberglaube 211f
– Adamsapfel 209f
– Alexander-Therapie 212
– Begrüßungsgesten 219
– Evolution 209
– Geschlechtsunterschied 209, 212
– Gesten 212, 214
– Giraffenhalsfrauen 210, 217

– Haltung 212, 214
– Kopfgesten 215–230
– Kopfnicken 214, 217f
– Streckung, künstliche 210

Kastration 36, 45
– symbolische 53
Körpergewicht 17
Körpergröße 11, 17
Körpersprache 25
Körpersymbolismus 179
Küssen 129, 182, 185

Lächeln 75
Lebensdauer, durchschnittliche 15
Lebenszyklus 10

Marco Polo 91
Mehrlingsgeburt 21
MUND 163–193
– Aberglaube 189
– Anatomie 163f
– Ausdrucksmöglichkeiten 163f, 166–170
– Daumenlutschen 183
– Eckzähne 171, 174
– Entwöhnungsverhalten 182, 185
– erotische Signale 187
– Evolution 168, 172
– Gähnen 180ff
– Geschmacksknospen 176
– Grinsen 169
– Küssen 182, 185
– Lächeln 170
– Lippen 163, 165, 168f, 172f, 187
– Lippenstift 170, 189
– Mundhöhle 170
– Mundschließmuskel 164
– Mundsignale 172
– Oberlippe 164
– Oral-Genital-Kontakt 185
– Pfeifsprache 189
– Sexualität 170
– sexuelle Stimulation 172, 182
– Spucke, magische Kraft der 189
– Spucken 183, 188
– Verzierung 189f
– Zähne, Anatomie 175
– Zähneknirschen 171, 173
– Zunge 176f, 179
– Zungengesten 177ff
– Zungenkuß 182

NASE 109–130
– Aberglaube 122, 124f
– als Phallussymbol 122
– Anatomie 109, 111
– Durchstechen 126f
– Evolution 109

239

- Form 112, 119, 125
- Geschmacksorgan 120f
- Klimaanlage 110, 112, 116f
- Körpersprache 127f
- künstliche Nase 116
- Küssen 129
- Nase, Funktion der 110
- Nasenbohren 127, 129
- Nasenflügel 109
- Nasenform und Charakter 126
- Nasenhöhle 116, 129
- Nasenkontakt 125
- Nasenkunde 125
- Nasenreiben 125
- Nasenrücken 109f
- Nasenschmuck 126
- Nasenverkürzung, operative 121
- Nebenhöhlen 109, 111
- Niesen 124f
- rassische Unterschiede 112
- Resonator 109, 111, 119
- Rümpfen 127f
- Verstümmeln 126
- Virilität 124
- Wangenbein 109

OHREN 131–148
- Aberglaube 142ff
- Anatomie 132–137
- Darwin-Ohrhöcker 132, 140
- erogene Zonen 132, 135
- Evolution 131, 135
- Form 131f, 138, 140, 142
- Gehör 131
- Gehörgang 131f, 138
- Gesten 145, 147f
- Gleichgewichtsorgan 136
- Hörnerv 136
- Ohrberührung 147
- Ohrenschmalz 135f
- Ohrläppchen 134f, 139, 144, 146f
- Ohrlochstechen 144
- Ohrmuschel 134
- Ohrring 140f, 143, 146
- Rassengruppe 136
- Symbolik 140, 142
- Taubheit 136ff
- Temperaturkontrolle 132
- Trommelfell 131f, 136ff

Paulus, Apostel 40, 45, 48ff, 53
Physiognomik 125

Samson und Delila 47, 53
Spucken 183, 188
STIRN 59–80
- Aberglauben 72
- Augenbrauen 59, 61

- Augenbrauen als Geschlechtssignale 72
- Augenbrauenanheben 66f, 69
- Augenbrauen, buschige 72
- Augenbrauen, falsche 78
- Augenbrauenrasieren 78
- Augenbrauenrunzeln 74
- Augenbrauensignale 61
- Augenbrauen, Wachstum der 73
- Augenbrauenwulst 60
- Augenbrauenzupfen 69, 72f, 78f
- Augenbrauen, zusammengewachsene 72
- Begrüßungssignal 74
- Berührungen, symbolträchtige 77
- Evolution 61
- Geschlechtsunterschiede 76
- Gesichtsausdruck 70
- Gesten 77
- Hochziehen einer Augenbraue 69, 71
- Kummeraugenbrauen 74
- Nebenhöhle 61
- Runzeln der Augenbrauen 71
- Schläfen 59
- Schläfenschraube 77
- Schmücken 69
- Senken der Augenbrauen 64, 66f, 69
- Stirnfalten 63f
- Stirnmimik 63
- Stirnregion 69
- Stirnrunzel 61, 64
- Stirnrunzeln 63, 66f, 70, 72
- Stirnverformung 77
- Stirnwulst 59

Triebe, emotionale 13

WANGEN 149–162
- Aberglaube 154
- Entstellungen 160f
- Erröten 149f, 153
- Farbe 150f, 154
- Form 153ff
- Gesten 157–161
- Grübchen 153f
- Ohrfeige 160
- Rouge 154
- Schönheitspflaster 155
- Signale 151, 156
- Symbolismus 149
- Wangenkontakt 157
- Wangenkuß 160
- Wangenschraube 156
- Wangenstrich 154

Zähne s. Mund
Zölibat 45
Zunge s. Mund
Zwillinge 21
Zwinkern 85, 103, 106f